"十三五"国家重点出版物出版规划项目

WORLD BANK GROUP

诺贝尔经济学奖获得者丛书
Library of Nobel Laureates in Economic Sciences

领袖与经济增长

Leadership and Growth

戴维·布雷迪（David Brady）
迈克尔·斯彭斯（Michael Spence） 编

毛艾琳 译

中国人民大学出版社
·北京·

前　言

　　本书中，多位前任政策制定者和实践者反思了领袖的才能在经济增长中究竟扮演怎样的角色。本书中引用了许多领袖通过正确的决策极大地促进并保持了当地经济长期发展的例子，毫无疑问，作者确实同意：领袖很重要。中国的邓小平就是一个很具体的例子，他通过实行农村家庭联产承包责任制，从而促进了中国经济的发展。20世纪60年代早期，韩国总统朴正熙*决定使韩国走上工业化道路，这又是一个领袖在经济发展过程中扮演重要的催化剂角色的例子。尽管实践者强调领袖在经济发展中的重要角色，但是社会科学在衡量领袖对经济发展的作用方面的研究进展缓慢，也未能及时将领导力引入经济发展模型中。这或许是由于内生性的问题，即：尽管人们承认邓小平和朴正熙的正确决策分别促成了中国和韩国的经济发展，但是也存在这样的可能性，就是无论谁处在这二者的领导位置上，都能做出同样的决策或是一个相似的决策足以产生同样的结果。在中国，邓小平是在"文化大革命"刚刚结束的背景下提出农业改革政策的；在韩国，农村经济大幅下滑，街上挤满了抗议游行的人群，而戒严法则是自第二次世界大战结束后就开始施行的。这两个国家在当时都面临着严重的经济和政治问题，因而变革既是可能的又是必要的。如果当时在这两个国家中有其他领袖做了相似的决定，那我们该如何衡量领导力或进行建模？鉴于历史不会自我重复——

---

　　* 原文为"20世纪60年代早期的韩国总统朴"，应为朴正熙。朴正熙，韩国第3任第5届至第9届总统。朴正熙于1961年5月16日以政变方式上台，其后通过了规定总统终身制的《复活宪法》。朴正熙带领韩国实现了工业化和经济腾飞，于1979年遇刺身亡。其女儿朴槿惠在2012年成功当选韩国总统，同时也是韩国首位女总统。——译者注

我们不能让历史重来一遍——因此我们只能面对一些各式各样的例子，以及内生性问题。

关于究竟是领袖还是时代对事件施加的影响更大这一基本问题早已有之。随着时代的变迁，对这二者的强调时有时无。托马斯·卡莱尔*（Thomas Carlyle，1841）强调伟大的人在18世纪起主导作用。贾雷德·戴蒙德**（Jared Diamond，1997）对于成功经济体的分析强调外部因素对领袖决策的损害。然而，经济学领域近期的研究表明领袖可以使各国增长率产生差异。Jones和Olken（2005）通过检验领袖在任上去世（不论是由于事故还是自然因素）所带来的后果从而控制内生性问题，这一研究十分重要。

本书是增长与发展委员会（Commission on Growth and Development）的成果之一。在本书中，我们并未试图解决这一存在已久的问题。本书不是通过某种方式衡量领导力并进行建模，从而回避内生性问题的孤立研究。相反地，本书涵盖了国家、制度和政策制定等，以说明领袖的决策如何影响经济增长和发展。

有些时候领袖的行动非常具体，如发生在某一具体的国家，或处理某一具体的问题。而有些时候，领袖的角色随着时间的推移而进化。本书中的一些章节探索各国政策选择的一般特征。此外，我们还囊括了一些关于领袖选择正确制度安排以及制定合理政策的重要性的章节。简而言之，我们对于领袖在产生经济发展和增长中扮演的角色持中立态度，以便更好地对问题进行讨论。

本书以编者所写的一篇总括做开头。第1章是增长与发展委员会在领袖在经济增长中扮演的角色方面的发现、论文和宣言。第1章主要的结论是政治领袖的决策确实重要，而在许多阶段中，其决策会显得尤为重要。增长模式的选择尤为紧要。至关重要的是采取一种方法，利用全球经济，开拓国际市场和外国的知识存量。领袖也必须建立一个有利于模式的共识，因为任何战略的成功都需要足够的时间。关于成功的可见证据需要随着时间的推移而构建，远非转瞬即可得。如果领袖能够成功地打造快速增长，那么他们也很有可能需要面对与这种增长相伴的挑战：中产阶级的需求、不平等、从廉价劳动力向技能型劳动力的转型

---

* 托马斯·卡莱尔，苏格兰哲学家，评论家、讽刺作家、历史学家以及老师。——译者注

** 贾雷德·戴蒙德，美国演化生物学家、生理学家、生物地理学家以及非小说类作家。其著名的作品《枪炮、病菌与钢铁》发表于1997年，获1998年美国普利策奖和英国科普图书奖。——译者注

等。成功的领袖要适应新的问题。这可能需要对教育进行精明的投资，建立新的制度；并且为了保持政治稳定和维持正增长率，常常需要向政治/经济方面的次佳方案妥协。

后面的7个章节将通过一些国家中的案例讨论一系列相关问题。鉴于所讨论问题的广度，作为编者的职责之一就是让各章节作者关注这些议题中的常见问题。在我们看来，常见问题可分为以下几类：(1) 促进国家统一；(2) 构建健康、坚实的制度；(3) 选择具有革新性、切合当地国情的政策；(4) 达成长期施行适宜政策的政治共识。本书中所有的章节均是关于上述议题在某一个或某几个国家中的具体情形的讨论。当然，各位作者文中所涉及的因素远不止上述四项，需要各位读者阅读完其文章后才能更全面地了解作者的观点。我们期望这些研究可以启迪政治经济学领域内关于经济增长和发展以及领袖和领导力在这一进程的各个阶段所扮演角色等方面的更多深入研究。

为了国家经济增长和发展目标而要做出正确的战略选择（或更好的选择）往往意味着领袖需要平衡地区和部门间的差异，并带来国家的统一与团结。在新近独立、获得主权的发展中国家内，领袖必须团结各不同利益群体从而创造一个有经济发展能力的国家。由于国家的边界是由一些对创建统一国家毫无兴趣的利益相关者划定的，因此部落、民族和种族的差异将一直存在。潜在的分裂变数如此之大，使得领袖核心职责之一是团结"国家（各方力量）"以达成共同目标。在某种意义上，真正的挑战是创建一个共享的身份认同感，以作为跨时期发展所必需的基础。毕竟党派斗争只关注于如何划分"蛋糕"，而不是把"蛋糕"做大。

本书中有3章关于领导力的内容，主要讨论国家统一的议题。姆卡帕（Mkapa）在其关于坦桑尼亚的文章中表示，(国家)独立的成败取决于其建国之时的总统。首任领导者确立的角色会将得到其继任者的继承和延续；同时首任总统所建立的早期制度是国家赖以存在的基础，也将是随时间推移加以修订的模板。领袖应该被视为强有力且果断的，有能力而又诚实的。像印度的甘地（Gandhi）或南非的曼德拉（Mandela）这样的魅力型领袖有助于建立统一的国家，是因为人们往往根据领袖来认识一个国家。曼德拉对公平的承诺，使得独立后的南非政府在经历了多年的种族隔离之后没有进行报复，最终正如许多人预测的那样，产生了一个侧重于共同进步的而不是一个专注于报复的政府。

姆卡帕的文章认为，坦桑尼亚总统尼雷尔（Nyerere）在国家成立之初首先在126个部落间建立了国家认同感，这是促进国家统一的关键一步。文中还分析并讨论了一党制在建立国家的过程中的重要性。姆卡帕表明，一党制体系对于坦桑尼亚的统一具有极为重要的意义。在非洲，像坦桑尼亚的尼雷尔*、加纳的恩克鲁玛**（Nkrumah）、肯尼亚的肯雅塔***（Kenyatta）这样的领袖对于结束当地殖民统治都是有帮助的。在解放者领导下的一党制体系也进入马拉维、马里、塞内加尔和突尼斯等国家的第一次全国选举中。坦桑尼亚第一次成功选举的结果持续了约20年。姆卡帕认为，只要一党制在其体系内能保持民主，那么其对统一和发展的效应就是积极的。简而言之，一党制体系充分团结、民主、参与和包容，是发展的积极力量。

需要注意的是，这种一党制情形与亚洲的一党制体系存在相似之处。最重要的是，一党制同激励机制一样，使得政府的政策有充分的时间得以发挥其效力。非洲和亚洲最主要的区别是，在前者的国家中，领袖需要克服部落差异来建立国家；而后者中的一些国家有着悠久的历史文化传统，因此这些国家中的领袖可以专注于经济发展。

鲁苏霍瓦·基加博（Rusuhuzwa Kigabo）关于卢旺达的文章中强调内战和1994年种族灭绝带来的教训。卢旺达几乎没有自然资源，因此其发展几乎完全依赖于人力资本。1994年的种族灭绝摧毁了其人力资本和经济，使得卢旺达成为一个分裂、贫困的国家。托马斯（Thomas）认为，1994年之后，卢旺达有能力且具有清晰愿景的领袖是产生后续经济良好绩效的重要保障。该国领袖围绕"发展的钥匙掌握在卢旺达自己的手中"这一理念来统一国家。他们还提出，内部和平以及经济和社会的发展之间存在固有联系：没有和平就不会有发展，反之亦然。种族灭绝的后遗症仍需要解决，对此，领袖促进了和解并建立起对弥合分裂至关重要的政策和机制。国家的简政放权进程是一个通过工作机制提供持久解决之道的政策性例子。决策过程牵涉所有利益相关方，而简政放权政策成为授权、和解、统一以及经济增长的工具。解决卢旺达问

---

* 朱利叶斯·坎巴拉吉·尼雷尔（Julius Kambarage Nyerere，1922年4月13日—1999年10月14日），坦桑尼亚政治家、外交家、教育家、文学家、翻译家、国务活动家，坦桑尼亚联合共和国和坦桑尼亚革命党的缔造者，也是坦桑尼亚建国后的第一任总统，执政超过25年。——译者注

** 弗朗西斯·恩威亚·克瓦米·恩克鲁玛（Francis Nwia Kwame Nkrumah）（1909年9月21日—1972年4月27日），加纳国父，政治家、思想家、哲学家、教育家、外交家、国务活动家，非洲民族解放运动的先驱和非洲社会主义尝试的主要代表人物，是泛非主义、泛非运动和非洲统一主要倡导者，非洲统一组织和不结盟运动的发起人之一。——译者注

*** 乔莫·肯雅塔（Jomo Kenyatta，1893年10月20日—1978年8月22日），肯尼亚政治家，第一位肯尼亚总统，肯尼亚国父。——译者注

题的特殊机制包括国家和解委员会（National Commission for Reconciliation）和村集会（原住民语言中称为"gacaca"），这一机制使得农村村民能优先关注政府举措。

谭（Tan）、英（Eng）和鲁宾逊（Robinson）在其关于新加坡经济发展的文章中说明，对于资源匮乏的国家，可以通过有效的领导力克服其困境。特别地，强有力的机制和有能力的领袖可以引致正确的增长政策并适应这种政策的变化情况。有时候这一过程可能需要领袖先做一个非理想选择，再进行纠错。所有这些步骤都要依据达成的社会共识而定，这可以让各种族和经济利益群体都拥护促进增长的政策。作者认为，国家统一促使人们抛开个人欲望而为了更大的利益共同努力。学者通过教育启迪学生，这些学生之后将会为政府工作；政府付给公务员一个不错的报酬将减少贿赂的可能性，通过这样的方式政府可以使作者提出的上述理念制度化。作者进一步争论道，构建国家统一是减少社会动荡可能性的包容性方式，从而促进经济增长前景。第4章强调在不同社会群体及社会和政府之间，共识是双重的。因为长期的增长可能带来短期内的阵痛，所以人们必须对其领袖的诚实和正直有充分的信任和信心，否则变革的阵痛将导致社会动荡，从而丧失增长的可能。

对经济增长而言的必要共识实际上难以达到，因为必须要激励不同的利益群体保持步调一致，而其中的某些人在经济变革中将面临巨大的牺牲。这些论文表明，没有任何一条路径是领袖必须依从的；相反，这些论文显示出领袖是在特定的历史、文化和经济情景下做出决策并实施政策的。优秀的领袖在某种意义上是本土化的，因为他们需要理解并平衡这些因素。很明显，选择了错误的经济政策将对统一起反作用。努力若是不能换来可见的收获就是白做工。建立统一的利益对经济增长和发展而言只是必要而非充分的条件。

经济学家长久以来主张增长在很大程度上依赖于国家的制度。确实，增长与发展委员会也表示，除了别的事项以外，成熟的市场依靠深层次的制度基础，这种制度定义产权、履行合同、传递价格，并弥合买卖双方的信息鸿沟。问题在于发展中国家通常缺少这种制度。增长也可以在这些制度缺席的情况下发生，这些制度可以同经济发展共同进化。然而，我们并不知道这些制度是如何产生和维持的。因此，政策转变和改革效应在发展中国家难以预测。在已经确定建立与经济增长相一致的制度具有重要性的前提下，我们很幸运地在此书中为读者呈现3篇讨论这些问题的论文。

阿西莫格鲁（Acemoglu）和鲁宾逊（Robinson）认为各个国家间经济繁荣的差异根源在于其经济体制的不同。领袖变革这些经济体制的能力将决定经济发展可以达到的水平。但二位作者同时在文章的最后说明这一变革将很难实现，因为体制是一个国家发挥政治力量的最终产物。一个国家政治力量的分布总是处于大致均衡的状态，其结果是一个国家的政治文化和政治制度。试图变革相关经济体制的领袖因而面临改变政治力量分布的问题，这就是体制改革的难题。

阿西莫格鲁和鲁宾逊给出了体制改革陷阱的若干例子。他们说明经济解决方案是建立在政治基础上的。了解问题的本质有助于明晰将国家推向正确改革道路的权衡本质。理解这些权衡是领袖的必要条件，同时也是确定变革可以实现的恰当时刻和条件的技能。

伊约哈讨论了尼日利亚的案例，由军事政变导致领袖的不一致使得该国体制持续变化。这种体制动荡与长期经济增长低迷密切相关。从1960年到2000年，尼日利亚每年的人均收入增长率低于0.5%。这种糟糕的经济表现归咎于国内军事统治，以及地区和民族-宗教冲突。军方领袖和民间领袖都由一些将导致"不利的再分配"的因素驱动。他们没能改革宏观经济、强化治理体制，或是做出必要的经济结构调整。

伊约哈认为，2001年开始并于2003年达到高潮的领导力变革导致了经济的强劲增长。2003年的措施关注于宏观经济调整、结构转型、治理和体制改革，以及公共部门改革。这一系列变革措施，加上援助资金的增加、新的货币政策、更好的债务管理，导致尼日利亚自2003年至2006年每年人均收入增长率达到7.1%。这些变化是好的领袖通过合理方式实施正确举措所得到的良好结果。

谭、英和鲁宾逊的文章表明，一个国家的体制基础将决定丰富的自然馈赠到底会使国家更加富有还是变得贫瘠。他们所使用的方法是衡量制度质量，例如审慎的支出和司法独立。结果显示，持续性的增长与高质量制度相关联，同时好的治理可以保持制度质量。

这3篇论文清楚地表明，最好把创建能够产生和维持经济增长的经济制度视作一个政治经济问题。即创建可以提升效率并产生经济增长的经济制度常常涉及改变一个国家或地区内政治势力的分布。领袖必须平衡经济和政治因素，以便在保持增长的同时维持政治秩序。能够保持经济增长超过25年（或至少能长期维持经济水平）的国家都精于此道。

美国和西欧的经济发展并不是一夜之间在整个国家或整个大陆出现的，而是首先出现在某一特定地区及州内。本地化工业中心的模式并不是随机的。在美国，州与州之间的文化和利益各不相同，相应地，这些州之间的经济状况也存在差异。就好像各个州是不同的经济实验工厂。在中国、欧洲、日本和韩国，各个地区、辖区随着时间的推移，经济增长率也各不相同。当然，工业化的差异率大部分归因于一个地区或国家所拥有的自然优势，如河流或港口；或者是企业家所带来的优势，如西方活字印刷术的发明人古登堡*（Gutenberg），从而在某个特定地区开创了一个新的行业。鉴于某些地区相对于其他地区在初始经济增长方面具有相对优势，领袖有可能对哪些地区应该优先进行工业化发展做出错误的选择。美国19世纪的社会变革者决定将农业集体安置在新英格兰地区而不是更加肥沃的中西部地区就是这方面的一个例子。简而言之，为了促进增长和发展，政策的选择必须基于当地环境情况。

一个精明的政治领袖应该明白，不同的地区将对其政策做出不同的反应，邓小平的创新农业政策在不同地区的反馈就有所不同。Jean Oi（1999）的研究表明，党的地方领导对中国国家政策的反应对增长率有重要影响。领袖在选择并实施政策时，必须尊重地方情况或者至少让各地方的优势得以发挥作用。这一原则在鲁苏霍瓦·基加博关于卢旺达的文章、卡多佐（Cardoso）和格雷夫（Graeff）关于巴西的文章，以及谭、英和鲁宾逊关于新加坡的文章中都有所体现。

卢旺达采取国家权力下放政策以达到三个主要目标：良好的治理、提供有利于穷人的服务以及可持续的经济发展。国家权力下放有助于解决种族/部落问题、糟糕的治理问题以及极度贫困问题。此外，权力下放还可视为赋予人民政治权利、和解以及创建地区社会一体化基础的工具。这类地区政策的一个例子是 ubedehe**，当地居民可以参与评估需求和增长情况，并同政府一同解决已经确认的问题。

谭、英和鲁宾逊的文章中讨论了基于对当地情况的理解而在地区层面实施的政策所带来的增长。新加坡的案例表明了在恰当时机实施政策并适时对政策的实施境况进行评估，以便进行必要调整的重要性。

对于此问题的进一步探讨可见卡多佐和格雷夫的文章，两个重要因素保障了巴西在巩固民主和产生持续经济增长方面取得进展。该章首先

---

* 约翰内斯·古登堡，1397年出生于德国美因茨，1468年2月3日逝世于美因茨，是西方活字印刷术的发明人，他的发明导致了一次媒介革命，迅速地推动了西方科学和社会的发展，是与东方的毕昇相比肩的历史巨人。——译者注

** 原住民语，未能从上下文推断出其准确含义，故未贸然进行意译，此处保留原词。——译者注

提出了双重前提：第一，除非进行必要的动作，否则没有打开全球化大门的发展"食谱"；第二，拉丁美洲国家不会永远陷入不发达境地。1990年，巴西国内的情况是经济停滞、外债延期支付、恶性通货膨胀以及由于缺乏治理能力导致民主缺失。为应对通货膨胀问题，财政部中一支有经验和创造力的团队提出了"雷亚尔计划"*（Real Plan），并提交了一个解决国库和通货膨胀之间关系的短期计划（第一步）。对于这一计划的广泛认可使得企业和国民相信这一政策有机会成功。第二步就是解除工资和物价指数并暂停债务延期。

当通货膨胀在30天内从每月47%降低到低于3%时，这个计划可以说获得了成功。为了进一步降低通货膨胀，这一计划得以继续实施，此后每年的通货膨胀率都维持在个位数。根据作者的观点，为了获取这些优势并开始持续性增长，有必要为国家在国营化和新自由主义的简约模型之间选择一个恰当的点，即"必要的状态"。新的领袖提出一系列关于国家垄断、社会保障和养老金以及公共服务等宪法政策的修正案。这些改革在几个方面产生了长期影响。作者展示了政治制度如何减缓、阻碍和转变经济政策的解决方案。他们的分析说明，单一或一系列的危机如何有助于通过良好的选择来转变政策，促进经济增长。通过对广泛民主与自愿民主的分析和对阿根廷与智利的比较，明确了替代办法和隐含在两个民主中的经济权衡。作者从一个独特视角来解释驱动巴西获得近期经济成功的原因。

为了能够获得成功，一个领袖必须既要能选择正确的政策，又要创造能使政策得以起效的必要政治环境。在种族灭绝之后，卢旺达领袖精明地通过简政放权将和平和经济发展结合起来，使得地方能够加强参与和控制。巴西的案例是一个在特定文化和制度框架下经济与政治互动的经典例子。政治经济中的成就将需要更多的案例研究，以便详细说明在特定地区中的这一平衡的本质。

对现状的改变几乎总会在短期内带来一些痛苦，而收益通常需要经过一段时间才能被普通公民容易地观察或感觉到。正因为收益的时间范围是未知的或有一段漫长的持续时间，领袖必须为正在发生的经济变革创造一个稳定的环境。领袖必须使人民相信他将人民的最大利益放在心中，这样领袖才可以赢得足够的时间；或者领袖可以围绕计划创建足够的共识，以使其有时间成功。无论这种稳定是通过信任、工时还是制度

---

* 指巴西于1993年年末颁布的以恢复和稳定经济、反通货膨胀为主要奋斗目标的经济计划，该计划取得了巨大成功。——译者注

前　言

（例如一党制统治）创建的，似乎稳定对于经济增长而言是一个必要但不充分的条件。

这一观点在本书的多个章节中都提到过。布雷迪（Brady）和斯彭斯（Spence）认为，好的经济政策需要时间来产生影响，在政治体系中确保稳定将给予这些政策一个成功的机会。亚洲的体系在计划的初始阶段有时可以使主要的经济和政治行动者的激励因素保持一致。随着时间的推移，当经济收益逐渐显现，同时新的利益被创造出来时，主导的政党或是适应新的经济现实，或是改为轮流执政的多党制体系。

卡多佐和格雷夫在其文章中强调总统在多个政治党派间创建广泛共识以支持特定政策，从而维持稳定并为政策起效创造时间这一过程中所起的作用。作者同时强调了领袖向广大人民群众解释复杂经济决策的必要性。缺少了领袖的言语解释，则既不存在稳定也不存在支持。

马哈穆德（Mahmud）、艾哈迈德（Ahmed）和马哈扬（Mahajan）关于孟加拉国的章节对比了该国在1990年前后的经济表现。该国经历过战争，独立性差、人口过多且饱受创伤。孟加拉国的发展战略经历了连续的转变，这往往与政府的政权更迭有关。早期主要是由国家控制和意识形态把控。1975年，齐亚·拉赫曼*（Ziaur Rahman）将军上台并开始转向私有化，其继任者艾尔沙德（Ershad）将军则继续进行第二阶段的剥离。20世纪80年代，在世界银行（World Bank）和国际货币基金组织（International Monetary Fund）的指导下，孟加拉国曾出现过一段时间主要以市场为导向的发展战略。

20世纪90年代初，孟加拉国向议会民主的过渡与朝着更加全面的经济改革方案的转变之间相联系，如货币可兑换、减少进口关税与取消对外国私人资本的控制。作者认为，20世纪90年代以来孟加拉国的经济增长是由强有力的出口增长引领的，这也为孟加拉国其他地区经济的增长注入了强心剂。作者同时展示了经济增长如何大大地改善了孟加拉国在人文发展指标方面（如儿童死亡率和女性受教育机会等）的记录。他们还评估了该国在降低贫困和改善治理方面的情况。

这几个问题并不是领袖在试图发展经济方面所面临的唯一难题，本书的作者还讨论了一些其他问题。我们相信，书中的这些章节可以作为理解领袖在经济增长方面所扮演角色的最好起点，同时我们希望本书的

---

* 齐亚·拉赫曼（1936年1月19日—1981年5月30日），孟加拉国前总统，孟加拉国民族主义党领袖。——译者注

9

内容可以启发更多想法,在未来希望看到更多关于领袖在经济增长方面影响的研究。

参考文献

Carlyle, Thomas. 1841. *On Heroes, Hero-Worship, and the Heroic in History*. Whitefish, MT: Kessinger Press.

Diamond, Jared. 1997. *Guns, Germs and Steel*. New York: W. W. Norton.

Jones, Benjamin, and Benjamin Olken. 2005. "Do Leader Matter? National Leadership and Growth since World War II." *Quarterly Journal of Economics* 120 (3): 835–864.

Oi, Jean. 1999. *Rural China Takes Off: Institutional Foundations of Economic Reform*. Berkeley: University of California Press.

工作坊参加者

达龙·阿西莫格鲁（Acemoglu, Daron），麻省理工学院（Massachusetts Institute of Technology）

艾希瓦·阿卢瓦利亚（Ahluwalia, Isher），印度国际经济关系研究理事会（Indian Council for Research on International Economic Relations）

蒙特克·阿卢瓦利亚（Ahluwalia, Montek），专员，印度计划委员会（Planning Commission of India）副主席

卡尔·巴克（Backeus, Karl），瑞典外交部（Ministry of Foreign Affairs of Sweden）

布迪约诺博士（Boediono, Dr.），专员，印度尼西亚银行（Bank of Indonesia）负责人

戴维·布雷迪（Brady, David），斯坦福大学（Stanford University）

费尔南多·恩里克·卡多佐（Cardoso, Fernando Henrique），巴西前总统

凯末尔·德维斯（Dervis, Kemal），专员，联合国开发计划署（United Nations Development Programme）理事

里卡多·弗里奇·戴维斯（Ffrench-Davis, Ricardo），智利大学（University of Chile）

哈拉尔德·福尔（Fuhr, Harald），波兹坦大学（University of Potsdam）

艾伦·盖尔布（Gelb, Alan），世界银行（World Bank）

吴作栋（Goh, Chok Tong），专员、高级部长，新加坡金融管理局（Monetary Authority of Singapore）主席

爱德华多·格雷夫（Graeff, Eduardo），巴西利亚圣保罗州政府代表处（São Paulo State Government Representation Office in Brasilia）

黑森平子（Hesse, Heiko），世界银行经济学家

达努塔·赫布纳（Hübner, Danuta），专员，欧洲区域政策专员

卡林·杰姆丁（Jämtin, Carin），专员，前瑞典国际发展部（International Development of Sweden）部长

荷姆·哈拉斯（Kharas, Homi），布鲁金斯学会（Brookings Institution）沃芬森发展中心（Wolfensohn Center for Development）访问学者

威廉·金斯米尔（Kingsmill, William），国际发展部（Department for International Development）

佩德罗·巴勃罗·库琴斯基（Kuczynski, Pedro Pablo），专员，秘鲁前总理

李忠民（Lee, Chung Min），新加坡国立大学（National University of Singapore）

丹尼·莱比锡（Leipziger, Danny），世界银行增长与发展委员会副主席

埃德温·林（Lim, Edwin），中国经济研究与咨询项目（China Economic Research and Advisory Programme）

本杰明·威廉·姆卡帕（Mkapa, Benjamin William），坦桑尼亚前总统

戈宾·南卡尼（Nankani, Gobind），全球发展网络（Global Development Network）

多洛塔·诺瓦克（Nowak, Dorota），世界银行

奥克姆乔·伊韦拉（Okomjo-Iweala），专员，世界银行常务董事

吉勒莫·佩里（Perry, Guillermo），世界银行前首席经济学家

布赖恩·平托（Pinto, Brian），世界银行经济顾问

玛丽亚·拉莫斯（Ramos, Maria），南非运输公司（Transnet）

詹姆斯·鲁宾逊（Robinson, James），哈佛大学（Harvard University）

保罗·罗默（Romer, Paul），斯坦福大学胡佛研究所（Hoover Institution）

罗伯特·索洛（Solow, Robert），专员，麻省理工学院荣誉教授

迈克尔·斯彭斯（Spence, Michael），增长与发展委员会主席，斯

坦福大学荣誉教授

亨利·托鲁安（Toruan, Henry），印度尼西亚经济事务部协调部（Coordinating Ministry for Economic Affairs of Indonesia）

德怀特·文纳爵士（Venner, Sir K. Dwight），专员，东加勒比中央银行（Eastern Caribbean Central Bank）行长

保罗·沃尔福威茨（Wolfowitz, Paul），主席，世界银行

罗伯托·扎加（Zagha, Roberto），世界银行

欧内斯托·塞迪洛（Zedillo, Ernesto），专员、主任，耶鲁全球化研究中心（Yale Center Study of Globalization）

所有头衔依据工作坊召开时情况表述

关于编者和作者

达龙·阿西莫格鲁（Daron Acemoglu）是麻省理工学院应用经济学领域的查尔斯·P. 金德尔伯格（Charles P. Kindleberger）教授。他的研究领域包括政治经济学、经济发展、经济增长、经济性理论、技术、收入和工资不公平、人力资本和劳动力培训经济性，以及网络经济学。他曾获得多项奖励和荣誉，包括 2005 年美国经济学会（American Economic Association）约翰·贝茨·克拉克奖章（John Bates Clark Medal），2006 年土耳其科学学会（Turkish Sciences Association）杰出科学奖（Distinguished Science Award），以及荷兰乌特勒支大学（University of Utrecht）荣誉博士（2008 年）。

萨迪克·艾哈迈德（Sadiq Ahmed）是世界银行南亚地区前任高级经理。他于 1981 年加入世界银行，在其此后的职业生涯中，他在世界银行履任多职，包括：埃及、印度尼西亚、巴布亚新几内亚、巴基斯坦和斯里兰卡经济学家（1981—1995 年）；世界银行常驻巴基斯坦首席经济学家，之后出任阿富汗和巴基斯坦国家主任（1995—1999 年）；南亚地区首席经济学家（1999—2001 年）；降低贫困和经济管理（Poverty Reduction and Economic Management，PREM）部门领导，之后出任南亚地区区域性项目的高级经理（2007—2009 年）。自 2009 年 8 月起，他出任孟加拉国政策研究院副主席。艾哈迈德先生毕业于伦敦经济学院（London School of Economics）和波士顿大学（Boston University），其在公共财政、货币经济学、发展经济学和贫困问题研究领域著述颇丰。

戴维·布雷迪是政治学和领袖价值观领域的伯恩·H（Bowen H）和珍妮丝·亚瑟·麦考伊（Janice Arthur McCoy）教授。他是斯坦福大学人文与科学学院（School of Humanities and Science, Stanford U-

1

niversity）政治学教授、胡佛研究所副主任、戴维斯家族（Davies Family）高级研究员、经济政策研究中心高级研究员、莫里斯·M. 多伊尔公共政策百年研究中心主任（Morris M. Doyle Centennial Chair in Public Policy）。布雷迪教授的研究领域为美国国会、政党体系，以及公共政策。他还曾在网络投票、女权运动、核工业管制、土地分配、最高法院对堕胎问题的处理，以及韩国和日本政治问题方面发表文章。他目前正负责布鲁金斯研究中心和胡佛研究所一项关于美国政治两极分化的合作研究。

布雷迪教授于1970年开始在堪萨斯州立大学（Kansas State University）任教；之后又同时在得克萨斯州的休斯敦大学（University of Houston）和莱斯大学（Rice University）授课，并于1981年被授予社会科学奥特里特聘教授（Autry Distinguished Professor）。1986年，他同时受聘于斯坦福大学的商学院研究生院（Graduate School of Business，GSB）和政治学部（Department of Political Science）。在斯坦福大学期间，他曾任商学院教务副院长，以及远程教育的副教务长。他曾两次担任行为科学高级研究中心（Center for Advanced Study in the Behavioral Sciences）研究员，并于1987年被选入美国文理学院（American Academy of Arts and Sciences）。布雷迪教授主要讲授企业非市场化战略以及构建高质量公司时的伦理应用。除了在斯坦福大学商学院研究生院的教学工作外，他还给本科生开设公共政策课程。他曾获得多项教学奖励，包括著名的丁克尔施皮尔（Dinkelspiel）和ΦβK*（Phi Beta Kappa）杰出教师奖。

费尔南多·恩里克·卡多佐（Fernando Henrique Cardoso）是巴西前任总统（1995—2002年），同时也是费尔南多·恩里克·卡多佐研究会（巴西圣保罗）的现任主席和巴西社会民主党（Brazilian Social Democracy Party，PSDB）的名誉主席。他是马德里俱乐部（Club of Madrid）董事会成员（西班牙马德里），克林顿全球倡议**（Clinton Global Initiative）的成员（纽约），美洲间对话董事会（Board of Directors of the Inter-American Dialogue）、世界资源研究所（World Resources

---

* ΦβK，美国大学优秀学生组织。——译者注

** 克林顿全球倡议（Clinton Global Initiative，CGI）由美国前总统比尔·克林顿（Bill Clinton）于2005年创立，是独立于克林顿基金会的非政府组织，旨在聚集全球各界领军人物的智慧和资源，致力于推动人们探讨世界性问题，促进世界各地共同承担责任，尤其强调变想法为行动，应对一系列全球化挑战，解决全球性的问题。——译者注

Institute）以及布朗大学托马斯·J. 小沃森国际关系研究所（Thomas J. Watson Jr. Institute for International Studies at Brown University）（罗得岛普罗维登斯）成员。其作品《巴西的崛起：传奇总统卡多佐回忆录》（*The Accidental President of Brazil：A Memoir*）于2006年由公共事务出版社（Public Affairs Books）出版。

阿尔文·英（Alvin Eng）是新加坡金融管理局（Monetary Authority of Singapore）宏观经济监督部（Macroeconomic Surveillance Department）的高级经济学家。

爱德华多·格雷夫（Eduardo Graeff）是巴西圣保罗联络处负责人。他曾任卡多佐政府时期巴西国会首席联络官和总统秘书长（1995—2002年）。

米尔顿·A. 伊约哈（Milton A. Iyoha）目前（本书成稿时间在2007年）正作为访问研究学者在尼日利亚中央银行位于阿布贾的研究中心进行访问。他在1966年以优异的成绩从美国欧柏林学院（Oberlin College）毕业，之后于1970年在耶鲁大学获得经济学博士学位。伊约哈教授曾任华盛顿特区布鲁金斯学会研究员，并曾任教于美国纽约州立大学水牛城分校（State University of New York at Buffalo）和尼日利亚贝宁湾城的贝宁大学（University of Benin）。他还曾在位于华盛顿特区的国际货币基金组织做过访问学者，在拉各斯大学（University of Lagos）和博茨瓦纳大学（University of Botswana）做过访问教授。伊约哈教授的研究关注于宏观经济政策、增长、贸易，以及国际发展。

桑德普·马哈扬（Sandeep Mahajan）是世界银行非洲地区首席经济学家。在写作本书之时，他是世界银行孟加拉国国家高级经济学家，同时也是《孟加拉国：可持续发展战略》（*Bangladesh：Strategy for Sustained Growth*）报告的主要执笔者。马哈扬博士的研究领域覆盖宏观经济学、经济增长、波动和不公平，以及金融业发展。马哈扬博士出生于印度新德里，1990年在德里大学（Delhi University）获得学士学位，1996年在乔治城大学（Georgetown University）获得经济学博士学位。

瓦希杜丁·马哈穆德（Wahiduddin Mahmud）是达卡大学（University of Dhaka）经济学教授。他同时任职于剑桥大学、苏塞克斯发展研究所（the Institute of Development Studies at Sussex）、国际粮食政策研究所（the International Food Policy Research Institute）以及世界银行等单位。他曾为多个国际组织工作，并且领导孟加拉国多个委员会的工作，例如有关银行的改革、国家收入估计和贫困监测。他同时是帕利·卡玛·沙哈亚克基金会（Palli Karma Shahayak Foundation，PKSF）的创立者和主席，该基金会是为孟加拉国非政府组织提供小额信贷的高级机构。他曾于1996年出任孟加拉国过渡时期政府的财政与计划部部长。他最近即将出版的著作包括由国际经济学会（International Economic Association）编辑出版的《调整和超越：南亚改革经验》（Adjustment and Beyond：The Reform Experience of South Asia），以及《南亚经济手册》（Handbook of South Asian Economies）。

本杰明·威廉·姆卡帕（Benjamin William Mkapa）是一位老练的外交官、记者以及政治家。他曾出任坦桑尼亚总统（1995—2005年）；坦桑尼亚驻尼日利亚大使（1976年）、驻加拿大大使（1982—1983年）、驻美国大使（1983—1984年）；著名的报纸总编辑；同时也是坦桑尼亚首任总统朱利叶斯·坎巴拉吉·尼雷尔的新闻秘书。他曾历任外交事务部部长、信息和沟通部部长、高等教育部部长、科技部部长。他致力于加强坦桑尼亚民主化、改善民权，并同贫困做斗争，同时增进坦桑尼亚在国际贸易投资方面的参与。他也曾是全球化社会层面世界委员会（World Commission on the Social Dimension of Globalization）的联合主席（2002—2004年），也是非洲委员会（Commission for Africa）的成员之一（2004—2005年）。他是非洲南部中心（South Centre）主席，非洲投资气候基金会（Investment Climate Facility for Africa）联合主席，非洲新兴市场论坛（Africa Emerging Markets Forum，AEMF）联合主席。他是非洲野生动物基金会（Africa Wildlife Foundation，AWF）受托人董事会成员，同时为联合国贫困人口法律赋权委员会（United Nations' Commission on the Legal Empowerment of the Poor）工作（2006—2008年），也是联合国贸易与发展会议（UNCTAD）和联合国一致性问题审查小组成员。姆卡帕总统是马德里俱乐部、行动理事会和非洲论坛的成员。他是2008国际地球年联合国委员会（UN Committee of the 2008 International Year of Planet Earth）的赞助人。他在非洲大湖区（包括2008年年初在肯尼亚）以及目前刚果东部（刚果民主共和国）的冲突解决和政治和解活动中表现活跃。他在乌干达马凯雷雷大学（Makerere University）和纽约哥伦比亚大学（Columbia University）接受教育，同时在非洲、日本、英国和美国的不同大学中享有7项荣誉博士学位。

爱德华·鲁宾逊（Edward Robinson）是新加坡金融管理局经济政

策司执行主任。

詹姆斯·鲁宾逊（James Robinson）是哈佛大学政府管理学院教授，也是韦瑟黑德国际事务中心（Weatherhead Center for International Affairs）的成员。詹姆斯·鲁宾逊教授曾在伦敦经济学院、华威大学（University of Warwick）和耶鲁大学（Yale University）学习经济学。他之前任教于墨尔本大学（University of Melbourne）经济学院以及南加州大学（University of Southern California）经济学院；在哈佛大学任教之前，他曾在加州大学伯克利分校（University of California at Berkeley）经济和政治学院担任教授。他主要的研究领域是探究国家之间存在差异的原因，特别是为何有些国家的繁荣程度高于其他国家，以及为何有些国家的民主化程度更高。詹姆斯·鲁宾逊教授同时是加拿大高等研究所（Canadian Institute for Advanced Research）组织与增长研究部的成员。

托马斯·鲁苏霍瓦·基加博（Thomas Rusuhuzwa Kigabo）是卢旺达国家银行首席经济学家，同时也是卢旺达国立大学（National University of Rwanda）经济学院教授。

迈克尔·斯彭斯（Michael Spence）是斯坦福大学胡佛研究所高级研究员，同时也是斯坦福大学商学院菲利普·H. 奈特*（Philip H. Knight）管理学荣誉教授。他曾获得2001年诺贝尔经济学奖。斯彭斯先生曾于1990年至1999年担任斯坦福大学商学院系主任以及菲利普·H. 奈特教授。自1999年起，他成为橡树山资本（Oak Hill Capital）合伙人之一。从1975年至1990年，他曾作为教授供职于哈佛大学经济和商业管理学院。斯彭斯先生曾于1978年获得约翰·肯尼思·加尔布雷斯（John Kenneth Galbraith）杰出教学奖，1981年因"对经济学思想和知识有重要贡献"而获得约翰·贝茨·克拉克奖章（John Bates Clark Medal）。他于1983年担任哈佛大学经济学部主席，在1984年至1990年担任文理学院院长。他长期担任《美国经济评论》（*American Economics Review*）、《贝尔经济学期刊》（*Bell Journal of Economics*）、《经济理论期刊》（*Journal of Economic Theory*）和《公共政策》（*Public Policy*）编辑部成员。斯彭斯教授是增长与发展委员会主席。

谭银英（音）（Tan Yin Ying）是新加坡金融管理局经济政策部的高级经济学家。

---

* 菲利普·H. 奈特是耐克公司创始人之一，同时也是斯坦福大学校友，曾为斯坦福大学提供大额捐款并设立以自己名字命名的奖学金等。——译者注

致　谢

两位编者十分感谢增长与发展委员会发起者——澳大利亚、荷兰、瑞典和英国政府，威廉和弗洛拉·休利特基金会（William and Flora Hewlett Foundation），以及世界银行——提供的大力支持。世界银行减少贫困和经济管理网络前任副主席丹尼·雷普辛格（Danny Leipziger）也慷慨相助。我们感谢所有参加由增长与发展委员会赞助的关于领袖和经济增长工作坊的成员，特别是对于各章节作者，感谢他们所提供的多种视角，以及他们花费在问题讨论上的时间和精力。增长与发展委员会的秘书罗伯托·扎格哈（Roberto Zagha）不断地为我们提供新的意见并激励我们完成此书。罗伯托在完成自己手头工作的同时还为其他人提供良好帮助。本书中各章节的讨论水准以及完成质量无不体现他的努力和智慧。

增长与发展委员会秘书处的同事们：穆里尔·达林顿（Muriel Darlington）、戴安娜·曼内夫斯卡娅（Diana Manevskaya）、多洛塔·诺瓦克（Dorota Nowak）努力使各方面的工作尽善尽美。他们给我们的感觉是全神贯注于工作坊的组织和此书的编写工作——而这只是增长与发展委员会众多要按照截止日期完成且不能允许出现任何差错的工作之一。整个过程正是由于有了他们杰出的组织和勤奋工作才得以成功。阿泽兹·格科德米尔（Aziz Gökdemir）为准备出版稿而勤勉、务实地工作。当我们偶尔需要改变截止日期时，是他一直保证本书按计划推进进度。斯蒂芬·麦格劳蒂（Stephen McGroarty）监督此书的出版过程。诺拉·里多菲（Nora Ridolfi）负责此书的付印，并保证最终的高质量成书。我们需要特别感谢罗米·萨隆纳（Romy Saloner），他通读全书，并按照我们需要的方式进行编辑，还有曼迪·麦克卡拉（Mandy MacCalla），她完美地实现了我们最初试图完成的编写方式。

戴维·布雷迪

迈克尔·斯彭斯

目 录

第1章 领导力和政治：增长与发展委员会的视角 ……… 1
  领导力在增长与发展中的角色 ……………………… 1
  建立或转向持续的高增长 …………………………… 6
  来自增长与发展委员会国家中的例子 ……………… 8
  持续增长所要求并引起的调整 ……………………… 12
  政治经济的增长与发展 ……………………………… 15

第2章 增长、发展和减少贫困的领导力：非洲的观点与经验 …………………………………………… 18
  殖民时代的"遗产" …………………………………… 23
  争论 …………………………………………………… 33
  冷战时期的后殖民时代 ……………………………… 34
  建设国家的挑战 ……………………………………… 38
  非洲领导力及社会主义 ……………………………… 44
  冷战和军事政变 ……………………………………… 46
  解放战争及其他冲突 ………………………………… 48
  经济危机和失败的实验 ……………………………… 49
  土地 …………………………………………………… 52
  后冷战时期 …………………………………………… 53
  前进的道路 …………………………………………… 55
  外商直接投资 ………………………………………… 57
  外商直接投资和国内经济 …………………………… 57
  在法律和经济方面赋予穷人权利 …………………… 58
  非洲投资环境及设施 ………………………………… 62

利用技术 ·· 65
　　贸易和发展 ·· 67
　　援助有效性 ·· 69
　　腐败 ·· 71
　　领导力理论 ·· 73
　　结论：非洲民主发展 ···································· 75
第3章 领导力、政策制定、经济政策质量及其包容性：
　　　卢旺达的案例 ·· 84
　　卢旺达宏观经济绩效概览：后冲突时期的增长
　　　动态 ·· 85
　　卢旺达增长来源的实证研究总结 ·························· 87
　　卢旺达领导力和经济增长 ································ 88
　　旨在实现增长的经济改革 ································ 94
　　结论 ·· 97
第4章 增长观点：一个政治经济学框架——新加坡的
　　　经验 ·· 100
　　1960年以来的全球增长经验 ····························· 101
　　增长表现良好和落后的经济体 ··························· 104
　　增长经验的差异 ······································· 107
　　一个政治经济学概念框架 ······························· 109
　　新加坡的发展经验 ····································· 112
　　自然禀赋、制度、领袖和人民 ··························· 120
　　政策的经验教训和总结 ································· 126
　　附录1：使用PWT6.2的抽样方法 ························· 130
　　附录2：数据来源和解释 ································ 131
　　附录3a：增长表现指数得分 ····························· 134
　　附录3b：平均表现指数得分 ····························· 136
　　附录3c：增长不佳表现指数得分 ························· 138
第5章 制度在增长和发展中的角色 ··························· 140
　　制度是什么 ··· 141
　　制度的影响 ··· 142
　　对制度差异建模 ······································· 145
　　一个简单的历史案例 ··································· 146
　　改革的陷阱 ··· 148

持续性的权力和激励——"跷跷板"效应 ············· 150
　　　寡头政治的铁律 ································ 158
　　　成功的改革 ···································· 163
　　　结论 ·· 164

第6章　非洲国家的领袖、政策制定及经济增长：
　　　一个尼日利亚的例子 ·························· 169
　　　1960—2000年间尼日利亚的经济增长表现 ········· 177
　　　第三共和国时期的经济表现：1999—2006年 ········ 184
　　　领袖、政策制定及经济增长：1960—2006年 ········ 187
　　　重点内容的小结 ······························· 194

第7章　政治领袖和经济改革：巴西在拉丁美洲的
　　　经验 ·· 198
　　　从通货膨胀危机到巩固稳定：种族民主的预期 ······ 200
　　　雷亚尔计划 ··································· 202
　　　稳定及结构改革 ······························· 204
　　　几个战线上的战斗 ····························· 207
　　　民主改良主义的弊端和力量 ····················· 209
　　　机会、激情和观点 ····························· 223

第8章　经济改革、增长和治理：孟加拉国惊人发展的
　　　政治经济方面 ································ 229
　　　政策转变、宏观经济趋势和增长表现 ············· 230
　　　决策过程：经济原理和政治激励 ················· 236
　　　解读"发展惊喜" ······························ 245
　　　结束语：未来的挑战 ··························· 251

第1章　领导力和政治：增长与发展委员会的视角[①]

戴维·布雷迪（David Brady）
迈克尔·斯彭斯（Michael Spence）

领导力在增长与发展中的角色

2008年5月，增长与发展委员会以"增长报告"为题发布其报告。在这一报告中，增长与发展委员会试图总结、精练过去20年间我们从经验、科研和政策研究中所学到的有关发展中国家达成可持续高速增长的战略和政策的内容。通过这一工作可以明显看出，政策、领导力和政治经济（经济和政治力量与选择之间的相互作用）在其中扮演着重要角色。研究政治以及政治和经济力量相互作用是一项具有重要意义的工作。

在本章中，我们不会试图提出任何一般性的理论。相反，我们试图引用一些例子来说明重要的政治因素以及经济政策的形成和适应是有可能存在的，并将带来可持续的增长和发展。这些例子远没有代表性。这些例子都是在较长一段时间内实现持续高速增长的亚洲国家。我们期望通过理解这些例子的细节来开发一个更具有普适性的理论，从而进一步

---

① 本章最初来源为：David Brady, Michael Spence. 2009. *Oxford Review of Economic Policy* 25（2）：1-14 [doi: 10.1093/oxrep/grp017]，由牛津大学出版社出版。如需授权转载，请联系journals.permissions@oxfordjournals.org。

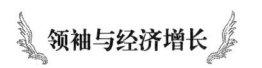

完善经济和政策对增长和发展的作用的研究。我们可以将这些例子看作抛砖引玉：通过这些例子的研究可以提出假设，最终将嵌入一个更具普适性的理论，并最终予以检验。

对成功的可持续经济增长和发展战略及动态体系的要素进行分析需要包括：第一，经济要素。该要素决定哪个增长和发展模型可以更好地运行，以及哪类政策可以支持可持续增长模型。第二，制度要素。哪一个制度可以提高并有助于经济增长和发展，这些制度又是如何生存并发展壮大的。第三，政治要素。一个涉及增长的政治要素，其特点是处理各国由于增长而带来的问题，例如不平等问题。这三项要素都具有复杂性，以及与之相伴的问题，如衡量问题、因果关系问题及特殊主义。我们在这三个领域都已经具备相当储备量的知识，而且处在根据经验和学术研究工作的成果不断地进行积累的过程中，但仍不够完备。似乎要想做出关于增长和发展的完整且具有理性的描述，这三者缺一不可。

根据多个国家经济增长的经验（这些国家都在不同程度上达成并保持了高增长），以及以往对于增长和发展的研究成果，可以从以下三个方面粗略描述经济、制度和政治要素对经济增长和发展的支持。

第一，一个可以在全球需求和知识间起杠杆作用的开放型经济增长战略。它允许竞争发挥作用并且带来结构性变革，从而形成高增长的微观经济动力支撑。当然其内涵远不只如此，还包括公共部门和私营部门的高水平投资和储蓄，这些似乎是可持续高增长例子的核心所在。[①]

第二，具有开放性、拥有法律规则（或是在相当大的程度上可以预测）、有胜任力的官僚机构，以及可以使政治家专注于公民的长期福祉的激励结构制度。

第三，一组政治上的相互作用和结构可以在早期通过提供足够的稳定性来帮助某一国家选用正确的模式进行可持续的投资，同时这一政治结构可以促成之后的政权和平转移以及重要利益群体（例如发展壮大的中产阶级）的内生性崛起。

在任意一个特定的时点，一个国家可能处于这个三维模型当中的任意一点，其具体位置取决于该国在这三个维度上的发展情况。这个国家

---

① 《增长报告》（The Growth Report）中列出了13个在过去25年间年均增长率在7%以上的国家和地区。在如此长的时间内能保持高速增长是相当了不起的事。这些国家都有一些独有的特征，但所有国家都实行开放式经济策略（在全球知识和需求间起杠杆作用），所有国家都拥有移动资源并利用竞争带来的动态市场力量迅速改变经济结构组成。开放式经济需要进行微妙的政策决策，以便在新增就业和破坏就业间保持平衡，防止过度波动。

因而将按照既定的轨道行驶到相应的区域，从而获得一个支持性的经济政策环境和适应性的政治体系，其发展和未来可能获得的增长也将随之确定。维持这样一个轨道并支持其目标实现可被视为政治领导的主要职能之一。

除了上述关键性特征外，不同国家间促进经济增长和发展的制度、政治以及经济模型选择可能存在相当大的差别。

因此，我们无法就这三个维度提出唯一可行的路径。事实上，增长与发展委员会的工作以及这13个经济高增长国家和地区的案例无不向我们说明，在达成可持续发展这一目标的过程中，不存在唯一可行的道路或公式。

13个在战后获得持续性高速经济增长的国家和地区的情况详见表1-1。此外，增长与发展委员会相信，尽管起步稍晚，但是鉴于其结构因素已经具备条件，因此假以时日，印度和越南也可以达到同样的绩效水平。

表1-1 13个实现可持续高增长的国家和地区

经济体名称	高增长时期[2]	人均收入（美元，2000年不变价格）	
		增长之初	2005年
博茨瓦纳	1960—2005	210	3 800
巴西	1950—1980	960	4 000
中国	1961—2005	105	1 400
中国香港[1]	1960—1997	3 100	29 900
印度尼西亚	1966—1997	200	900
日本[1]	1950—1983	3 500	39 600
韩国[1]	1960—2001	1 100	13 200
马来西亚	1967—1997	790	4 400
马耳他[1]	1963—1994	1 100	9 600
阿曼	1960—1999	950	9 000
新加坡[1]	1967—2002	2 200	25 400
中国台湾[1]	1965—2002	1 500	16 400
泰国	1960—1997	330	2 400

资料来源：增长与发展委员会（2008）；基于世界银行、世界发展指标和佩恩表的数据。
1. 已达到工业化程度人均收入水平的经济体。
2. 国内生产总值（GDP）年均增长率大于7%的时期。

在某种意义上，这些高增长国家领袖做的其实就是在这一系列因素中做出正确的决策。《增长报告》发现，有13个国家和地区在25年或更长的时间里成功地将其经济增长率保持在7个百分点以上，从而达到持续、高速经济增长的目标。这13个国家和地区（也包括其他国家，例如印度和越南，这些国家也走上了持续、高速经济增长的道路，只不过它们似乎处在发展的早期阶段）的领袖选择了成功增长战略或策略的变种形式，使得商业、农业、劳动力和其他政治部分能够组合在一起，从而足以为经济持续增长提供稳定的环境。此外，随着时间的推移，这些国家和地区中的领袖能够使国家从农业道路走向城镇化道路，从相对闭塞的体制走向更加开放的体制，甚至在某些国家中从独裁走向更民主化的政府。因此很明显，领袖在产生持续性增长方面扮演重要角色。其首要任务是做出基本选择并建立共识，如果没有这种共识，经济发展就无法实现。

没有一个领袖的风格可以概括所有高增长经济体中的实际情况。而领袖同样也不是这一过程中唯一的输入因素。我们最多可以说，有能力的领袖应该能够抓住在国家战略、结构和方向发生制度转型时，政治-经济动态模型所产生的机会。机遇可能产自危机，或者是偶然发掘的自然资源财富，但是需要有催化剂来促使变化、危机和机遇转变成新的发展方向，同时维持一定程度的和谐以及对新方向的共识。

尽管在某些人看来，领导力显然是增长的一个组成部分，但直到最近为止，学术研究都没能说明领袖在经济增长中扮演的重要角色。最近关于领导力的研究开始试图说明在13个经济增长的国家和地区中，商业、政府和利益群体明确目睹的事实。对于社会科学研究者而言，困难的是领袖和经济增长间的关系不仅仅是内生性的。因此，我们如何确定领袖是否确实在经济增长方面起作用？或者说得更直白一些，增长是否只是"看起来很美"？

在一项细致的经验研究中，Jones和Olken（2005）对第二次世界大战后全球经济体进行分析，发现其中有57个国家或地区遭遇过突发情况，例如领袖突然死亡或离职，因此这使得他们有机会通过自然实验的方法来用领袖外生原因的变化解释内生性问题。也就是说，领袖的突然去世使得我们有机会衡量领袖对经济增长的作用。当然，变化可能既有积极的一面，又有消极的一面。两位学者发现，国家领袖的变化确实对经济增长有影响。在权力集中在一名或几名领袖手中的体制下，这种影响最为强烈（无论是积极影响还是消极影响）。而在民主制国家中，则没有显著性的结果。这或许是由于某些民主国家中共识的建立经历了更为复杂和漫长的过程。长时间所造成的滞后使得研究横截面回归的影响较为困难。例如，印度在20世纪80年代末期开始了改革，而且由于20世纪90年代初的危机而加速了改革进程，尽管这样，改革所带来的经济高速增长仍旧要等到今天才能显现出来。

第1章 领导力和政治：增长与发展委员会的视角

此外，两位学者还发现，个体领袖可能在塑造国家经济增长方面扮演重要角色（Jones 和 Olken，2005：835）。另外，他们发现领袖对政策产出方面最显著的影响体现在货币政策领域。由于使用了自然实验法，二位研究者发现当更强有力的制度（通常是财政和政府制度）存在时，个体领袖的作用被削弱了，或者是难以衡量的，这些都使得最后这个结论（领袖在货币政策领域影响最显著）显得尤为有趣。得出这些结论并不令人感到吃惊。完善制度的职能之一就是汇集专门知识，并对包括领导小组在内的权力机构进行监管和控制。如此一来，研究领袖在制度中的作用以及制度对经济增长的后续影响当然会变得困难。而内生性问题夹杂着难以量化的问题更凸显出这一研究的困难程度。

这当然不意味着领导力（界定为对战略、建设共识并使政治制度可以支持经济和社会目标的达成方面做出基本决策）毫无作用，只不过是一些原因使得我们在现阶段无法衡量领导力在这方面的作用。在本章中，我们假设实践者和观察家以及各领域学者认为领导力至少在某些时候通过改变发展中经济的轨迹确实可以带来不同结果这一观点是正确的，同时我们也承认这一观点并没有在全球范围内获得普遍的认同。

在这些约束下，我们的研究方法是将发展过程拆分为几个不同阶段，然后分析领袖在这些不同阶段分别扮演什么角色。很显然，第一个阶段中，领袖需要选择一个经济模型或战略，从而在总体上确定达成发展和增长目标的手段，之后建立一个可以持续运作的联盟、制度或二者皆有之，以便使所选择的计划有足够的时间产生增长红利。第二个阶段在某些情况下不是按照时间划定的，这要看领袖如何根据变化的环境（政治和经济方面）来调整战略和选择。这些调整可能是为了应对冲击或无法预期到的外部事件，但也可能是对增长过程中经济特征的内生演变的回应。后一种调整可能包括收入不平等的加剧、收入和工资增长导致比较优势转移，以及制度不适应发展经济不断变化的特点和状态。

所有这些案例中，在特定的制度环境中，有些解决问题的因素可能会、也可能不会自行发生变化。因此，在经济增长的调整阶段，我们无法确定领袖就增长战略、达成共识和制度方面究竟应该做何选择。这一问题是极度情境化的。能够想象出一个通用理论或框架来解决这一问题当然最好，但是基于现有知识，这基本上不可能实现。因而我们尝试用例子来对领袖和经济增长进行概括。

建立或转向持续的高增长

发展和增长中经济体的综合性领导维度是随着时间慢慢形成的。首先，通过建立或创造的过程选择并执行一个经济模型，之后不断地调整以保持经济增长，或防止其他利益群体破坏经济增长。建立过程可被视为领袖或领导小组选择正确模型的过程（通常是出口驱动型增长模型），与此同时建立政治上的共识来支持这一模型。我们需要意识到，一个领袖或领导小组有可能会选择经济上无法起作用的模型，或许就像尼赫鲁做的那样，他们做那样的选择是为了达成除了经济增长以外的目标。由于我们试图识别领袖在创造并保持发展的过程中所扮演的角色，因此我们只关注做出正确决策并且得以构建政治共识以支持其选择的领袖或领导小组。

我们通常将共识看作一种协商的结果。但这其中可以，并且通常也确实包含信任的成分。历史确实在某种程度上向公民和利益群体告知其领袖的目标。如果领袖的行为传递出他关心国民在当下和未来的福祉这样的信号，那这就颇具意义了。这是一种可以使构建共识过程更为顺利的无形资本。总体而言，包容性、意图和历史经验是达成共识的有力支持。这给予领袖和政府一定的时间来实施战略并静待结果出现。

总的来讲，选择正确的模型需要依靠全球化的需求、本国的知识和技术革新，以及高投资和储蓄水平。有关核心政策组成以及与持续性高增长相关的选择的更全面论述，感兴趣的读者可以参见《增长报告》。

通过选择正确的模型以及后续的调整，已经使 13 个国家和地区迎来了经济持续增长，印度和越南也紧随其后。当然也有许多其他国家没能达成持续性高增长的模式。显而易见的问题是，为何持续性高增长的模式如此之少？我们相信低增长模式至少部分是由于其领袖错误选择了经济模型以致未能实现持续性增长。[①]

这个问题的部分答案或许同机会有关。在这些经济高速增长的案例中（包括我们已经熟悉的印度和越南），领袖会选择正确的模型，同时为了保证其他人也会遵循这一模型，这些领袖可能使用必要的政治诡

[①] 当然也存在其他问题。其中之一是利己主义的政治经济，以及民主进程带来的盗窃和腐败问题。此外还有一个问题是经济方面未能使公共部门提升到能够给予私营部门足够的投资并维持持续性高增长的水平。

计，无论是对模型的选择，还是使用政治诡计，都可能伴随危机。第二次世界大战后的日本人、1961年的韩国人以及脱离马来西亚后的新加坡人都面临可怕的经济和政治环境。而这些危机恰恰给予朴正熙总统等人一个能够在较小的阻力下进行变革的机遇。在某些案例中，领袖面临的是财政危机，有些又是政治危机，包括第二次世界大战战败或是20世纪80年代中期首尔面临的街头游行。

印度1991年危机和土耳其2001年危机属于经济危机，而且是我们能列举出的关于领袖有更多空间选择新的经济计划和政策的较新例子。不论是在印度还是在土耳其，领袖都通过使经济发生重大结构变化而带来远期的经济增长。凯末尔·德尔维什（Kemal Dervis）将这次危机作为一次机会来使土耳其议会通过法案，而在通常情况下该法案很可能无法获得通过。19项在危机中或是在危机结束后即获通过的变革帮助土耳其经济获得增长。鉴于13个国家和地区在经济开始增长前年人均收入平均不足1 000美元，广泛存在的贫困或许就是日益增长的期望能够完成重大变革的基础。电信技术使得"备选项"变得比过去更显而易见，因此或许能够创造一个更适宜进行变革的政治环境。当我们把邻近国家也考虑在内时这就变得更加准确了，因为老百姓会看到其他国家做得更好，例如民主德国和联邦德国的例子。印度国内外普遍认为，中国的增长、规模和同印度的地缘关系有助于激励印度的战略转型。邓小平在20世纪70年代相继出访新加坡和纽约后，对于替代战略和可能性的理解产生了重大变化，这也是他后来选择走市场经济道路的一个原因。更广泛地说，由于信息和通信技术以及通过电视、互联网、旅游和其他渠道提供的信息越来越多，思考的效果看起来非常真实且更加强大。

不论是财政、政治还是贫困危机，或者在大多数情况下，综合上述三者的危机，都越来越频繁地出现在大多数做出错误选择的国家中。我们现有的证据无法得出这样的结论，即危机可以导致正确的选择。相反地，更适合的假设是：危机创设了一种情境，使得领袖在进行经济政策和结构及制度变革选择时可以少一些阻力。偶尔，政治阻力的减少可能会导致一个新的动态情境的出现。第二次世界大战后，日本人所面临的主要危机同韩国的朴正熙总统在1961年面临的危机相似。在上述每一个例子中，领袖通过选择经济模型最终满足上述各种情境的要求。

不过，似乎积极作用也会互相传染。当日本在第二次世界大战后迅速崛起时，其他亚洲国家也受其影响选择了出口驱动型增长计划，某些国家甚至产生了跟日本相似的制度。这些案例都产生了强大的影响。

危机为经济和政治变革创造条件的认知并不仅在建立阶段的国家成立，对于一些非常成功的经济计划所产生的危机也同样适用。10~20年的经济增长会产生赢家以及相对而言的输家，当然也会加剧收入和财富的不平等。这又产生了新的需要解决的问题。例如，当人均收入增长到足够高的水平时，社会情况变得复杂，决策者也会面临更多的限制（显性以及隐性限制）。然而，即便是这样，危机仍旧给予领袖一个变革结构和制度的机会。

选择正确的经济模型只是持续性经济增长第一阶段的一个部分而已。为这些经济选择提供支持的必要条件是国家的政治环境足够稳定，从而经济计划才能起效。理论上讲，纯粹的专制、一人掌权、独裁制应该可以提供最高程的政治稳定——因为只有一个人做出决定并使大家信服。虽然没有哪个国家真的拥有这种体制，但是在Jones和Olken（2005）的文章中，有证据表明经济增长同专制体制子集中的专制相关。然而，在高增长国家案例中，也有一些国家实行的是完全的民主制。或许更重要的是，专制体制中有些案例的表现是灾难级的糟糕；而民主制度中也有一些失败案例。① Jones和Olken（2005）进一步表明，领袖的作用（积极作用和消极作用）在专制体制下极为突出，但在民主体制下，领袖的作用就要小得多。他们的研究并不仅限于13个增长经济体，不过仍旧得出这样的结论：政治稳定且缺少强烈的反对声音可以基于经济选择足够的时间来收获成果。在一个专制国家中，当缺少可供借鉴的先例时，在经济发展的早期阶段，领袖（或者领导小组）在经济政策选择方面拥有更大的自由度。他们可以选择出口战略、进口替代型政策或者孤立主义政策（例如朝鲜或者缅甸）等。考虑到这种权威性并不一定能保障做出正确的选择，他们肯定会说，他们可以对增长产生更多的影响而不依赖其决策。也就是说，错误的选择导致低速增长甚至不增长，而好的决策带来增长。领袖的非预期变化更有可能改变增长。

来自增长与发展委员会国家中的例子

从军人政府到一党制国家，有很多方式可以构建政治稳定性，以便

---

① 最近关于政治经济和发展的研究开始关注导致经济表现优秀和不良的内生性经济和政治力量。在这些研究中，Acemoglu和Robinson（2006）的论文值得一读。

第1章 领导力和政治：增长与发展委员会的视角

在主要政党间就经济政策达成一致。我们名单上的许多增长经济体都属于或曾试图建立一党制或拥有主要执政党的政治结构，例如日本、韩国、新加坡等。日本（同巴西一起最早实现高经济增长的国家）的一党制想法出现于1955年，当时日本左派在议会中即将获得多数席位，受到威胁的自由党和民主党在那一年进行了合并。这些党派的合并基于日本足够发挥经济模型作用的政治稳定性。将两大保守党派合并为一个可以重复赢得选举的大党意味着要制定详细的选举规则、议会中名额分配不均、接受新的派系领导人和新的派系，并且形成新的利益群体。韩国在其选举体系中保留了相似的特征。

执政党体系的关键是，按照选区划分的不同成员拥有唯一且不可让渡的投票权。这种设定将产生增强执政党在议会中所拥有议席的效果。新加坡的选举体系也强化了一党制原则。在我们看来，这已经足以说明，将稳定的政治多数党结为联盟有助于增加政府计划起作用的时间，并且会使得短期政治运动改变政策的可能性降低。我们稍后会解释投票权结构和执政党持久力之间的关系。

任何经济计划都会产生短期内的赢家和输家。如果政客们有满足这些利益群体以获取选票的动力，那么他们一定会这么做的。在一党制体系中，制度设计使得政客们比较难以把短期输家变为多数。随着时间的流逝，增长经济体的财富进一步提高并被广泛分享，多数党继续维持多数地位将变得容易。政治稳定性对于模型实施的早期阶段最为重要。假如3~5年后，经济计划还是无法起作用，政治稳定性或许可以持续下去，就像印度一直处于国大党的领导下，但最终，经济增长和发展的乏力将导致战略和政策的调整，有时甚至可能会是政权转移。

最终，单一执政党体系将改变一部分人的动机，有野心的政治家更倾向于集中在当权党派中，因为与权力相挂钩的议会席位比起少数党派手上的席位更有价值。在一些成功的案例中，由于执政党更青睐增长导向型的战略，有野心的政客会将他们的终极成就同经济是否增长关联在一起，因而，他们会支持这个"计划"。在如拉丁美洲一样的多党执政体系中，更多的野心政治家没有太大的动力支持"计划"，这是由于他们的命运并未与之挂钩。在短期内，增长的产生显著改变了现状。在许多案例中，多数派或接近多数派被要求做出牺牲（许之以远期可能获得的收益），而且他们相对来说更糟糕。政治家通过批评"计划"来迎合多数或接近多数派。这一情境在不同国家中有所区别。在日本，自由民主党已经接近失去相对进步党的多数席位优势。不过不管怎么说，构建单一执政党的体系比构建多执政党的体系会更多地激励政治家同经济计划（选择的模型）保持一致。

有许多方法可以设计一个选举系统，能够获得33%～40%选举支持的党派可以控制立法机构和政府。其中最显而易见的方法是不要按照规模平等地划分选区，而是给执政党更多的选票。在从农业经济向工业经济转型的过程中，农村利益群体通常获得补贴并且以牺牲城镇选区为代价获得过度代表。获得高补贴的日本、韩国的农民至少从执政党的观点来看，可以证明这一战略的功绩。这些差异常常走向极端，有时一些农村选区的选票是城镇居民的10倍或更多。这一农村-城镇差异甚至持续到现在，在已经完成选举改革的日本、韩国仍然存在。目前，韩国最主要的5个城市人口占韩国总人口的一半，但是在韩国国民议会（Korean National Assembly）中只占有约35%的议席。其他占有另外一半韩国人口的9个省得到了剩下65%的议席。在日本经济增长的早期，农村-城镇议席分配数大约是2∶1，直到经济发展的稍后时期，这一比例仍旧是1.6∶1（Hata，1990）。

另一种维持一党主导的方式是将选举制度构建成有利于执政党的形式。其中最常见的机制是亚洲国家将单一不可让渡选票（Single Non-transferable Vote，SNTV）和多成员选区（议席多少）结合起来。在这一体系下，选民有且只有一票可以投给选区内的2～5名候选者，这就为在全国范围内参与竞争的政党带来不易协调的问题。在一系列文章中，Cox和Niou（1994）以及Cox（1996）表明，在日本，这一体系都给执政党带来好处，相比它们各自的对手，日本的自民党能在给定可获得的议席上限的情况下，更有效率地确保将尽可能多的议会席位把控在自己手中。其原因在于，执政党可以更容易地将政府资源分配给自己的支持者，并削弱反对者的力量，从而克服其集体行动的问题。韩国在20世纪80年代变革之前的选举制度既有单一不可让渡选票，又有多成员选区，最终导致执政党获益（Brady和Mo，1992）。

有的人或许可以通过日本和韩国的例子总结出这样的结论，即当一党执政结束后，经济增长将会放缓。在日本，选举制度最主要的变化（选区大小）是在增长之后出现的；然而在韩国，选举最主要的变革恰好是发生在高速增长结束之前，而且这一变革并未影响增长率。因此，经济上的成功似乎可以带来民主结构的变化，而不必然影响经济增长，因为韩国、新加坡都在保持7%的年增长率的前提下实现了民主化。此处需要引起注意，发达经济体无法达到类似7%的高速增长，因此，高速增长经济体最终都会随着人均收入水平的提升而放慢增长速度。根据这种无法避免的增长放缓与政治结构演进的比较结果,或许很难解开这两种效应。

中国经济的成功是在中国共产党领导的多党合作和政治协商制度下实现的。在 1950 年,中国的人均收入非常低。中国虽然还不至差到成为收入最低的国家,但其人均收入确实比大多数发展中国家水平都要低。简而言之,那时的中国是一个十分贫穷的国家。在 20 世纪 60 年代,中国政府提出实现四个现代化,基本上这一政策涉及高积累,低消费;优先发展重工业;采用资本密集型方针;并且设定高度保护性的进口替代政策。根据贾斯丁·林(Justin Lin)的观点,中国采取了比较优势战略(同其他地方一样)。①

当时中国从改革前继承了一些重要的有形资产和无形资产:普遍的基础教育、特定类型的土地改革,以及一些重要的农村基础设施。基于这些资产,邓小平及其同行的改革家引入了一个新的、成功的三步走发展战略。

1. 中国领导者通过区域变化,在占中国人口 82% 的农业部门采用了市场激励和资源分配制度。改革早期所获得的生产力改进以及 1978 年之后的 5~7 年中的收益都与这些改革有关。

2. 中国很好地利用了其人力资源所具有的比较优势,并采用了开放政策。

3. 中国通过世界经济来刺激出口增长,并实现了贸易和投资自由化,同时,或许最重要的是,中国开始从世界经济中引进知识和技术。之后,中国的改革开放开始出现多种所有制结构,特别是私营所有权。教育、科技和技术方面的改革增加了中国的人力资本。新的温州模式(当地经济主要由私营企业组成)与国有企业并存。

从 1949 年到 1978 年,中国的经济表现不佳,之后中国经济的成功是在中国共产党领导的多党合作和政治协商制度下实现的,新的出口驱动的市场力量可以推动中国增长的背景依赖于政治的稳定。邓小平作为中国经济增长领导者的角色发生在中国是由中国共产党(Chinese Communist Party,CCP)领导的这一前提下。即便是在今天,政治合法性和支持仍取决于持续的包容性经济增长。第十一个五年计划表明,中国共产党能够理解其未来依赖于经济的进一步增长以及财富和服务的重新

---

① 贾斯丁·林于 2007 年 10 月 31 日至 11 月 1 日在剑桥大学的马歇尔讲座上的发言。

分配。

总而言之，这13个经济增长国家和地区最终都选择了一个增长模型（通常是在之前的实验失败之后），同时建立了稳定的政治环境，以确保政策的持久性，并为经济选择在经济增长上发挥作用提供足够的时间。因此，领导力不仅包含做出正确的经济选择，还包括构建共识并创造稳定的政治环境，以便其选择可以有时间结出经济增长的果实。

持续增长所要求并引起的调整

能够做到在10年以上的时间内保持每年超过7%的经济增长率的国家，其经济、社会、文化以及政府机构的结构也会有极大的变化。博茨瓦纳、中国、印度尼西亚、日本、韩国、新加坡和其他国家在几十年的时间内产生了新的所有制模式、新的利益群体、大量的中产阶级，以及富人阶级。这些变化总会带来新的挑战。其中我们最熟知的挑战包括：不平等问题凸显，中产阶级要求构建与市场所建立的自由相匹配的政治民主制度，以及在现有制度内适应新的力量和压力。除了这些问题外，领袖还面临经济变化的问题。经济的增长不能长久依赖大量的廉价劳动力。劳动力价格的上涨意味着比较优势的转移。过去带来成功的增长模式必须要被抛弃。因此领袖需要在多个方面调整侧重点、政策以及投资，以便支持经济的结构性演进，并匹配其在全球化经济中的角色变化。政府和公民自然抵制这种变化，因为即使已经落伍了，但是要放弃曾经带来成功的模式仍旧十分困难。政策的调整倾向于针对横向政策，以便支持信息技术、教育，以及人力资本密集型经济结构。这些经济调整通常伴随着（或与需求相联系）政治变革。例如，日本、韩国经济的成功对民主改革产生了强烈的压力——从重新分配到更公开、公平的选举制度，以及金钱对政治的影响下降。日本或韩国的例子或许可以说明这一问题的复杂性。

在日本，经济增长产生了大量更有效率的大型零售商店，它们取代了传统的小型家庭商店。在20世纪60年代末，为了对抗来自大型零售商店的竞争压力，家庭商店店主联合起来组成地方性组织，给日本社会党投票。曾经的执政党——自由民主党（Liberal Democratic Party, LDP，简称自民党）已经在国会中失去了一些席位，并面临失去对反对自由贸易和日本与美国间特殊关系的进步党的控制，同时赋予工会权利

第1章 领导力和政治：增长与发展委员会的视角

和重新分配财富的前景（Hancock，1993；Baron，2005：649-651）。自由民主党在第二次世界大战后的成功领导因而需要适应新兴利益群体并赢得选票。在1972年的大选中，自民党选择非精英群体出身、非东京大学毕业，且不是自民党第二次世界大战后领导群体成员的田中角荣（Tanaka）作为代表参与竞选。事实上，田中角荣根本没有上过大学，而且他为了应对反对派，还在自民党内成立了新的党派。不管怎么说，自民党选择田中角荣成为首相，以适应经济增长中产生的新的利益群体的需求。田中角荣作为首相，同小型零售商组织达成协议，并通过了《大商店零售法案》（Large Store Retail Act），允许当地的小型零售商组织推迟、阻挠，并在某些情况下，拒绝大型零售商获得规模经济所需的商店空间。于是，小型零售商又开始给自民党投票，使得该党继续执政达10年以上。自民党还同农民组织达成过类似协议，从而使国外农产品不得进入日本（Bouissou，2001）。因此，日本相对于其他发达国家拥有较高比例的农民和小商业主。这是一个关于政治领袖如何同新兴利益群体做交易、设计增长政策，从而保障反对者联盟不会阻挡经济的发展的例子。然而，对农业和小商业利益群体的让步并不符合经济高效的原则。从狭隘的经济观点看，这一选择其实是次优选项。在牺牲效率和生产力的同时，自民党假设日本社会党会妨碍经济增长，因此它们虽然做出了牺牲，却可以保护日本经济在至少10年的时间内获得长期经济增长。

韩国经济的成功产生了日益增长的中产阶级，同时使得大量韩国年轻人得以进入大学。到20世纪80年代中期，持续增长的大学生、中产阶级以及工会会员在街上抗议政治制度的专制性和随之而来的腐败。韩国的体制部分依赖于选举团制度，从而保障当时的执政党——民主正义党（Democratic Justice Party，DJP）支持者的胜利。对于那些通过游行试图谋求同经济自由相一致的政治自由的人来说，这一体制是问题的焦点所在。民主正义党当时指定的总统人选是前将军卢泰愚。他所面临的问题是如何结束街头示威游行，并使这些人赞成选举制度，这就意味着他必须同意消除选举团制度，并将选举方式改为国民议会。

卢泰愚同意进行"真正的"总统选举，他猜测他的两名主要竞争者——金泳三和金大中无法就谁应参与选举达成一致。最终选举的结果是卢泰愚险胜另外两人，韩国出口驱动、丰富教育的经济计划也得以保留。对国民议会的改革包括将过去不同选区单一不可转让票制度转变为美国式的单一成员，获得75%代表席位即可当选的票数领先即入选制度。其效应在于降低了占主导地位的一方利用少数选民支持立场占据议会多数席位的可能性（Brady 和 Mo，1992）。

新体系的首次选举以民主正义党失去多数席位告终。简而言之，改革首先导致政府分裂，并最终产生了多党派参与竞争的系统，同时左派通常获得控制权。我们再一次发现，经济增长带来变革，领袖需要处理这些变革。在这个案例中，制度变革结束了街头游行，并将其变为选举制度的一部分，产生了真正的多党派民主制度，使得不同利益群体和力量轮流执政，这正好适应了来自新兴利益群体变革的压力。

鉴于13个经济增长国家和地区的多样性，这两个例子当然并不全面，或许也不具有代表性，但它们确实说明了政治经济增长中的一个重要维度。一个成功的经济体可以保持几十年的持续性增长，这反过来会对社会、文化、政治和国民行为及偏好带来深远且重要的变化。领袖，特别是政治领袖，需要对这些变化进行回应，防止经济增长受到阻碍，新的问题也必须得到良好解决。能够达成这一结果的领袖们，除其他事项外，还需要学会倾听商业和金融界领袖的经验，因为这二者整日处于变化的世界市场环境中，同时要参与竞争。

成功的选择通常不符合"稳定、私有化和自由化"的简单经济模型。领袖通常需要选择次优方案，例如，日本政府对农民和小商店主达成了妥协，墨西哥对墨西哥国家石油公司*的持续占有。高速增长经济体实际领袖做出的小举措清晰地说明了亚瑟·刘易斯（Arthur Lewis）爵士著名的论断，即"政府的失败要么是做得太多，要么是做得太少"。

经济增长的初始阶段有可能是一个约束较少的环境，这样有利于领袖做出良好的决策。中国采取农村家庭联产承包责任制这一举措大大促进了生产力，使农民更加富裕，并且给予中国的消费者更多选择。总之，这是一个多赢局面。虽然有些来自城镇的抗议声音，认为食品的价格高于从前，但食品的总量确实是增加了。经济增长增加了财富，也使得拥有重要潜在力量的利益群体的数量增加，从而使得整个社会的情况变得更加复杂。经济政策涉及相互竞争的利益群体之间日益复杂的权衡。当国民年人均收入低于500美元，且九成以上的人口从事第一产业时，利益群体多样性则较低，而且经济制度相对比较简单；但是当国民年人均收入达到8 000美元，农业人口仅剩三成时，情况就变得复杂了。这不意味着领袖不会在增长的初始阶段做出错误选择。例如，

---

* 墨西哥国家石油公司（Pemex）控制着墨西哥当地原油的勘探、生产、输送和销售。——译者注

罗伯特·贝茨（Robert Bates，1981）表明，东非的劳动者和城镇人口如何维持着政治均衡，而这一举措恰恰有损经济增长。我们认为当经济增长时，关于如何维持增长的决策将变得空前复杂，因为这意味着变化，或是建立政治体制以满足增长带来的挑战的需要，而这些政治和政策选择是增长和发展动态的一个重要组成部分。

经济增长带来的变化自然引出另一个问题：在强势领袖之后，什么样的制度能够使得一个国家的经济获得最大机会的增长和发展？由于初始或选择阶段往往伴随着危机，领袖可以有比较多的机会选择一个更好的经济模型，并且说服其他人同他一起向着新的方向前进。随着时间的推移，领导层会发现，基于全球经济知识战略的表现要比替代方案好。一旦选定了计划，稳定性将在保障计划起效方面起到重要作用，很多领袖通过构建执政党的方式寻求稳定性。

政治经济的增长与发展

领袖、政策制定者和分析人士所面临的挑战是相当艰巨的。在上文的讨论中，持续性增长似乎需要一个可行的开放增长模式；同时需要时间来起作用，坚持并保持一致，因此需要一个合理且稳定的政策制定过程。如何在众多政治结构间达成一致（或者如何未能达到）是日益增长的政治经济和发展研究中的重要组成部分，然而稳定和坚持并不够。内生动力学产生了在经济中进行持续性经济和结构变革以及对支持性的政策和投资中进行类似变革的需要。此处的论点是，这种出现在案例研究中的持续性适应需要扩展到政治制度和政治利益与权力的演变中。完成这种适应而不打断增长动态是一个巨大的挑战。这主要归结于政治领袖，结合其洞察力、经验和政治技巧来达成对经济增长至关重要的妥协并发现次优选择。

公开政治和政策制定过程的原因有许多。过去的精英阶层可能选择公开制度和政策的制定以避免暴力（Acemoglu，Johnson 和 Robinson，2005：564-566），并确保决策的制定不是靠游行示威而是在制度框架内通过政治安排达成的。在政策设定过程中需要商业投入，以便商业部门可以在全球经济和世界市场中有效地参与竞争。大多数示威游行都是暴力或近似暴力的，并且与农业人口缩减和人员向城镇流动相关。类似地，中产阶级势力的增强有时也会走向街头，以呼吁增强政治体系的开放性，这也是韩国实际发生的情况，最终导致两党制体系。

在这种观点下，开放应包括透明度、法治，或者允许新的精英进入执政党体制或替代性政党，因为在上述每一种情况下，政权都在变化，以适应经济增长带来的不断增长的复杂性所产生的不同利益群体。决定一个国家增长的因素组合也会影响这些利益群体，这同样需要和解。也就是说，当一个国家最初的外商直接投资（Foreign Direct Investment，FDI）水平较高时，将最终发展出一个不同于韩国的道路，后者对外商直接投资的依赖程度远低于其他国家。

一般而言，人们往往认为采用多种形式的民主是更可取的方式，因为一般而言，这种形式可以适应多种利益群体共存的状况，而且不同的组合可以在各个方面引导经济发展。在民主制度下，一个政党或联盟倾向于（常常由于公民的偏好）较低水平的全球化并要求增强保护，而另一个政党或联盟倾向于全球化。当权力发生交替时，政策也会发生轻微调整，毕竟政治是选举，而不是枪炮或街头游行。然而，西方民主政治是否对所有国家、所有增长阶段实施的都是正确的制度-政治组合，这一点并不清楚。似乎在开放和适应经济发展和政治群体之间存在一条细线，以及保持一定程度的稳定性、凝聚力以及对政策空间的坚持。

似乎有一些制度的转变是微不足道的，包括执政党向新兴利益群体开放，或者是从单一执政党向两党制体系转变（韩国）。另一个必要的转变似乎是建立一个官僚机构，以了解全球经济竞争并具备足够的能力进行监管和协调活动，同时建立一个政治进程（无论以什么为中心）以便在国内和国际上让分散的利益进入决策过程。

按照这一观点，领导层具有决定上述细微之处的关键作用。这意味着在保持增长战略关键部分的同时要平衡并适应新兴利益群体。相对于纯粹的经济政策选择，这些通常都是次优选择。在某种意义上，这些挑战是为了适应分配问题，因为它们在建立和维持一个执政利益联盟的政治过程中出现，却不会削弱增长过程的经济动力。

参考文献

Acemoglu, D., S. Johnson, and J. Robinson. 2005. "The Rise of Europe: Atlantic Trade, Institutional Change, and Economic Growth." *American Economic Review* 95 (3): 546-579.

Acemoglu, D., and J. Robinson. 2006. *Economic Origins of Dictatorship and Democracy*. Cambridge: Cambridge University Press.

Baron, D. 2005. *Business and Its Environment*. Englewood Cliffs, NJ: Prentice Hall.

Bates, R. 1981. *Markets and States in Tropical Africa: The Political Basis of Agricultural Policies*. Berkeley: University of California Press.

Bouissou, J. M. 2001. "Party Factions and the Politics of Coalition: Japanese Politics under the System of 1955." *Electoral Studies* 20: 581–602.

Brady, D., and J. Mo. 1992. "Electoral Systems and Institutional Choice: A Case Study of the 1958 Korean Elections." *Comparative Political Studies* 24: 405–429.

Commission on Growth and Development. 2008. *The Growth Report: Strategies for Sustained Growth and Inclusive Development*. Washington, DC: International Bank for Reconstruction and Development and the World Bank.

Hancock, R. 1993. "Grocers against the State: The Politics of Retail Food Distribution in the United States and Japan." Ph. D. dissertation, Stanford University.

Hata, H. 1990. "Malapportionment of Representation in the National Diet." *Law and Contemporary Problems* 53: 157–170.

Jones, B. F., and B. A. Olken. 2005. "Do Leaders Matter? National Leadership and Growth since World War II." *Quarterly Journal of Economics* 120: 835–864.

第2章 增长、发展和减少贫困的领导力：非洲的观点与经验

本杰明・威廉・姆卡帕
(Benjamin William Mkapa)

到1967年，坦桑尼亚已独立六年，其首任总统尼雷尔（Nyerere）已经对殖民时期之后的贫穷非洲国家发展中所面临的挑战有了充足的了解。1967年，他发表了关于这些挑战的著作《阿鲁沙宣言》（Arusha Declaration），并且号召领导层解决这些问题。在这些问题中，他提取出了四项坦桑尼亚发展的核心先决条件。

- 土地，以及由此带来的农业和农村的发展。他相信非洲通过最大限度地利用其已有的资源可以实现最好的发展，从这个角度看，土地对食品安全和农产品出口带来的经济增长至关重要。他相信，由于坦桑尼亚缺少资金，因此其发展不能依赖金钱，除非他们愿意放弃辛苦得来的独立成果。
- 人力资源，特别是考虑到人的发展，人力资源中技能的发展和努力工作都相当重要。
- 好的政策，从而实现坦桑尼亚的自力更生。好的政策主要就是实现平等，而这应该包含三个组成部分：（1）一项村寨计划，使得集体生产和分配（每个人根据自己的能力和需要）成为实现转变和发展农村的基石，并促进社会服务的提供和基础设施的发展；（2）主要经济活动的公有制和集权；（3）为农产品出口和进口替代增加价值的基本行业战略。
- 好的领导力，包括对能力的培训，以及对诚信等道德行为严格标准的构建。

第 2 章　增长、发展和减少贫困的领导力：非洲的观点与经验

显然，尼雷尔是一个理想主义者和有远见的人，他对领导力的关注并没有出现错位，且已经进入了发展的主流。

今天，关于非洲发展的话题越来越多地关注领导力和治理的能力，以及它们在促进经济增长、促进发展和确保减贫方面的作用。具体的例子可以参考增长与发展委员会关于非洲的报告，以及世界银行、国际货币基金组织、非洲发展银行关于治理的工作成果。此外，非洲经济委员会（Economic Commission for Africa）、非洲发展新伙伴关系（New Partnership for Africa's Development，NEPAD）和非洲同行评审机制（Africa Peer Review Mechanism，APRM）正在进行的有关治理的研究，以及多个非洲领袖培训机构和行动的建立，无不说明领导力和治理能力所受到的重视。

领导力和治理之间的关系，及其在经济增长、发展和减贫方面的产出，并非难以辨别。真正难以确定的是在非洲的环境（历史、文化和社会环境）下，以及在何种前提下可以产生高质量的领导力，以便为整个非洲的发展带来积极影响。这一问题使得对比变得困难。更困难的在于努力制定一个势在必行的理论框架，并将各种经验整合到一个适合在整个非洲广泛应用的领导力理论中。除了"摸着石头过河"外，殖民时代之后的非洲尚没有领导力理论。准确地说，所谓的理论就是：虽未明说，但实际在用。

不过，冷战的结束使得非洲有机会进行自省。非洲如今已经学会了同其殖民时代之后的历史达成妥协。在冷战的阴云下，非洲发展新伙伴关系特别是非洲同行评审机制是不可能建立起来的。通过关注内部，非洲领袖得以在非洲联盟（African Union，AU）的支持下，就一系列原则、指导路线和价值观达成一致，从而有助于非洲政府向着有助于发展的方向改进其领导力和治理能力。假若这一框架是由发达国家为非洲构建的，那么有可能会产生怨愤情绪；由非洲国家自行改进则避免了这一问题。非洲对治理议题的所有权至关重要。

非洲不能永远把其贫困水平和经济困境归咎于奴隶和殖民地历史。如果不能结合其历史、文化和社会环境来正确地考虑过去和现在的领导力水平，以及所面临的发展挑战，而仅仅对非洲的领导力和治理进行讨论，则是远远不够的。

相对于独立国家的历史发展，非洲国家尚处于婴儿期，仍旧受到其殖民地历史的强烈影响。欧洲殖民者在非洲大多数地区的殖民时间从1885 年到 1960 年，持续了 75 年之久。2007 年，加纳作为撒哈拉以南

非洲地区第一个独立的国家庆祝了其建国50周年，而50年对于一个国家而言是一段相当短的历史。安东尼·吉赞加（Antoine Gizenga）在1960年时是刚果民主共和国第一任总理帕特里斯·卢蒙巴（Patrice Lumumba）的副总理，他有能力且一度活跃于政府机构中，并担任总理的职务（从2006年12月30日到2008年10月10日），这一点充分说明非洲国家是多么年轻。

在冷战结束前这一时期的非洲领袖可以分为以下六类。

● 有梦想的理想主义者，例如卢蒙巴、恩克鲁玛、尼雷尔和桑戈尔（Senghor）。

● 实用主义者，例如卡玛（Khama）和肯雅塔（Kenyatta）。

● 无能的领袖。

● 以武力政变上台的军人政府，在非洲有太多领袖属于此列。

● 暴君或"窃贼"。

● 上述两类或多类的混合。

无论我们面对的是怎样的领袖，对目标分析而言，重要的是不要局限于他们做了什么，也不要局限于说明非洲发展进程中丧失的几十年的那些枯燥的经济数据，而是要理解这些领袖是如何获得权力的，为何他们如此行事，以及他们所处的环境。

对于非洲领袖目标分析的框架，应该不仅局限于对治理和政策的批评，而且要考虑到以下三个因素。

● 能力和技能，这意味着需要做某种形式的领导力准备。

● 为行事所做的物质准备，包括工具和资源（财力和人力），以及国家机构。

● 在领袖采取行动时，起到支持性或矛盾性、阻碍性作用的国内外环境（地区性和全球性）。

本章无意为任何领袖或政府治理方面的错误进行开脱。然而，在我们对之前几代非洲领袖的绩效做出任何评价，并对先前那段时期的经济统计数据进行回顾之前，我们需要回答以下问题：非洲独立后的首届领袖需要做怎样的准备才能具有获得更好产出所必需的能力和技能？在他们进行设计并实施政策时，需要何种工具和资源（财力、人力和制度方面的）？国内外政策和实施环境如何？当时的环境是支持性的还是具有阻力的？

在对比亚洲和非洲时，人们常常得出这样的结论：亚洲领袖对发展有更加积极的作用，而非洲领袖在此方面表现不佳。但是通过使用三点分析框架，可以让我们看到这种对比，以及对于非洲领袖的批评是否合理。如果是合理的，那么非洲领袖到底差到什么程度。本章中不会就这种对比进行讨论，但是现有的文献已经足够说明亚洲和非洲在这三个方面的根本性区别。

或许非洲领袖当前面临的最大挑战是来自国内和国外在同时实现可持续经济增长（GDP 增长），可持续发展（转型）以及减贫（分配）方面的压力。这就需要在资源紧张的背景下解决在优先事项中确定最优先事项的挑战，以及在新兴体制和低水平人力资源的条件下确定恰当的政策和干预措施的顺序，同时在当前多党派政治分配的情况下保持民主合法性所需要的广泛政治支持。

基于我本人的领导经验，以及我的祖国的实践经验，我确信，如果非洲期望在增长、发展以及减贫方面取得更大的进展，以下 10 项对于非洲领袖至关重要。

- 领袖创造和/或保持政治稳定与国家和平的能力。
- 在其内部生存能力以及外部能力的重要性和相关性方面，领袖创造和/或维持稳定和可行经济的能力。这包括区域一体化的能力和在全球经济中的重要意义。
- 创造并维持民主，响应民众需求和负责任的政府的政治意愿（包括全国和地方层面），以赋予政府合法性。
- 把减贫工作的重点放在农业、食品安全以及农村发展方面。
- 人的发展，包括教育和健康（特别是艾滋病、疟疾和结核病等疾病）。
- 组建强大的政府，使其具备有效、高效且有能力的机构，包括监管机构。
- 通过领袖来促进当代非洲的技术、商业环境、创业精神的发展，以及对穷人财产权的保障。
- 对综合性市场和经济基础设施进行投资。
- 促进并调解经济和金融市场，包括倡导并从制度方面促进储蓄和投资文化。
- 确保参与和分享的领导力，这不仅包括政治力量，而且包括经济繁荣。

这些就是未来非洲领导力的核心挑战。

在讨论一些领导力问题时，我会将尼雷尔作为参考，这部分是由于我对他比较熟悉，部分是由于即便是他的诋毁者，也不得不承认他是非洲后殖民地时期最伟大的领袖之一。或许有些人不想记住他在经济方面达到的成就,但他作为一个领袖,在创造一个团结、政治上可行、稳定、和平、具有凝聚力且能够可持续发展的国家方面的成就将永远被人们铭记,而在独立之初,非洲没有一个国家能够达到这一程度。对于后殖民地时代的非洲国家,下面这个问题应该是所有任务中的重中之重:建设一个强有力的政治基础,以便在此基础上发展经济。在现实中,大多数被称为"失败者"的国家从未能建立这一基础。他们不是失败了,而是从未建立起来。如同历史曾多次证明过的,长期来看,政治沙地上建立起来的经济大厦挣不到钱。科特迪瓦的例子生动地说明了,若经济体制没能建立在坚实的政治和共同的民族意识的基础上,将会产生什么后果。科特迪瓦的实际人均GDP从1980年的924美元降低到2004年的574美元(World Bank,2006:35)。

在1995年至2005年期间,我参与主持了对坦桑尼亚影响深远的经济改革。我之所以能够做成这件事,完全是因为首任总统尼雷尔在1961年至1985年期间已经给未来的发展打好了强有力的政治文化基础。

今日非洲新的环境如非洲发展新伙伴关系和非洲同行评审机制与非洲的冲突发生率、水平和强度的下降一起,使得非洲领袖有可能将工作重点放在我所提出的10个核心问题上。

在国家层面要获得增长、发展和减贫等结果,需要的不只是良好的领导力这么简单,还需要在和平、安全和稳定方面具有有利的区域环境。这也将取决于双边和多边发展伙伴对《非洲委员会报告》(Report of the Commission for Africa)和八国集团首脑会议(G-8 Summit,又称八国集团峰会)所做出的多项声明和建议的回应。与之相似,这还将取决于多哈回合全球贸易谈判的结果以及欧盟(European Union,EU)与非洲、加勒比和太平洋国家集团之间就经济伙伴关系协定进行的谈判。多哈回合全球贸易谈判试图达成发展议程,但遗憾的是至今仍未能成功,不过借助政治意愿仍有望达成。

本章试图强调领导力在非洲经济增长、发展和减贫问题上的重要性和角色。本章还试图对非洲独立后30~40年间的领导力问题进行更客观的评估。共担非洲早年失败的责任将使所有想要参与非洲复兴的人们聚焦于当前发展所需的伙伴关系上,以弥合非洲历史上悲伤的篇章,并开辟新的一页。这一伙伴关系的核心组成部分在过去的10年间有所演化,本章就达成这一认识的非洲内部和外部的政治意愿进行热烈讨论。

殖民时代的"遗产"

关于欧洲殖民历史对后殖民时代非洲的影响程度，以及如果存在影响，那么这种"遗产"将持续对非洲产生怎样的后续作用等方面的讨论为数众多。更重要的是，殖民"遗产"对于后殖民时代的非洲发展的积极作用和建设性影响或消极影响将有多大？对于后殖民时代非洲领导力的质量和特征，这一"遗产"应负起怎样的责任？

殖民地时代的"遗产"是持续性的

正如之前所提到的，非洲大多数国家的殖民历史要远远长于独立和自治的时间。

因此毫不令人惊奇的是，直到近期，殖民统治对非洲的政治、经济和社会生活的影响仍旧强大，这不仅由于非洲人被强制要求学习，并使用殖民国家的语言，而且由于独立的非洲国家继承了（尽管存在一些变化）殖民国家的政治和经济体制。对于当代非洲政治体系、过程和治理的目标评价，需要回溯其殖民历史并问问自己：非洲从其殖民者那里学习和继承了什么？这些内容又如何塑造并指导着后殖民时期的非洲领导力、政治体系以及治理能力？

在殖民时代，殖民者和被殖民对象的关系就如同主人和仆人。每一名白人：男人、女人或儿童在各个方面都被塑造成优越的人种，包括肤色和文化；而黑人男性、女性和儿童则被称为劣等人种。非洲人的信心和尊严被故意破坏，羞辱是普遍存在的。这中间有一个历史事实：曾经强加于黑人身上的奴隶制后来被殖民地政府所取代，而他们几乎没有做出任何努力来消除黑人的这种劣势。换句话说，非洲人虽然免于承受被当作奴隶且被贩卖到国外的命运，但在国内仍然被迫处于下层阶级。

19世纪在欧洲逐渐成熟的白人民主价值观并未传播到非洲，而非洲人任何争取民主制度和公民权利的努力都被无情镇压。非洲传统的政治和行政体制也屈服于特意为殖民地建立起来的殖民政府体系，除了地方长官可以通过"胡萝卜加大棒"的方式成为不同间接规则的一部分——这同样被认为是优越的。这个历史事实，即间接规则，加上"分裂和统治"战略，是非洲大多数殖民地行政当局的特征，并且种下了后

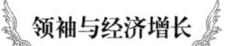

殖民时期种族冲突的种子，其中最悲惨的表现发生在卢旺达和布隆迪。

首任领袖做了怎样的准备？

领导力既是科学又是艺术。有的人可能生来就具备自然的领袖特质。但事实是，即便已经被先天赋予了领袖特质，个体仍旧需要做好准备以应对当下的挑战。

非洲独立后的第一代领袖中有魅力的、具有远见的和拥有天赋的领袖，在面对殖民当局有时可以称得上十分残酷的镇压时，他们如何动员并赢得同胞的支持呢？问题在于，殖民政府是否在独立前尝试过培训并使潜在的领袖候选人做好领导一个国家的准备？

在我们开始寻找证据之前，就可以清楚地明白，这与实际情况相去甚远。殖民地当权者自然将这些谋求独立的人士当作动摇这个国家的敌人，其必须被制止、监禁甚至杀死。他们并未将这些人看作独立后非洲的潜在领袖而需要为胜任工作接受必要培训。殖民地政府也可能试图留给独立的非洲国家一个无能的领袖，在他们手里，这些国家将被治理得极其混乱，而国民将会怀念"有效"且"有序"的殖民政府。成功独立的非洲国家因而将被视为不负责任地迫使尚不具备条件的国家独立，并且把国家的统治权交给软弱而无能的领袖。这些软弱且无能的领袖又会为殖民政府的卷土重来创造一个完美的政治影响和经济环境。

传统的非洲领导力是否有帮助？

非洲的侨民已经尝试着探寻前殖民地的非洲领导力和行政制度是否可以为后殖民地治理提供一个更好的选择。前殖民地时期的非洲确实充斥着传统领导力及治理随时间而演化的例子，这种发展的制度和领导风格更适合当前的现实。进一步的争论是关于在前殖民地时期非洲是否存在社会和文化规范、政治结构和进程以及治理的哲学基础，这与现代非洲存在相关性并具备适用性。如果确实存在，那么它们是按照殖民经验从根本上进行转型并传至世界上其他地方，还是它们及时冻结并停止了其历史发展进程，从而可以解锁、刷新并创造一个根本上属于非洲的民主治理体制？鉴于这种争论是相关的，并且有助于帮助人们理解那些传统的治理和领导力模型发展出来的背景和时代完全不同于当今国内和全球的现实，因此这种讨论应该得到鼓励。

例如，前殖民地时期的非洲主要是非货币性的、部落型的经济体。对于前殖民地时期非洲经济管理所需要的领导力的准备必然同20世纪后半叶非洲经济所需要的领导力有所区别。前殖民时期非洲的政治实体在种族上是同质的。绝大部分非洲新一代领袖继承了一系列不同的，有时是相互对立的部落。这些部落被迫划入一个地理实体中，其边界由殖民国家在1884—1885年在柏林划定。我稍后会对新独立后的国家为了要应对这些挑战，所需要拥有一系列全新的领导力和治理体系进行阐述。

非洲今日参与的全球体系——无论是政治、经济、社会还是文化上的——都受到与传统非洲全然不同的因素的影响。目前的制度是由昔日非洲前殖民时期的掌权者设计并传播的，当初非洲只是作为欧洲大国的附属物而进入全球政治和经济制度。

尽管如此，重要的是认识到前殖民地时期非洲政府治理、行政和民主方面某些可以用来丰富今日非洲治理系统、制度和进程的关键性特征。我们需要的是真正的适应，而不是空闲的浪漫主义。

一定有一些事物值得我们为之进行调整和适应。并不是所有传统的非洲领导层都没有受到任何限制和责任，以致他们对其公民也没有做出及时回应或对其负责。Williams（2003）清楚地表明，民主和责任在传统的非洲治理环境下并非完全无立锥之地。事实上，它们是政府合法性的基础。威廉姆斯（Williams）揭示出：

> 前殖民地时期非洲王国（相对较大的王国如加纳、桑海、贝宁，以及部分相对较小的王国）的政治结构和稳定性揭示了一个混合性的领导战略，包括传统治理中民主进程扮演着重要角色……具体的正式做法（可能因文化而异）是将公民的权利定位为授权、批评并约束统治者的晋升、继续统治，以及他/她的继任者的选拔和晋升（Williams，2003：61）。

威廉姆斯之后依据"传统领导并不仅仅是'国王和王后'式的权威……更像是皇太后和议会、秘密社团和神秘主义者、仪式和典礼、规则和教义以及主体公民的组合……基于这点，或许非洲的救赎不在于'回归皇权'，而在于民主制度，因为后者可以使值得尊敬的领袖成为可能"这类证据进行补充说明（Williams，2003：64）。我稍后在适当的时候会再次回到这一主题。

殖民教育是否有帮助？

那些不再是传统非洲实体然而仍附属于殖民国家力量的新独立非洲国家的领袖进入一个对大多数非洲人而言都不熟悉的全球政治和经济秩

序中，除了其中少数受过教育的人以外，其他人都需要充分的准备和能力建设。领袖需要为更多的非洲人提供良好的正式教育。使"当地人"获得超越基础素养的教育并不是殖民政府的优先事项，殖民政府将这一任务的绝大部分留给基督徒传教士、派出的文员和派驻殖民地政府的下级工作人员。

然而，在非洲两个主要殖民国家——英国和法国之间确实存在教育方式的不同。

法国人在1789年经历了法国大革命，强调了平等的观念，对殖民地采取同化政策。他们大概会说：只要非洲人和我们享有同样的文化，他们对我们而言就有平等的价值。这种哲学视野使得法国人将教育放到一个相当重要的位置上，他们期望通过这一战略创造一个非洲精英阶层，该阶层将充斥着大都会文化和政治价值观，使得他们同法国国会中的议员没什么两样。然而这种教育本质上还是精英教育，旨在否认非洲固有的文化特点，拥抱与非洲独立领导与发展的真正挑战无关的新文化。

朱尔·费里*（Jules Ferry）曾经在1880年至1885年期间两度担任法国总理。他在1884年3月28日（该日期恰好在1884—1885年柏林会议之前，在这次会议上，非洲正式被分裂为欧洲各大国包括比利时、英国、法国、德国、葡萄牙和西班牙的殖民地）对法国众议院的一次讲话中为法国当时殖民政策的合理性进行辩护："殖民地扩张政策是政治和经济系统的一部分……可以同三套理念联系在一起：经济理念；最具影响力的文明观念；政治和爱国主义思想"（Ferry, 1897）。在进一步说明文明的合理性时，朱尔·费里说道，"先生们，我们必须更大声且更诚实地说话！我们必须公开地表示，高等级种族应该比低等级种族获得更多权利……我再次重申，优越的种族因其责任而应享有更多的权利。他们的责任就是使劣等民族更开化、更文明。"

而英国人则没有人与人之间平等价值的想法，也没有试图将非洲人转变为英国人。英国历史学家戴维·卡纳丁（David Cannadine）在搜集大量资料后，将英国殖民者的哲学理念做了如下表述（David Canna-

---

* 朱尔·费里（1832年4月5日—1893年3月17日），全名朱尔·弗朗索瓦·卡米尔·费里（法语：Jules François Camille Ferry），法国共和派政治家。1879年2月4日，共和派上台执政（这是法兰西第三共和国建立以后，共和派首次执政）。朱尔·费里接受了邀请，加入了内阁，先后担任过教育部部长和外交部部长。后来两任总理在任内以推行政教分离、殖民扩张、免费世俗义务教育而闻名。——译者注

dine，2001：5)："像所有后启蒙时代的帝国权力一样，英国人只把自己看作整个世界的领主，从而将自己视为人类的领袖。他们将自己置于文明和成就的顶端，将所有其他种族都排在他们后面。"

他们都认为非洲人应该排在最后面。更糟糕的是，非洲人被迫相信他或她若想成为文明世界的一员，就必须要接受殖民国家公民的语言、信仰、处事方式以及风格。卡纳丁进一步说明：

> 到 19 世纪末，种族层级、霸权主义和刻板观念已经发展得更加完善且固化，正如塞西尔·罗德斯（Cecil Rhodes）所说，"英国人是世界上最好的种族，他们出现或居住在世界上的更多地方，会使得人类整体变得更好。"或者在克罗默爵士（Lord Cromer）的信念中，"世界上的人可以被分为英国人和仅仅是'低等民族'的人两类"。

英国人和法国人不同，他们更倾向于通过已有的传统体系进行殖民地统治（少数例外），并且只对保证殖民政府顺利运行的必要公职和技术类人员进行培训，培训水平也是要求能够使其顺利履行职责即可。然而事实上，英国殖民教育最终在很大程度上使得受到教育的非洲人难以面对当地发展所面临的真正挑战。这些受到教育的非洲人将成为新独立的非洲国家政府机构中的核心成员。

有一部分受到教育的非洲人意识到这种教育对他们产生的影响——这些教育并不能使他们做好应对新独立非洲国家所面临的发展挑战的准备，反而把他们关进一个象牙塔，而远离非洲人民所处的现实以及需要面对的挑战。Omoregie（1999）所做的一项关于后殖民地时期非洲问题的文献综述表明，非洲和加勒比国家的研究者十分关注殖民教育对他们的影响。例如，他引用了沃尔特·罗德尼（Walter Rodney，1981：263）的论述：

> 对于任何想要保留其成员的生活方式及社会结构类型的社会而言，教育都是十分重要的……前殖民地时期非洲教育的最关键特点在于其与非洲人的关联同稍后引入的教育（即在殖民主义之下）的教育有着强烈的对比……殖民地学校体系的主要目标是对非洲人进行培训，以使其能够参与对整个大陆的统治和剥削中……殖民教育的成果是从属、剥削、创造精神混乱和不发达国家。

Omoregie（1999）还提到了其他非洲研究者，例如阿米卡·卡布拉尔（Amilcar Cabral）、恩吉·瓦·蒂昂戈（Ngugi wa Thiongo）、费迪南德·奥约诺（Ferdinand Oyono）、奇努阿·阿切比（Chinua Achebe）、蒙戈·贝蒂（Mongo Beti）、查尔斯·蒙戈希（Charles Mungoshi）、奥科特·普比泰克（Okot P'Bitek）、利昂·杜马斯（Leon Dumas）、S. 奥斯曼（S. Ousmane）、佩佩特拉（Pepetela）、弗兰茨·法农（Frantz Fanon）、奇卡亚·乌坦西（Tchicaya U'Tamsi）。所有这些研究者都哀叹，那些接受殖民地教育的少数非洲人在殖民政府系统中享受了政治特权，并成为政府经济工作人员，这些人最终反过来损害其人民的利益。他总结道，"殖民教育因此创造出了黑人精英，在后独立时期能够将其政治和经济利益持续下去并最终实现"（Omoregie，1999）。换句话说，殖民教育不仅没有使接受教育的人成为合格的领袖，而且无助于解决新独立国家的经济和社会问题。

大多数研究者的文章发表于20世纪60年代和70年代，这一时期非洲的革命进行得如火如荼。但是他们对于殖民教育不能最好地为后殖民时期非洲领袖做好就任准备的深切感受是真实的，并未受到时代背景的干扰。

坦桑尼亚首任总统尼雷尔是独立时被称为坦噶尼喀（Tanganyika）（今天的坦桑尼亚大陆部分）的少数受过教育的非洲人之一。他同样不满于殖民教育。在坦桑尼亚独立前几天，他在《东非和罗得西亚》（*East Africa and Rhodesia*）这一当时在伦敦出版的期刊上写了一篇文章，在这篇文章中，他写道（Nyerere，1966：133）："我们的整个生活都被来自外国的、拥有完全不同生活态度的人所控制，这些人同我们的习俗以及信仰都不同。他们决定了我们政府的形式、经济活动的类型，以及（如果有的话）我们儿童所能接受的教育。他们塑造了这一代坦噶尼喀人，他们的影响力超乎想象。"

除了让非洲人做好自律准备的不恰当的殖民教育外，事实上非洲人大多数都接受不到任何教育，更不要说高等教育和专业技能培训。尼雷尔总统在为坦噶尼喀独立而斗争的同时，在1956年12月25日召开的联合国会议上提出了非洲教育的重要性，当时距离坦噶尼喀独立只有5年时间（见专栏2.1）。

专栏2.1

尼雷尔1956年在联合国提出的教育问题

- 坦噶尼喀的教育是种族化的。不同种族的儿童所上的学校是相互分隔的。所有的欧洲和亚洲儿童都接受小学教育。只有40%的非洲儿

第 2 章 增长、发展和减少贫困的领导力：非洲的观点与经验

童能够上学。
- 当我大约 14 年前参加马克雷雷大学入学考试时，我国只有三所中等学校可以将学生送到这所大学接受高等教育。这个数据直到今天仍未发生变化，只是在此基础上多了一个送学生深造的女校而已。
- 在 1949 年和 1950 年，有 5 名非洲学生（包括我本人）获得了政府奖学金到英国的大学求学。而我们是第一批，也是最后一批。
- 在类似坦噶尼喀这样的国家中，高等教育的重要性绝不会被过分强调。我们的领导力和建立独立自主政府的进程需要依靠高等教育。

资料来源：Nyerere（1966：41-42）。

尼雷尔恳求联合国重视坦噶尼喀的国民教育问题，这也是为独立做准备。发展所需的人力资本能力必须首先构建起来。然而，正如我稍后会提到的，他以及其他非洲领导人的请求最终只是对牛弹琴。其结果就是，当坦噶尼喀于 1961 年独立时：

- 只有 15% 的成年人识字。
- 只有 23% 的 15 岁以上坦噶尼喀男性以及 7.5% 的 15 岁以上坦噶尼喀女性曾上过正规学校。
- 坦噶尼喀的 900 万人，只拥有 3 100 所小学，只有 486 000 名学生。
- 只有 20 所中等学校，在校生人数为 11 832 人。
- 第一个获得大学学位的坦噶尼喀人于 1952 年毕业于外国，当时距离独立只有 9 年时间。
- 独立时该国所拥有的少量专业人士中，只有 1 名农业工程师、1 名测量师、16 名医生、12 名会计师、158 名专业护士、50 名农业科学家，以及 427 名政府管理人员，而这就是全部专业人士了（Nyerere，1973：296-297）。

这就是坦桑尼亚建国初期的情况——基本上无法满足新独立国家对于领导力建设的需要。

当时被称为比利时属刚果的例子也是具有教育意义的。刚果民主共和国成立之时美国中央情报局（U.S. Central Intelligence Agency, CIA）派驻当地的首任长官拉里·戴弗林（Larry Devlin）最近在其回忆录中写道（Devlin，2007：7）：

> 刚果人只接受过十分有限的教育和培训。在独立之时，该国当地人口在整个非洲来看都是文化和健康水平最高的。但是在 1 400

万人中，只有不到 20 个大学毕业生。在刚果核心群体中，没有 1 名医生、牙医、工程师、建筑师、律师、大学教授、商业领袖或会计。该国的军队很快将要更名为刚果国防军（Armée Nationale Congolaise，ANC），但由比利时人专门负责……很明显，比利时政府计划让刚果人拥有政治自由，但同时将其军队、经济和商业力量控制在比利时人手里。

实际上，整个非洲殖民地的情况都类似。加上最近的两个例外情况——纳米比亚和南非（因为联合国有意识地协助这两国培养后殖民时代和后种族隔离时代的领袖），殖民者在培养并使非洲人准备好迎接民主、自治和发展方面并没有协调一致的努力。即便通过联合国的努力，这些国家确实对非洲学生提供奖学金以帮助其独立，但是殖民力量还是阻止其中的许多人留学海外。

对 1960 年和 1961 年联合国大会决议的回顾显示出国际上对该问题的极大关注，虽然不应将缺乏独立准备作为进一步推迟自治的借口，但对培训非洲人、建立机构，以及为新政府提供人力和财力的资源支持是急切的。以下是一些具体的例子。

1960 年 12 月 15 日关于"非自治领土本地公民和技术干部培训及准备工作"的第 1534（XV）号决议中决定：

> 应考虑到这种适当的人员的存在对于有效执行教育、社会和经济领域的发展计划和方案是不可或缺的。
>
> 时刻谨记经过恰当培训的本地公民和技术干部对于高效履行领土内行政职能至关重要。
>
> 相信在过去缺少此类干部导致某些地区在实现独立时所遭遇的严重行政错位……
>
> 1. 促请管理层立即采取措施，促进本地公民和技术干部的快速发展，并由本地人员替代外籍人员。

1961 年 11 月 6 日的第 1643（XVI）号决议中提出：

> 1.（我们）遗憾地注意到，所有为托管领土居民提供的学习和培训设施没有得到充分利用……
>
> 3. 促请所有管理当局提供必要的设施，以便学生可以利用会员国（Member States）学习和培训的机会。

1961 年 12 月 19 日的第 1696（XVI）号决议重申了有关殖民地当局故意阻挠其殖民地居民使用奖学金的担忧。该决议说明：

第 2 章　增长、发展和减少贫困的领导力：非洲的观点与经验

认识到在普通和专门教育领域向殖民地国家和人民提供援助的重要性……

满意地注意到对其第 845（Ⅸ）号决议有了进一步回应，邀请会员国向非自治领土居民提供学习和培训设施。

遗憾的是，尽管非自治领土居民对此类提议的兴趣在增加，会员国提供的大量奖学金仍未得到利用。

进一步表示遗憾的是，有几位获得奖学金的学生没有能够离开非自治领土，从而丧失了利用这些奖学金的机会……

再次请有关会员采取一切必要措施，确保会员国提供的所有奖学金和培训设施得到了非自治领土居民的利用，并向已经申请，或已经获得奖学金的学生提供帮助，特别是在办理出国手续方面。

1961 年 12 月 19 日第 1697（ⅩⅥ）号决议提出：

重申在非自治领土内配置足够的本地公务员和技术人员是必要的，以便在教育、社会和经济方面有效地执行令人满意的发展计划和方案……

相信对非自治领土本地公民和技术干部进行的快速准备和培训将有助于实现第 1514（ⅩⅤ）号决议。

1. 认为本地公务员和技术人员的实力、组成和状况在不同领土内的情况都不尽如人意。

2. 感到遗憾的是，没有对这个问题给予适当关注。

3. 促请管理层立即采取一切必要措施，增加当地公务员和技术干部的实力，加快对公共行政和其他基本技术、技能的培训。

世界上其他地区的人真的关心这个问题吗？

相对于其他殖民地，西方国家普遍缺乏对非洲的关注。最多就是来自这些国家的传教士与非洲之间发生紧密联系，但缺乏政府层面的关注。1962 年 3 月 22 日在多伦多帝国俱乐部（Empire Club of Toronto）发表演讲时，非洲十字路口公司（Crossroads Africa, Inc.）运营总监詹姆斯·H. 鲁宾逊（James H. Robinson）博士指出，对非洲的兴趣欠缺的具体表现如下：

在第二次世界大战结束之际，基本上没有哪个大国对非洲国家中即将发生的灾难性事件的应对有具体的计划。除英国以外，大多数欧洲国家仍旧认为它们可以无限期延长与非洲的殖民地关系，并

确定由它们所控制的非洲地区的政策方针。当时美国国务院对于非洲问题没有提出任何意见,显然也没有明确的非洲政策。我们的政策(假如有的话)通过殖民者联盟同非洲发生联系(Robinson,1962:226-227)。

对于战后时期已经学习过美国独立战争历史的非洲知识分子而言,这相当令人失望。因为他们原本期望美国不仅会站在支持非殖民地化的前沿,而且能帮助独立后非洲的新一代领导人做好准备。鲁宾逊博士指出,在20世纪30年代末期,仅有不足500名非洲学生在欧洲和美国大学求学(Robinson,1962:239-240)。

鲁宾逊在其对多伦多帝国俱乐部的演讲中还提到1954年他同学生们在加纳阿克拉的一件事。当谈到肯尼亚的矛矛党人*(Mau Mau)动乱时,他把这些人称作恐怖分子,这时有一个学生迅速站起来对他说:"鲁宾逊博士,他们不是恐怖分子,他们就如同你所说的爱国分子一样,在1776年的时候为了他们的土地、自由和独立而战"(Robinson,1962:233)。

非洲大多数独立国家领袖的天然直觉是向西方寻求帮助,以建立其独立自主的国家。即便是转向东方的领袖也只不过把这当作不得已而为之的策略,因为他们之前在西方遭到了挫败。只是当他在美国遭到了忽视之后,卢蒙巴**才转而求助于苏联。恩克鲁玛同尼雷尔一样,在国家独立时仍同英国保持良好关系,并在相当长的一段时间内保留英国顾问和行政机构。法国人离开几内亚的时候相当恼怒,他们甚至把电话线都扯断了。但几内亚首任总统艾哈迈德·塞古·杜尔(Ahmed Sékou Touré)向美国寻求帮助,在遭到拒绝后,他也转向了苏联。杜尔希望有真正的独立,但他也不希望与法国交恶。是法国不想为他提供任何帮助。

换言之,抛开殖民历史,大多数非洲独立国家领袖仍向西方国家求助,无论是在教育、能力建设还是经济发展方面。西方国家首先与新独立的非洲国家发展互惠互利关系。但它们并不总是这样做,从而使得一部分非洲领袖转向东方。

---

* 矛矛党人,肯尼亚1951年出现的反对英国殖民统治的爱国武装组织。——译者注

** 卢蒙巴,1958年领导建立刚果(金)民族运动党,任主席,被称为刚果国父。——译者注

第2章 增长、发展和减少贫困的领导力：非洲的观点与经验

争论

我相信如果殖民国家的作为能有所不同，那么非洲的发展轨迹原本可以更为顺遂，例如它们本可以用更尊重的方式对待非洲，帮助非洲培训独立自主的领袖和行政长官，并对他们进行能力建设；帮助建立非洲强有力的制度以应对新独立国家将要面对的挑战，而不是试图保留那种意在保留、促进并维护西方经济和政治利益的制度；给予新政府必要的空间和资金，使他们能够认识到他们新独立的国家所应有的远见及梦想。

遗憾的是，由于殖民地遗留问题，这一过程中所造成的摩擦和非洲政府对它们拥有独立国家权利的努力在很大程度上将发展的重心转移到远离有益趋势的方向上。

此外，殖民经济"遗产"意味着非洲国家独立时只拥有有限的资金来促进发展并满足人们对于更好生活的期望。众所周知，殖民经济政策和战略并不是为了发展殖民地并减轻其贫困问题。其本质是帝国主义国家通过殖民地来掠夺非洲的资源和原材料，并满足欧洲工业生产所需的一种经济政策和战略，无论是种植园、采矿业还是为保障上述两项产业发展而建设的基础设施，都是为了这一目的。

在殖民地时期，为了满足殖民地社区需求、便利和舒适而建立起来的现代化大都会的数量屈指可数。非洲只不过是大海中繁荣但贫困的大型孤岛。利奥波德维尔，即今天的金沙萨就是其中之一。然而，如今在其乡村中已经没有留下太多比利时殖民经济政策的"遗产"，除了过度资源开发带来的长期恶果。正如 Devlin（2007：6）所描述的那样，"比利时人……剥削了该国丰富的自然资源。利奥波德维尔对比利时人而言，最初的诱惑是象牙，之后是橡胶，之后又是铜、钴和钻石。控制所有经济和商业企业的不是刚果人，而是比利时人。"

下文中列出了大多数非洲国家独立之时所处的环境：

- 教育水平极低，无论是政治还是经济方面的领导力都缺乏准备。
- 治理资源匮乏，财政和人力以及能够进行独立治理和经济发展的机构薄弱（如果有）。
- 一个敌对的外部环境，这部分是由于冷战，部分是由于围绕着殖民势力的政治利益。国内的环境，特别是有关殖民地的商业利益，就算

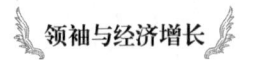

不是敌对的,也是具有阻碍性的。

这些就是需要在讨论非洲独立初期关于发展和减贫领导力问题的目标分析时要考虑到的现实。非洲的殖民"遗产"不是导致其经济表现不佳的唯一原因,但这是相当重要的一项,而且永远不应该被碎片化。

冷战时期的后殖民时代

所谓"好的治理"(或善政)一直避开了综合性的定义。世界银行(1994)曾试图通过如下表述区分善政和恶政:

> 好的治理应该是可预测、开放且拥有开明的政策,具有专业精神的官僚机构能够通过透明的过程在发展、法律、规则方面为公民谋福利,同时这种治理应该有一个强大的公民社会参与公共事务机制。坏的治理的特征是政策制定混乱,官僚机构不负责任,未能有效实施或拥有不公正的法律体系,滥用行政权力,公民社会不能参与公共生活,存在着大量腐败问题。

如果我们以这个作为研究的概念,那么除了少数例外,新独立的非洲国家领袖显然没有做好准备迎接一个好的治理,而殖民制度对他们而言又无甚助益,因为该制度实际上是坏的治理的一个缩影(或许殖民制度并不存在广泛的腐败)。

领导力和发展所需资金

在我们对非洲后殖民时期第一代领袖进行评价之前,我们需要理解,对于我们所认为的他们需要具备的领导力和应该掌握的资金方面,他们所面对的实际情况是怎样的。需要说明的是,我们此处主要讨论非洲领袖中具有远见的和务实的那些人,而不考虑暴君、掠夺者或无能之辈。

1971年,坦桑尼亚国父尼雷尔回顾独立初期的岁月时写道(Nyerere, 1973: 263):

> 1961年12月,坦噶尼喀仍未能通过努力拥有经济力量,当然也做不到经济独立。我们通过获取政治力量来决定应该做什么;但是我们缺少经济和行政力量,而这两者可以在这些决策上给予我们自由。因为当你没有外汇储备时,决定进口商品是无意义的(因为支

付不起）；同理，当你没有教师、教学楼和能使这些决策成真的资金时，决定为儿童提供免费课本也是没有意义的。一个国家的真正自由依赖于做事的能力，而不是国际上承认其主权所赋予的法律权利。

尼雷尔在坦桑尼亚独立时所写的论文中提到了非洲公务员的数量，他写道，"直到1960年4月，只有346个高级职位任职者是非洲人。在独立时这一情况有所改善，在3 282个高级职位中，有1 170个职位任职者是本国公民"（Nyerere，1973：264）。

因此，当时非洲领袖面对的情况是：他们本身就没有做好领导一个国家的准备；其国民中受教育人口只占极少部分；国家经济基本上由殖民国家势力控制；国内仅有的基础设施也是为了方便将本国原材料运到殖民国家而建立起来的；之前本国内也没有民主经验或可依赖的制度。在这样的情况下，非洲领袖所要面对的急迫挑战如下。

第一，他们必须要快速反映以确保国家统一。国家独立使得非洲得以摆脱殖民主义，这也将非洲不同种族和信仰的人民团结到一起。但是当他们共同的敌人——殖民主义不复存在之后，新一任领袖必须要找到其他能将人民团结在一起的事物。约翰·里德在其文章（John Reader，1999：632-633）中认为：

在非洲，不平等的殖民制度产生了民族主义运动，从而将大多数不同民族群体团结到一起，共同为独立而奋斗。然而，当国家独立后，民族主义运动常按照民族划分为不同的政治群体。这些政治集团对权力和财富的斗争不仅使国家问题得不到充分解决，而且原本存在的不公正现象大部分没有受到影响，反而沿着这条路线产生了新的经济和社会不满，并导致可怕的后果。

第二，在某些前殖民地时期势力在等着新独立国家领袖失败，甚至已经在谋划着让他们失败时，领袖必须快速反应，以便向其人民和外部环境证明他们领导的是真正独立的国家。两个突出的例子是比利时和刚果，以及法国和几内亚。

殖民势力并未使非洲做好独立自治的准备。无论怎么看，殖民时期的政府体系和形式都谈不上是民主的，他们并未考虑人权；而那些要求个人权利，包括民主权利者，通常都被抓进监狱。在这种情况下，我们难道应该对后殖民时期领袖把其反对者关进监狱这一现象感到惊奇吗？他们从殖民主义者那里学到这就是对付反对者和持有异议者的方式。

殖民势力在非洲进行的教育也不能让新一代领袖做好领导独立非洲

的准备，这种教育实际上是为了让他们的统治在这些领袖手中得以延续。这也是为何当这些受过教育的非洲人涉足政坛时就会被解雇。

"非洲的巨人"这个概念被用来污蔑非洲的领袖，或者常被那些想把非洲领袖描述为暴君和独裁者的人引用。然而，正如康纳丁（Cannadine，2001：32）所说："（英国）总督是荣誉的来源，同时是赞助和职位级别的分配者，他们通过（除了其他事以外）决定谁应该（以及谁不应该）在政府（现在的议会）中任职来实现这种角色。"

在某些西方国家知悉，或至少是默许下，刚果民主共和国独立后的首任总理帕特里斯·卢蒙巴*（Patrice Lumumba）被残忍地杀害了。而原因仅仅是他拒绝成为独立框架下的一员。军队领袖埃米尔·詹森（Emille Janssens）说，"独立前＝独立后。"

De Witte（2002：184）给出了西方国家参与其谋杀的证据。卢蒙巴被刺杀前在给他的太太的一封信中写道：

> 在我为祖国独立而奋斗的过程中，我始终坚信我和其他同志们愿意为之奋斗终生的神圣事业终将取得胜利。但我们期望祖国能够拥有的一切，包括其人民享有体面的生活、尊严的权利，以及没有限制条件的国家独立，这些都与比利时殖民者及其西方同盟的想法背道而驰。我们曾全心全意地信任联合国，但当我们向其求助时，我们发现其中的一些高级官员直接或间接、有意或无意地接受着比利时殖民者及其西方同盟的支持。他们腐蚀了我们的一些同胞；收买了一些人；他们还歪曲了事实，玷污了我们的独立自主。

卢蒙巴对于独立国家的观点和远见以及愿意为独立事业献身的决心，应该跟西方国家扶持的领袖蒙博托·塞塞·塞科**（Mobutu Sese Seko）进行对比。按照事后诸葛亮的说法，在今天看来，蒙博托简直是国王利奥波德二世（Leopold Ⅱ）的翻版。殖民时期的规则、剥削、对人权的践踏以及个人财富的积累都对某些后殖民时期的非洲领袖产生了影响，蒙博托就是其中的典型代表之一。

---

* 帕特里斯·卢蒙巴，1958年领导建立刚果（金）民族运动党，任主席。参加领导了1959年1月爆发的刚果人民反对比利时统治的民族独立斗争，被捕入狱。1960年6月，刚果宣布独立后，任共和国总理兼国防部部长。卢蒙巴主张国家独立和统一，奉行反帝国主义、反殖民主义和不结盟政策，1960年9月被推翻，后被捕遇害。——译者注

** 蒙博托·塞塞·塞科（1930年10月14日—1997年9月7日），扎伊尔共和国（现刚果民主共和国）总统，1965年他通过政变上台，重建中原政府，1997年在第一次刚果战争中被推翻。——译者注

第2章 增长、发展和减少贫困的领导力：非洲的观点与经验

如同利奥波德二世，蒙博托将国家当作其个人财产，按照其个人意愿抢劫并掠夺国家财富。同样地，他也使用军队来实现其愿望。在冷战期间，只要站在战争中获胜的一方，这种领袖就很容易逃脱谋杀的责任。

2002年，比利时政府为其在卢蒙巴死亡中扮演的角色向刚果人民道歉，但并未对其在殖民时期的资源掠夺和为保证刚果政治独立不会损害比利时商业利益的明显干预行为道歉。刚果民主共和国危机的例子或许是说明非洲期望排除殖民势力这一广泛存在共识的极端例证——他们期望其商业利益、自然资源可以在非洲自己领袖的治理下得到保护。在纪念刚果独立时，比利时国王博杜安一世（Baudouin）在其演讲中不仅悍然宣称刚果的独立是"天才般的领袖利奥波德二世国王"赋予刚果人民的礼物，是自然发生的结果；同时他认为新的刚果领袖缺乏能力，因此要求他们保持比利时殖民时期的政治结构与体制的继续运行，包括军队和安保系统。

第三，独立后的新一代领袖必须快速响应人民的期望，即迅速提高其福利水平。这些领袖意识到未得到满足的期望将种下不稳定的种子。如同尼雷尔总统在坦桑尼亚独立后所说的："我们的政策应该进行慎重选择，应避免匆忙下决定。但这很难使人民感到满意，对很多人来说，自由、独立就意味着境况的即时改善，就如同魔法一般。但我们不是魔术师。可是除非我能至少满足其中一部分期望，否则我的支持者将会离我而去，我的人头也会落地。这种后果简直就是一定的，就如同犀鸟总是追着犀牛一样"[《时代周刊》（*Time*），1961]。

非洲几乎没有哪个国家在独立时拥有值得一提的本土经济。公认的著名非洲历史学家戴维逊（Davidson）如此描述当时的情况："除了非洲国家在独立之时就在维护国家稳定方面存在诸多的政治难题之外，还有来自经济和社会方面的挑战。新政府必须要接管的……并不是繁荣的殖民地经济，在很多意义上看，其实是深刻的殖民地危机"（Davidson，1994：209）。

在坦噶尼喀独立一周后，《时代周刊》撰文，对这一新近独立国家的经济进行了如下描述："尼雷尔总统面临的最紧急、最严重的问题是坦噶尼喀经济'营养不良'。该国924万人口（其中仅有13.96万人不是黑人）的人均年收入仅为55美元。周期性的饥荒在该国实属常态，该国仅有三分之一的土地是可耕种地。由于坦噶尼喀西南部的储藏量巨大的铁矿石、煤矿和钶铁矿区交通不便，该国工业发展也困难重重"（《时代周刊》，1961）。

通过上文对殖民地"遗产"的讨论，我们可以明确，仅凭着国歌、国旗和其他国家建设手段，政治独立的幸福感就能预示着一个良好的民主治理和经济管理繁荣的新时代这种想法十分天真。

这种"遗产"意味着独立的非洲国家在一开始就是脆弱、渺小、不稳定，而且难以摆脱殖民势力影响的。例如，当几内亚拒绝自治并要求完全独立时，法国立即撤出了所有的经济援助、公务员、技术人员，甚至毁坏了公共设施和基础设施，他们之所以这样做，就是因为心里非常清楚，几内亚人从没有接受过关于如何接管这个国家的相关培训。一些国家的匆忙撤出（仅在1960年，就有14个原法属非洲殖民地获得了独立），使得境况雪上加霜。

英国历史学家托马斯·帕克南（Thomas Pakenham，1991：671）对这种情况进行了总结："从1957年到1968年这11年间对于非洲的掠夺是毫无节制的……就如同它们半个多世纪以前进入非洲一样……这些国家明白，它们之间的竞赛就是在被赶出非洲之前体面地离开。"他进一步补充道，"英国、法国和比利时采用之前统治其他殖民地同样的武断方法对这些地方进行统治。在此期间，没有来自联盟的监督，没有向着自治方向的努力，缺乏高于小学水平的教育以及赤贫。委任统治地就如同殖民地一般，都是……世界经济的囚徒"。

在独立之时，多数非洲国家才第一次将公然不民主的压迫、剥削和种族主义的治理体系进行转型。在这样的体制（剥夺民族特性并分而治之、强势统治以及滥用人权）下经历了半个世纪的治理后，认为新独立的非洲国家可以依靠匆匆而就的草创宪法就能建立一个经济繁荣且制度完善的民主国家就是痴人说梦。在殖民势力仍当政时，非洲人民从未被教导何谓民主、人权或经济管理。非洲人民经历并从几十年殖民经历中学到的是控制、分而治之、傲慢、资源掠夺以及滥用人权。

在当时称作比利时属刚果（现在的刚果民主共和国）利奥波德维尔（现在称作金沙萨）举行的独立庆典活动上，比利时国王博杜安一世鲁莽地说道，"先生们，现在轮到你们通过行动证明你们值得我们的尊重。"这是对非洲人民极大的侮辱。这当然立即遭到卢蒙巴的谴责（Hochschild，2000：301）。

建设国家的挑战

所有的变化、转型和变革都会播下不稳定的种子——非洲国家的独

第 2 章 增长、发展和减少贫困的领导力：非洲的观点与经验

立当然概莫能外。其中最薄弱的一环是在新（独立自治）和旧（殖民统治）制度之间的灰色地带。旧的制度尚未完全消亡，新的制度并没有打下坚实的根基。

独立国家最初几年的发展成败极大程度上取决于其首任总统。为了能使国家团结在一起，成功的领袖必须是魅力型、强有力、有能力且诚实的人。恩克鲁玛和尼雷尔都具备这些素质，但尼雷尔比恩克鲁玛具有更人性的一面。两个人都是学究式的。尼尔逊·曼德拉（Nelson Mandela）所具有的类似特质使得他能够把一个几十年来都建立在分裂（指南非的种族隔离制度）基础上的国家团结在一起。

然而，回到20世纪60年代，第一代领袖（至少是那些致力于建立一个融合多种族的统一国家的领袖）必须要应对一系列可怕的挑战。

其中一个挑战是，如何在没有先例的情况下建立一个单一民族国家。Oswaldo de Rivero（2001：4）在其历史学研究中对这种挑战进行了如下描述：

> 在大多数工业化国家中，国民统一性先于国家权威的形成。一个民族首先要在国家层面形成中产阶级和市场，之后才能形成现代国家的基础。相反，在多数所谓的发展中国家里，这个过程是相反的。政治权威（即国家）由于独立进程而先于国民产生，也就是说，先于真正的中产阶级和统一的国民资本主义经济的发展。

非洲第一代国家领袖在独立时所继承的并不能称为国家。他们继承的只是一些多样且通常处于敌对状态的部落集合，这些部落间的划分还是在1884—1885年柏林殖民国家会议上确定的，这种划定根本就是荒诞无稽。永远不要低估建设国家的挑战及其对发展的影响，这是由于殖民统治者使得拥有不同信仰和身处部落的人之间相互仇恨，分而治之的殖民政策强化了不同信仰和民族间的敌对情绪。这就难怪某些国家脱离殖民统治时会引发政变、内战、冲突和不稳定以及强化部落主义。

Pakenham（1991：678-679）描述了比利时人在1960年撤离刚果民主共和国时的情况："刚果并未对政党政治做好准备，因而按照不同的种族和信仰分裂成多个部分。当比利时人在1960年7月匆忙撤出刚果的时候，他们给刚果留下了'丰富'的内战和混乱无序的'遗产'。尽管延后了两年，但是他们撤离卢旺达-乌隆迪*时留下了同样的灾难

---

* 旧时为比利时管辖的联合国在非洲东南地区的托管地，1962年分别成立卢旺达和乌隆迪（今名"布隆迪"）两个独立国家。——译者注

性后果。"在经历过几十年的间接管理和分而治之后,人们只能想象如何团结尼日利亚 250 个拥有不同民族语言的群体使之成为一个统一的国家。为了理解这一挑战的严重性,参考两位独立时代尼日利亚领袖的观点具有教育意义。

独立后尼日利亚首任联邦总理是来自北方的巴勒瓦(Balewa),马丁·梅雷迪斯(Martin Meredith)曾引用其讲话:"自 1914 年起,英国政府就试图使尼日利亚成为一个国家,但是尼日利亚人民自古以来就具有完全不同的历史背景、信仰和习俗,而且他们也完全没有统一的意愿……尼日利亚的统一大业只不过是英国方面的一厢情愿。"梅雷迪斯还引用著名约鲁巴领袖欧巴费米·阿沃罗沃(Obafemi Awolowo)的话:"尼日利亚不是一个国家,这只不过是一种地理上的表述而已。"上述两种评论都是在 20 世纪 40 年代末做出的,但是这种感觉在尼日利亚独立后仍持续了相当长的时间。

坦桑尼亚是非洲国家中的少数例外情况之一,它成功地在其 126 个部落间灌输了国家的概念。其他国家则没有这么幸运,因为它们缺少一位能把公民建设放在首位的具有远见卓识的领袖。当然,坦桑尼亚没有一个部落的势力大到能主宰其他部落这一事实也帮了尼雷尔总统的大忙。他很早就舍弃了部落酋长语言,而代之以基斯瓦希里语作为通用语言。他的一党制民主政策和社会主义制度也有助于建设坦桑尼亚。

因此,在这种情况下,非洲国家更多地将其注意力放在追求所谓的独立成果上,在生产之前进行再分配,足以创造这种重新分配所需的盈余。20 世纪 60 年代到 70 年代,坦桑尼亚在健康和教育等基础建设领域进行了大量投资,而此时其国内的经济尚没有能力来维持并供应这种程度所需要的社会服务。考虑到殖民者给这个国家留下的"遗产",坦桑尼亚所采取的发展策略是不是错误的?

国家建设的挑战需要强有力的领袖以及其他有助统一的力量。第一代领袖需要将新的国家符号化,并且必须要强势。在今天看来,或许他们有些专制,或者说缺乏民主态度。然而在做出这种批评时,必须要考虑一下当时建立一个统一"国家"的难度。

正如梅雷迪斯(Meredith,2005:162)所说,"作为国父的第一代民族独立主义领袖都享有极高的声誉和威望,如恩克鲁玛、纳赛尔(Nasser)、桑戈尔、乌弗埃-博瓦尼*(Houphouët-Boigny)、杜尔、凯塔

---

* 费利克斯·乌弗埃-博瓦尼(Felix Houphouët-Boigny,1905 年 10 月 18 日—1993 年 12 月 7 日),科特迪瓦国父、政治家、外交家、国务活动家、非洲民族解放运动的先驱。——译者注

第 2 章 增长、发展和减少贫困的领导力：非洲的观点与经验

(Keita)、奥林匹奥（Olympio）、肯雅塔、尼雷尔、卡翁达*（Kaunda）、班达（Banda）。他们被视为其所领导国家的化身，他们也充分利用这一点巩固其控制权。"乌弗埃-博瓦尼曾说过，"民主是良善者适用的政府体系。在像我们这样的新生国家中，在一个特定时间段内更需要一个全能的领袖。"他这段话在今天听来似乎十分不可靠。

对于新独立的非洲国家而言，一党制政治体制被认为是统一国家的重要因素之一。出于对殖民势力共同的反抗心声而团结在一起的各方势力最终形成了单一的主要党派，这种优势在第一次大选中得到了巩固，例如科特迪瓦、马拉维、马里、塞内加尔、坦桑尼亚和突尼斯就属此列。

这些国家的经验表明，若执政党在其体系内能维持民主，那么一党制体制仍旧是有利于国家建设和集中国家重心与优先关注点的有效工具。例如，坦桑尼亚就是一个很好的例子，该国在大约 20 年的时间内实行的都是民主一党制体制，之后当该国确信后殖民时期国家建设的基础已经建设起来并已得到充分强化，从而足以抵御多党制政治可能导致的政治分化时，他们转而实行多党制体制。

尼雷尔总统在其关于设立一党政治制度的总统委员会的职权范围内，指示专员确保遵守善政的关键要素，包括法治、公平和包容、透明度、问责制、响应能力和参与度（见专栏 2.2）。

专栏 2.2

总统委员会关于建立一党制政体的参考意见

1) 坦噶尼喀应在一名国家行政领袖的管理下保持共和制；
2) 应保持法制和司法独立；
3) 所有坦噶尼喀人民都应享有完全的平等；
4) 在单一民族运动情景下，所有公民都应享有最大程度的政治自由；
5) 通过普选保障人民可以最大程度实现参政议政；
6) 在法律框架下人民应可以自由选择其代表和立法机构。

此外，尼雷尔敦促总统委员会接受一项包含八点的国家伦理，其中

---

* 肯尼思·戴维·卡翁达（Kenneth David Kaunda）（1924 年 4 月 28 日至今），赞比亚国父、政治家、外交家、教育家、国务活动家，非洲民族解放运动的元老和非洲社会主义尝试的代表人物之一。——译者注

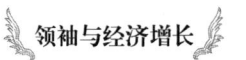

一点是：每一位公民都有表达、参与运动、信仰、在法律允许范围内结社的自由，但不能在任何情况下损害其他公民的平等自由。

资料来源：Nyerere（1966：261-262）。

换言之，坦桑尼亚的一党制政治体制包含所有良性民主体系的组成部分，只是缺少反对党而已。我们应该记住，在1963年被法律界定为一党制国家之前，坦桑尼亚已经在各种意义上都实际成了一党制国家。很明显，尼雷尔实行一党制体制并非由于其个人有独裁倾向，而是由于他希望将重点集中在建设国家的核心挑战上，以便在建国初期能维护统一。同时，他也不认为多党制体制一定就是最佳选择：

> 英国和美国的两党制体制反映了其社会背景。独特阶级的存在及其之间的斗争导致了这一体制的产生。在非洲，国家主义运动所打的这场战争是为从外国殖民者手中争得自由，而非在国内统治阶级之间的斗争。一旦外国势力（即"另一个党派"）被赶出去，非洲人民中将不存在现成的第二个党派。国家主义运动将不可避免地组阁首任政府。当一个自由政府形成时，其面临的主要任务将是建设国家经济。为了获得这项事业的成功，非洲国家所需要耗费的努力不亚于同殖民主义之间的斗争，这同样需要最大限度团结一切可以团结的力量，这其间没有分歧和差异存在的空间（Meredith，2005：167）。

克兰福德·普拉特（Cranford Pratt，1999）很好地总结了尼雷尔制度如何确保一党制体制能维持民主、参与、包容和统一。他将这个体制描述为"混合宪政制度和一党制的民主国家"，他还补充道：

> 从坦桑尼亚一党制体制最原始的特征可以看出，这既不是打着寡头统治的幌子，也不是思想先锋党。TANU（该党）向所有公民敞开大门，并且所有成员均可被提名角逐议会或党代表席位。在每个大的选区中，TANU会召开年度地区会议，从而排出被选入议会的候选人的顺序。国家执行委员会之后将决定哪两个候选人会出现在选票上，这本可能成为寡头控制的工具，但是尼雷尔保证，这种方式实际并不常见并且没有威胁性。之后的选举将遵从一系列制度，这些制度设计之初即考虑到如何尽可能确保竞争的公平性。任何候选人都不得在其本人的竞选活动中花钱。所有选区的竞选会议都是由该党派组织，并且两位候选人都要进行演讲。在这些会议上

第 2 章　增长、发展和减少贫困的领导力：非洲的观点与经验

不得使用部落语言，并且投票不得依据种族、部落或信仰做出。任何坦桑尼亚精英或政治家都不得代表任何候选人拉选票。这一体制的设计理念是规避民族派的扩张（无论他们是空想的、地方的还是部落的），同时确保每个选区的选举都能选出人民放心的候选人。尼雷尔及其政府发现了如何替换已不再得人心的国民议会议员（Members of the National Assembly，MNAs）的方式，同时避免了分裂的影响（在统一比较脆弱的国家，党派竞争选举常会导致这一后果）。

马修·洛克伍德（Matthew Lockwood，2005：116）通过回顾文献发现，一党制政治体制竟然可以切实加强国家的稳定性和统一，他说道："非洲国家在独立后若是没能快速建立起集中的一党制体制，则往往会更不稳定，通常会走向军事政变的结局，有时也可能带来国家分裂的局面（Allen，1995）。在有些例子中（当然不是所有情况下都如此），一党制统治造成的混乱最后产生了政治稳定，罗林斯*（Rawlings）和穆塞韦尼**（Museveni）就是其中的两个例子。"

但尼雷尔同时清楚，一党制体制的运行也会面临其他挑战。

在他去世前的几个月，他接受了来自《国际主义杂志》（*Internationalist Magazine*）的 Ikaweba Bunting（1999）的采访。他被问道，鉴于自 1990 年以来，他一直在坦桑尼亚推行建立多党制体制，他是否认为这么多非洲国家选择采用一党制体制是一个错误。尼雷尔回答道：

> 我从未主张一党制体制适合所有国家。但我选择在坦桑尼亚采用这一体制是由于我们当时的情况适合这个体制。1990 年，坦桑尼亚革命党（Chama Cha Mapinduzi，CCM）放弃一党制转而采用多党制体制。但在当时，其实实行一党制是不存在反对意见的。我当时给出的论断是，任何政党当政时间过长都会变得腐败。例如坦桑尼亚的革命党以及英国的保守党，都是主政时间过长导致最后变得腐败。特别是当反对意见的声音太小，或者根本不存在反对意见时，这种情况更加明显。

---

* 杰里·约翰·罗林斯（Jerry John Rawlings），加纳军事和政治领袖、政治家、外交家、国务活动家、军事活动家。——译者注

** 约韦里·卡古塔·穆塞韦尼（Yoweri Kaguta Museveni），乌干达政治家，总统。——译者注

领袖与经济增长

非洲领导力及社会主义

人们通常将非洲经济贫困（同亚洲相比）部分归咎于其追求社会主义。但没有证据支持这一观点。有一些倾向于社会主义的亚洲国家一开始的发展程度高于有资本主义倾向的非洲国家。与此类似的是，一开始有资本主义倾向的非洲国家不一定发展得比有社会主义倾向的国家好。

非洲社会主义的价值不能只从经济方面来讨论。我们应该考察并理解非洲社会主义的政治、文化和历史基础。

哈伦（Hallen，2002：72-89）试图找出不同形式的社会主义吸引非洲独立早期领袖的哲学基础。大多数非洲国家都自称为社会主义国家。即便是具有资本主义倾向的肯尼亚也如此自称。很明显，非洲的社会主义内涵要远超过经济体系的概念。

非洲国家的独立发生在冷战时期，当时非洲国家中站队在非殖民主义的东方世界的倾向肯定强于站在殖民主义西方世界这一边。然而，根据哈伦和其他一些学者的研究，以及我的一手经验，当时刚刚独立的非洲国家基本没有（有也是极少数）哪个对西方国家存在极端恶意。不仅是因为这些非洲国家的领袖曾在西方求学，在这一过程中他们对西方的历史人物、事件以及制度都产生了极大的敬意，同时也是因为他们还没有准备好完全抛弃一种统治制度而接受另一种。《时代周刊》文章（1961）中体现出对"尼雷尔强烈支持西方世界的观点以及稳定国内局势的努力"的赞赏。

非洲国家部分领袖继承了某种形式的实用非洲社会主义，可能在某种程度上是为了追求一个独立、真实、不结盟的政治、社会和经济发展框架。他们回顾了前殖民时期的非洲，从而获得启示与指引，寻找适应非洲社会组织和经济发展的哲学。

资本主义作为经济组织和管理的一种形式，由于其与殖民势力之间的关系过于紧密，因而对于后殖民时代的非洲显然不利。这并不是说在前殖民时期的非洲，私营企业是令人厌恶的。更准确地说，社区最高权威倾向于通过私人福利来缓和非洲资本主义的棱角。

在回顾非洲社会主义最主要的两位代表（尼雷尔和恩克鲁玛）时，哈伦（Hallen，2002：73）指出（不同于那些认为非洲变成共产主义国家的人），这些早期领袖的远见在于"认识到社会主义在非洲这一情境

第2章 增长、发展和减少贫困的领导力：非洲的观点与经验

下将变得形式化，（经济和政治）体制会成为本地人道主义社会道德价值观的表达。"

文献中的批评影响了如恩克鲁玛、尼雷尔等试图将前殖民时期社会组织体系浪漫化的人。在任何一个前殖民时期的例子中，都没有统一的文化或社会组织。毫无疑问，前殖民时期非洲主要的政治体制全部或部分地同恩克鲁玛及尼雷尔的下述观点一致：

- 以牺牲社会利益为代价的个人私利会带来侵蚀道德价值观的种子。
- 应具有统一且共享的人性认知。
- 应具有平等且内生的人类及人性价值观。

这些非洲早期领袖试图建立独立的、真正的，继承前殖民时期非洲政局，进而建设后殖民时期非洲的努力被误认为是在冷战时期站队的必要选择，进而在冷战中成为具有目标性的举动。西方国家无法容忍这种情况下非洲社会主义实验成功的扩大化。许多独立的非洲政治体系和经济政策在发展的道路上受到故意阻碍。正如戴弗林（Devlin，2007：66）在讨论刚果民主共和国问题时所说的，"在当时，所有的事物都按照冷战时期的标准衡量，我们相信我们所观察到的是苏联为了获得一个重要国家势力控制权的努力……它们下一步就会将势力扩展到非洲大陆的大部分版图。在获得总部的全力支持后，当局开始计划消除卢蒙巴的势力。"这没考虑到他在其回忆录另一部分中所讲的（Devlin，2007：25），"大使馆中的大部分人都认为他是一个灾难。然而没有理由认为他是苏联的探子，但他确实同苏联走得太近了。"

非洲社会主义在许多非洲人民心中都留下了良好的声望，因此，即便是在一些资本主义倾向的非洲国家中，也会有社会主义的声音。在独立初期，一党制统治是确保国家统一的重要战略，与此同时，非洲社会主义为后殖民时期治理增添了合理性。

后殖民时期非洲的一个悲剧是将种族地位和力量用于个人经济收益。另一个悲剧是"暴君和掠夺者"这一类领袖数量的增加。这损害了国家建设的努力，并最终导致政治的不稳定和经济的崩溃。

从一开始，尼雷尔就是利用公职谋取私利的强烈反对者。看起来他似乎鄙视个人财富，这也使得人民十分信赖他。他相信追求个人财富将会使得统一遭到破坏，例如民族地位和力量的滥用。在其为社会主义坦桑尼亚发展蓝图所做的规划中，他说道（Nyerere，1968：340）："这是社会主义在坦桑尼亚要达成的目标：建设一个所有成员

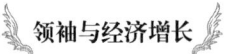

都拥有平等权利和公平机会；每个人都可以和邻居和睦共处，而不会遭受不公正待遇，掠夺他人或被剥削；每个人都可以逐渐增长、积累够可以满足其基本生活水平的物质财富，而不是仅有某些个体达到富足水平的国家。"

正是这种公正和平等的精神帮助坦桑尼亚强化其国家意识，并且在如此之长的时间内将国民团结在一起。

冷战和军事政变

冷战对非洲治理的一个糟糕影响是，给了某些非洲领袖发动一个势力集团反对另一个势力集团的可能性，同时可以摆脱许多轻罪，并且将国家优先事项错位。奥斯瓦尔多·德里维罗（Oswaldo de Rivero，2001：5）对这种现象进行了如下描述：

> 冷战期间，许多未完成的国家项目（委婉的说法是"发展中国家"）都需要战略价值观……这给他们（非洲国家领袖）带来了人为操作的空间，使得他们可以在两个势力集团中选择其一接受经济帮助以及政治支持，当然也包括财政方面的帮助，否则在这种环境下，经济根本无法持续发展下去。这种战略补贴使许多国家在经济政策宽松，而国家干预过多的情况下仍能沉溺于奢侈的幻想。

非洲后殖民时代早期的另一个悲惨篇章是军事政变时期。一些军事政变是由外部煽动或者部分由于冷战造成的。一些军事政变是源于内部因素，领袖没能维持独立后的非洲国家的团结统一。一些军事政变是由于人民对"独立后的胜利果实"产生的预期没能得到满足而导致的。也有一些是军人对其生命或财富感到担忧所采取的先发制人的手段。一些政变是对民族主义参与政治和贸易的回应或示威行动。还有一些军事政变综合了上述几种原因。作为事后诸葛亮，我们应该问一下：这些军事政变到底是糟糕的领导所导致的后果？还是说这实际上就是非洲坏治理的源头？

正如里德指出的（Reader，1999：667），其后果就是导致了从1963年第一次撒哈拉以南军事政变期间多哥总统西尔瓦努斯·奥林匹奥（Sylvanus Olympio）遭暗杀，到蒙博托1997年遇刺之间，非洲32个国家中发生了70多起政变，平均每年发生两次军事政变。

非洲军队没花多长时间就意识到了其实力。1952年，埃及加麦尔·阿卜杜勒·纳赛尔（Gamel Abdul Nasser）上校从法鲁克（Farouk）国王手中夺走了统治权。1963年，多哥军队势力上台。在阿尔及利亚，艾哈迈德·本·贝拉（Ahmed ben Bella）的计划没有奏效，引起了大量不满，继而在1965年，其政权被胡阿里·布迈丁（Houari Boumedienne）推翻。1965年11月，由蒙博托领导的刚果民主共和国军队推翻了约瑟夫·卡萨武布（Joseph Kasavubu）总统，使得刚果陷入后来30年蒙博托的腐败统治中。1966年1月，中非共和国军队颠覆了民主统治。三天后，当时的上沃尔特（Upper Volta）[现在称作布基纳法索（Burkina Faso）]也由军队接手统治。同一个月，加纳军队颠覆了恩克鲁玛政权。1967年，塞拉利昂由军人执政。1969年，穆阿迈尔·卡扎菲（Muammar Gaddafi）上校推翻利比亚君主制。同一年，索马里由军队控制。

Nzongola-Ntalaja（2002：2）这样形容刚果的经验：

> 蒙博托在1960年、1965年和1972年篡夺权力，以及卡比拉（Kabila）在1997年的自我宣告，否定了民主和人民意志，都是得到了外界的支持和/或赞同的，这些行动也都获得了国际社会的认可。对于这些觊觎刚果庞大规模、地理位置和丰富的资源禀赋的外部势力而言，它们当然不希望刚果的执政者是通过民主制度选举出来，只对自己选民负责的，而是希望其领袖是一位易受控制和影响的傀儡。

他还进一步补充道，"从那（1885年）以后，该国巨大的财富不是为满足本国国民基本需要而服务，而是为国家统治者及其外部政治盟友和商业伙伴服务"。

在Naison Ngoma（2004）关于非洲军事政变和政变企图的研究中，他得出了以下结论：尽管民主制度是威慑军事政变的很好手段，但是在非洲不怎么有效。许多民主选举的政府都如同刚果的卢蒙巴政府一样，无论其民主资格和起源如何，最终都被违宪地推翻了。他说道：

> 对于民主治理与稳定的联系，不应该不加批判地接受。军事政变能在一个寻求政治和经济多元化的环境中延续，明显说明了仅仅转型为民主治理是无法确保军事政变不会出现的……纯粹的贪婪和预期危机在这期间扮演了重要的"推动因素"的角色……军事政变之所以在非洲盛行是因为其总体文化水平不高。这种信息缺乏使得大多数国民对政治经济改革的回应（或准确说是反应）的前提都是

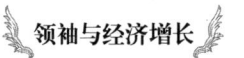

幼稚、可笑或无知的。一些外国政府和外国商业的角色是另一个已经被讨论过的问题。

毫无疑问，军事政变需要为非洲经济问题和减贫方面的糟糕表现负有主要责任。军事政变破坏了本国的经济活动，并且阻碍了外商直接投资（FDI）。然而，同样有证据表明，军事政变并不总是由糟糕治理和不良领导引起的——当然也不总是在冷战期间（尽管大多数政变发生在这一时期）。在当时，一个政府的民主记录要从属于冷战时期东西方的分裂形势。如果我们要分析非洲独立最初50年经济表现不佳的原因，这一因素也不得不考虑在内。

解放战争及其他冲突

除了冷战之外，还有其他因素对领导力和发展产生了负面影响。非洲某些地区的解放战争（主要是在南非，当然也涉及一部分西非国家）也同样将这些国家拖离发展轨道。

加纳独立时，恩克鲁玛说，"如果非洲大陆的其他地方仍旧受殖民或白人至上主义的统治，那么我的祖国的独立将是毫无意义的。"大多数新独立非洲国家的领袖都有这种感性的观点。

殖民制度是西方国家发明的，而非洲大陆上少数白人统治的政体是西方帝国主义的遗产。西方世界本可以通过一个和平并快速的方式来终结殖民主义、种族隔离制度和少数白人统治。但西方国家没有这么做，这就将非洲推向东方，因为这些国家愿意支持非洲解放事业。这究竟算不算冷战的另一个维度并不重要。问题的关键在于，西方对非洲反殖民主义的态度使得非洲国家在发展其解放运动并建立政府时不得不向东方寻求帮助。

非洲正在发生的冲突仍旧不一定阻碍经济和社会发展，但是20世纪60年代、70年代、80年代围绕解放战争的冲突足以阻碍其发展，同时经济和社会发展的中断同样是非洲国家为了获得自由、人权、民主和尊严所必须付出的代价。南非解放战争前线国家脱离南非，使得它们必须承担区域经济和社会的深远影响。有人牺牲，资源也被分配到发展以外的地方，基础设施被破坏，农业生产被抑制，而解放战争是该区域独立国家领袖最先需要考虑的问题。那一时期经济表现的统计数据并没能体现故事的这一面。然而，对于非洲南部国家而言，在获得真正的自由尚无时间表时,是不可能把关注点放在增长上的。

在20世纪60年代到70年代,坦桑尼亚全力支持邻国莫桑比克对葡萄牙殖民者进行解放战争,这一期间,坦桑尼亚南部的发展几乎停滞。

1970年,几内亚如同坦桑尼亚一样,全力支持当时被称为葡属几内亚(今几内亚比绍)的解放战争,却被当时的总统反对者乘虚而入,这些侵略者背后是受到葡萄牙人支持的。几内亚后来在被称为"葡萄牙非洲版的对越统治"中占了上风,但是对经济方面的努力付出是无可避免的。

许多其他的非洲冲突也导致了困苦,以及经济和社会的分裂,而这些冲突并不总是由西方势力煽动或行动的结果。然而,其中相当一部分确实是冷战的后果,另外一些,例如布隆迪、刚果民主共和国和卢旺达爆发的冲突就是比利时殖民主义的直接"遗产"了。

在所有西方国家支持、煽动或默许的冲突中,乌干达无疑是最悲剧的一个。以英国为首的西方国家认为,乌干达在米尔顿·奥博托(Milton Obote)及其《普通人宪章》(Common Man's Charter)的领导下有着光明的前景。我们"马后炮"地看到,当时认为阿明(Amin)是比奥博托(Obote)更好的选择简直是滑天下之大稽(不管奥博托的问题是什么,阿明都是后来乌干达惨剧的始作俑者)。我们必须思考这一国家发展悲剧性错误的启示(不仅是乌干达的悲剧,而且是整个东非地区的悲剧)。

在20世纪70年代早期,东非共同体整体化水平要远高于欧洲经济共同体,但是它们当时在应对乌干达总统阿明的致命打击。阿明于1978年入侵坦桑尼亚,将该国拖入战争的深渊,但最终也导致了他的下台。不过事实证明,在大宗商品价格暴跌和油价震荡的情况下,坦桑尼亚也付出了高昂的代价。同阿明的战争不仅使那些年的经济活动中断,而且花费了超过15年的时间才使坦桑尼亚挨过了其长期影响。因此,单纯地认为坦桑尼亚在20世纪80年代不佳的经济表现仅是由于领导力或治理问题是不正确的,其牵涉的问题远比治理要复杂得多。

经济危机和失败的实验

当我们翻看非洲后殖民时期的经济历史时,往往会从统计数据中发现非洲在20世纪60年代早期的表现要比20世纪80年代这"失落的10年"更好。然而，这些统计并不总是被放在其正确的历史情境中。非洲当时主要出口的（就像现在非石油出口国一样）都是农业商品。该类商品在20世纪50年代晚期到20世纪60年代早期的价格达到史无前例的高峰。然而在20世纪80年代，商品价格经常波动且处于低谷。

另外，殖民地时期和后殖民时代早期的种植园经济占商品出口的很大一部分。20年之后，在看到坦桑尼亚的境况后，一些拥有并管理种植园的殖民者对国有化的前景感到不明朗，因而离开了这里。

社会主义是坦桑尼亚产生相互尊重、尊严、统一和国家认同的主要因素之一。

在接受访谈时，尼雷尔被问到他对《阿鲁沙宣言》以及他曾极力推动的国家发展政策的看法。他的回答相当坦率并具有启发性。他强调了《阿鲁沙宣言》在国家建设中的作用，并坚持其所具有的优点，同时也对其结果进行了批评。当被问到《阿鲁沙宣言》在此时是否仍适用时，尼雷尔回答道（Bunting，1999）：

> 在我们发觉本国内有产者和无产者之间日益增大的差距时，坦桑尼亚已经独立了一段时间。一些在殖民统治时期贫穷的新政府政治领袖和官僚老爷们开始利用其在党内和政府内的特权来牟利，并且他们正在形成新的利益集团。如果任其发展下去，我们的领袖将离人民越来越远。因此我们提出了一个新的国家目标：我们认为发展应该关乎全体国民，而不只是一小部分特权阶层。
>
> 《阿鲁沙宣言》使得坦桑尼亚保持着独特性。我们说出了我们的立场，为我们的领袖制定了行为守则，我们努力实现我们的目标。显而易见，即便我们犯了错——当人们尝试新的、未知事物时难免犯错，有人会监督我们。
>
> 《阿鲁沙宣言》和我们的民主一党制体制，连同我们国家的语言以及高度政治化和纪律性的国家军队共同将超过126个不同的部落团结起来，形成了一个包容并且稳定的国家……
>
> 我们需要特别说明的是，无神论者萧伯纳曾说过，"你不能说基督教已经失败了，因为还未曾尝试过。"

当被问到作为坦桑尼亚的领袖，他认为自己犯的主要错误是什么，或者如果有机会重新来过，他会在哪些方面有所改变时，尼雷尔回答道（Bunting，1999）：

第2章 增长、发展和减少贫困的领导力:非洲的观点与经验

> 有些事情我会做得更坚决或根本不做。例如,我将不会把剑麻种植园国有化。这是一个错误。我当时没有意识到国家管理农业会有多么困难。农业社会化太难了……土地问题和家庭所有权是非常敏感的问题。我从字面上理解了这个问题,但是要把它迁移到政策实施方面十分困难。

本章并未试图低估坦桑尼亚独立后头30年在政策选择、经济管理和领导力在经济绩效方面所做的努力。我们现在意识到,而我本人在任期内也曾就此做出声明:在正确制定宏观经济政策时,我们要在全国范围内完成的工作对成功至关重要。然而,在当时,国家金融体制的药方,特别是结构调整方面太过于阳春白雪,同其对人民所产生影响的现实毫不相关。华盛顿共识(Washington Consensus)开出的药方根本就不能叫共识,因为它们在开方前没有对病人进行问诊。

现在可以承认,当时的结构调整方案(Structural Adjustment Programs)使得病人境况更糟,特别是在人类发展方面。在坦桑尼亚,维持广阔的社会服务网正常运转变得困难,特别是在教育、健康、水资源和维持基建方面。在独立后稳步增长的入学率和识字率停滞不前,卫生保健事业恶化到公立诊所经常缺少药品供应的地步。

此外,20世纪70年代坦桑尼亚发生的完全超出政府控制的事件导致20世纪80年代该国的情况十分艰难。这些事件包括:

- 1973年到1974年的干旱。
- 东非共同体在1977年的解体。
- 1978年至1979年同乌干达阿明政府的战争。
- 1973年到1979年的石油危机。
- 20世纪70年代和80年代商品价格的崩盘。

这个清单表明,至少对于坦桑尼亚这个案例而言,尽管治理和领导力的问题可能对其不佳的经济表现有所影响,但是外部因素同样负有重要的责任。

其他非洲国家也有经济危机和失败的实验的例子。其中一个典型案例就是雄心勃勃的工业化项目,这些项目中的每一个都有良好的意图和外部的支持与认可,但是都未能产生预期效益,或者像加纳的恩克鲁玛一样,在工业化可以承担出口和国内生产总值的贡献之前就已将注意力从农业方面转移开。这同样不单纯是治理和领导力的问题。

土地

恩克鲁玛和尼雷尔在土地所有权和使用方面的观点一致。他们希望将这一前殖民时期非洲的特征同现代非洲相适应。在非洲大部分地方，土地使用是个人化的，但土地所有权不是。土地虽然是公用的，但是当地居民拥有土地使用权。

在"公用所有权，私有使用权"这一二分法背后的逻辑是，对于非洲人而言，土地远非单纯的生产要素，而是可以像其他生产要素那样被获取、使用及处理。一种依附于土地的基本精神使得那些主张土地所有权自由占有而非凭租赁占有的圈外人开始逃离。

未能理解这一逻辑已经在非洲导致相当多的麻烦，同时给未来更大的问题埋下了种子。无论其他人怎么想，对大多数非洲人而言，津巴布韦土地再分配是必要的但同时也严重逾期。可能会有人质疑这是如何完成的，而不是为什么要这样做。南非和纳米比亚对于土地再分配进程缺乏耐心从而增加其推进困难值得我们研究。我们曾经花了几个月考察数个非洲国家激烈的土地冲突。

非洲一些积极或潜在的土地冲突是殖民"遗产"，例如津巴布韦在独立时拥有800万人口，其中4 500名白人农场主占有75%的主要耕地。其他冲突源于种族主义。还有一些与土地商业化以及不同土地使用竞争有关。无论原因如何，对可耕种土地和牧场的竞争日趋激烈，有关土地的公开冲突也更多。

喀麦隆西北地区几乎每年都要见证公开的土地冲突。2006年，愤怒的村民怀疑他们的村长将耕地卖给富裕的牧场主，于是就将村长活活打死之后又焚尸，并且对前去逮捕犯罪嫌疑人的警察处以石刑。一年后，在同一个省，村民烧毁300间房屋，迫使上千人由于土地冲突逃离家园。

在2006年12月到2007年2月初，肯尼亚山地地区不断升级的土地冲突导致约60人丧生，成千上万人逃离家园。路透社（Reuters）记者（Jeremy Clarke，2007）引述当地一名国会成员约翰·谢维德（John Serut）的话说，一伙自称为瑟伯特土地护卫队（Sabaot Land Defense Force）的人士宣称对此事负责，他们声称自己代表那些被继任政府逼迫离开自己祖辈土地的人们。根据该国会成员的说法，这块沃土的冲突可以追溯到20世纪60年代。

尽管例如坦桑尼亚等国的土地政策和法律有时被批评为阻碍了发展，但它们通过保障每个人都可以获取土地而在事实上使坦桑尼亚人免于受到非洲大陆上最严重土地冲突的影响。

非洲人民对土地，特别是祖辈土地的精神依附，以及他们大多数人依靠肥沃的土地和牧场获得食物的事实使得土地成为非洲破坏稳定的最主要潜在因素之一。因此，这是领导力的一个关键领域，同时，应鼓励双边发展伙伴，包括世界银行在其报告《增长与减贫相关的土地政策》（Land Policies for Growth and Poverty Reduction）中所写的，要意识到土地问题的重要性。

此外，我们需要意识到，确保人们对土地和其他固定资产的合理权利已逐渐成为减贫的核心问题。

后冷战时期

当考虑到治理问题时，我始终认为除了独立以外，对非洲而言最大的幸事莫过于冷战的结束，因为冷战一度将非洲变为东西方势力的决斗场。冷战结束还加速了南非种族隔离制度的终结，从而使非洲在政治意义上真正获得独立。

非洲国家的独立恰好赶上冷战时期。去殖民化就成为冷战的一个组成部分，因此非洲国家在建立国家的关键时期被迫更多寻求外部力量而非内部力量。

随着冷战结束，不再需要选边站队，使得非洲领袖不得不向内审视，并且在发展伙伴和国际财务机构的要求下提高治理标准。

冷战结束后，非洲在政治治理、经济治理、区域一体化及合作，以及稳定和经济绩效方面有太多需要表现的地方。尽管对于非洲而言，20世纪80年代是失落的10年，但其在政治、经济和社会等方面都发生了意义深远的改变——尽管开始时水平较低。我们可以看看以下事实：

● 非洲在2002年的冲突高发期爆发了16起冲突，在2005年降低到仅5起。

● 非洲政府中曾有半数以上是通过政变上台的军阀势力。在写作本章的时候（2007年年初），已经没有一个军阀政府了，而且非洲联盟已经表明，其委员会不会承认任何通过违宪手段上台的领袖。

- 自1990年以来,许多非洲国家都经历了政治转型。20世纪90年代,非洲政治竞争和参与进程的改进水平居全球首位(尽管其基础极为薄弱)。1982年,只有十分之一的非洲国家领袖是通过竞选选出的。今天,大多数领袖都是竞选上台的。

- 公民社会参与度更高,活力也更强,同时繁荣的私人媒体基本上可以自由地批评多数政府。人权问题得到了更严肃的对待,女性更多地参与代表和决策过程中。司法和立法被大大加强,而且比过去更加独立自由。

- 约有半数非洲国家参与非洲同行评审机制,这是一项广受欢迎的双边支持方面的创新。它授权参与国的政策和实践能遵循《非洲联盟关于民主、政治、经济和合作治理宣言》(AU Declaration on Democracy, Political, Economic and Corporate Governance)中提出的政治、经济和合作的治理价值观、准则和标准。

- 在2002年到2005年期间,非洲三分之二的国家的平均通货膨胀率维持在个位数。非洲国家比以往任何时候都更重视维护宏观经济基础。

- 私人净流入非洲资产从1998年至2002年的年均68亿美元增长到2005年的170亿美元。对国内外投资者而言,非洲已变得更开放,并且更有吸引力。

- 在1995年到2005年期间,17个非洲撒哈拉以南国家年均国内生产总值增长率超过5个百分点,而再往前数10年,只有5个国家能保持这个水平。2005年,有9个国家的国内生产总值增长率接近或高于7%,这一数据对于维持减贫至关重要。非洲国家的实际国内生产总值增长率在2004年为5.2%,2005年是5.3%,到2006年这一数据达到5.7%,这说明增长的势头得以保持。这是非洲第二次连续几年平均增长率高于拉丁美洲(4.8%)。相对于2005年,在2006年有28个非洲国家获得了进一步增长。相对于2004年,在2005年,有25个非洲国家获得了增长(ECA,2006:3-5)。

- 腐败仍旧是一个问题,但许多国家已开始通过制度改革、法规和稳健的侦察及起诉制度来积极应对这个问题。

这些积极方面已成为近几年非洲问题的主导,同时我作为成员之一参加编写的《非洲委员会报告》(Report of the Commission for Africa)也捕捉到这个问题。当前的挑战是:立足现在,非洲应向何处去?因为就算有这些积极的趋势,非洲仍面临着一些问题,例如可持续发展仍无法得到保障,而且对于许多非洲国家而言,能否达成千年发展目标

第2章 增长、发展和减少贫困的领导力：非洲的观点与经验

(Millennium Development Goals) 仍是一个问题。

前进的道路

在更多非洲国家在政治、社会和经济上已经获得稳定后，领袖需要从结构性和战略性角度思考问题，更多关注长期和可持续增长战略。对非洲国家而言，新千年发展目标只是最低的发展目标，对于其人民发展权利方面几乎称不上有雄心。但它们同样也是短期目标，并且没有直接关注于增长。没有增长（长期增长和可持续增长），就谈不上减贫。非洲必须把目光放长远一些，思考除了生存以外更多的问题。这对于领袖而言是一个挑战。非洲必须从社会和经济危机管理转向战略定位和计划。

有关战略性思维就是需要做出选择，然而相对于非洲的发展水平而言，做出选择十分困难。但他们必须要进行选择。

在独立时，非洲有相当多有政治战略性思维和远见卓识的领袖，例如恩克鲁玛、尼雷尔、桑戈尔、塞科以及曼德拉。我对尼雷尔的了解远胜对其他人的了解，他在独立之初做出了十分困难但具有远见和战略性的政治选择。这些选择帮助坦桑尼亚从无到有建立一个完整的国家。尼雷尔通过同他人合作，共同为非洲南部的解放而奋斗，成立了所谓的前线国家（在非洲南部同殖民势力和少数统治做斗争的国家）。

如今，我们无法看到同样的使命感、愿景和做出艰难战略选择的意愿——这一次不是政治上的，而是经济上的。对抗贫困并获得增长的前线国家在哪里？让非洲经济走在增长的道路上是一回事，让非洲在这条道路上前进则是另一回事。进入跑道是一回事，起飞则是另一回事。而正是起飞需要最大的助推力。

我们需要的战略性和有远见的经济思维必须具有国内的、区域性的和全球性的维度。全球化是事实，领袖所面临的挑战是：我们该如何进行自我定位，从而将收益最大化并且将副作用尽量降到最低？在我和芬兰总统塔里娅·哈洛宁（Tarja Halonen）共同担任主席的世界全球化社会影响委员会（World Commission on the Social Dimension of Globalization）中，我们呼吁非洲和其他受到影响的发展中国家立足本国（ILO，2004：54-74）。

立足本国就带来了三个需要关注的问题。

第一，发展中国家的能力和政策问题，特别是同治理（经济上和政

治上的)、经济自由化和国家角色的关系,满足农业和非正规部门的特殊要求,以及通过教育和技能、工作和就业以及可持续发展和资源生产力来提高人民的能力并对其赋权。

第二,在地区层面,关键问题是机制和对人民赋权,这包括加强当地政府参与、强化地区经济基础,以及利用并保护有助于加强政府参与及责任的当地价值和文化遗产。

第三,将区域完整性和合作作为基础,在全球水平参与有收益的活动。

立足本国需要战略性经济领导力,这不仅要求能对一个国家更好地进行国家层面和区域层面的定位,而且使外部世界成为增长和发展的战略契约。一方面,这涉及与双边和多边发展伙伴国家的战略接触。另一方面,它涉及确定参与国际私有资本的相互回报的参数。

尽管已经有许多积极的趋势,但是因缺少发展伙伴和私人资本的正确和重要的参与,非洲不可能走得太远。正如《非洲委员会报告》所述,我们需要在至少20年的时间内不断增加官方发展援助,以解决非洲经济的根本问题并弥补其弱点,这不仅体现在治理和政策方面,而且包括人力资源能力、体制和其他结构改革,以及基础设施的建立,从而使非洲市场在内部和跨境都能实际运作。

这需要对非洲正在进行的工作提供大力的外部支持。不管非洲新一代领袖多么关心优先问题,也不管他们的战略选择多么明确,他们不能随时查看自己工作做得如何。

如果通过非洲发展新伙伴关系及非洲同行评审机制,经济合作与发展组织(OECD,简称经合组织)国家同意提供一大笔资助以确保非洲同行评审机制所确认的任何问题都能得到实际的处理,同时战略性经济选择都能得到充分支持,则可以说我们已经有了一个对抗贫困并获得增长的前线国家联盟。同时,非洲需要同行评审机制的合规鼓励来激励他国的加入。只有大约一半的非洲国家加入了非洲同行评审机制。那些还没有加入的国家需要观望一下,是否值得向如此多的外部审查开放(至少我确定没有一个富裕的发达国家会愿意)。如果那些已经加入的国家没有什么值得炫耀的好处,那为什么这些其他国家要加入呢?

从某种程度上说,这就像艾滋病。一旦你保证任何艾滋病检测呈阳性的人都可以获得治疗和照顾,那么就会有更多的人愿意接受检查。如果没有治疗,那人们也就没有接受检查的动力。与此类似,如果没有人会帮助非洲国家对抗治理过程中发现的问题和弱点,也就没有加入非洲同行评审机制的需要。

外商直接投资

对于非洲发展是否需要外商直接投资已经是毋庸辩驳的事实了。非洲领袖现在必须接受一个事实，即吸引和保留外商直接投资应作为其促进国内经济增长、社会发展和减贫的政策和努力不可分割的一部分。不过，吸引外商直接投资必须与构建国内生产能力和发展本土中产阶级同步进行。对于非洲目前的发展水平，特别是其极低的制造业出口能力，非洲领袖应构建一个政策框架和指导方针，从而确保外商直接投资能够更好地整合到当地经济中，不仅是在技术转移、技能开发和管理知识方面，而且把过去和未来同国内经济相联系同样重要。如果这些都不能达到，那么在一个民主化的大陆上吸引外商直接投资（特别是通过自然资源来吸引投资）在长期来看是政治不稳定的。

此处我们同样需要在赢得人民信任和信心的同时能够提供强有力领导的非洲领袖。然而对他们而言，若想获得成功，可能比以往更加需要外商投资者和发达国家的支持及合作。

事实上，基于非洲现有的地理位置以及投资和贸易结构，他们还不能通过贸易获得发展。许多撒哈拉以南非洲国家在同其主要贸易伙伴的关系中仍旧囿于被剥削和不对等的位置，它们向北美地区、欧洲，以及最近加入的亚洲提供原材料，并进口生活消费品、生产资料以及制造业产品。

现在，外部世界需要决定它们是想帮助非洲一起改变其当前处境，还是维持现状继续把非洲当作原材料供应商。在恰当的管理和支持下，经济北部以及在南南合作背景下的经济南部的外商直接投资都是帮助非洲从当前被外部世界剥削的地位中解脱的最好方式。

富裕国家允诺向非洲提供免税商品（对非洲而言）的益处不大，因为非洲的产品制造毫无竞争优势。

外商直接投资和国内经济

非洲确实没有产生可持续增长所必需的资本和技术，因此对贫困产生了决定性影响。任何关于非洲经济增长和减贫的讨论必须包括对私人投资（主要是外商直接投资）重要角色的探讨。

目标明确且利用合理的外商直接投资将不仅给非洲带来其所需的资本和技术，而且会改进政府对社会服务方面的财政支出，为日益增长的焦虑的非洲青年提供技术和半技术岗位，从而带来一个新的管理文化并向全球市场开放。

因此问题的关键不在于是否要做这些事，而是要做到多好。此处对领导力的挑战仍旧是远见、勇气和专注。必须要做一些艰难的选择。仅仅创造一个有吸引力的投资环境当然是远远不够的。仅做到这一点只能让非洲国家进入所谓的底层竞赛，因为每个人都想表现自己是所有人中最公平的代表。当开放经济的收益被视为仅在极小的范围内进行分配，或者其产出不是国外资本的本土化，而是国内经济的外部化时，民主分配方面也无法做到政治上的可持续。

正如前文所述，最近由于投资及商业环境有所改善，再加上全球对矿产、石油和天然气的需求增长，非洲获得的外商直接投资数量也得以增加。目前还不清楚这种兴趣的增长会持续多久。正因如此，非洲应该利用当前的趋势向外传递更积极的形象，同时尽量将外商直接投资与本国国内经济更多地联系起来。

每个非洲国家都应该就如何更好地吸引外商直接投资并将其与国内经济建立联系从而在地区水平上将回报最大化进行战略思考，并根据这一思考的结果进行自我诊断。此处所需的领导力同样是远见和决定。如果一个国家领袖将关注点放在迫切的出口增长上，以便从优惠贸易市场准入中获益［例如通过《非洲增长和机会法案》（African Growth and Opportunity Act）、"除武器外一切计划"等］，那么他或许会关注如纺织业之类的行业。若其关注点是技术驱动经济，那么在技术领域内就需要做出一些特殊努力来吸引外商直接投资。

非洲不一定需要扩大总体邀请（Blanket Invitation）以便为外商直接投资打开方便之门。他们或许期望首先在特定时间框架内为增长和减贫发展探索出一个战略方向，之后确定为保障该战略方向得以实现所需要的外商直接投资种类。一旦这样的决策得以确定，相关的非洲政府就要做出吸引这类外商直接投资的行动，就算这意味着非洲政府要提供特殊激励——不仅是引进来，而且要嵌入国内经济。

在法律和经济方面赋予穷人权利

将外商直接投资与当地经济联系起来是向穷人赋权的一个方面。另

第2章 增长、发展和减少贫困的领导力：非洲的观点与经验

一个是将小型、正规且合法的国内经济同大型、非正规且不受法律支配的①经济相联系。让我们向前看，非洲经济正逐渐向市场经济转型，我们需要市场的硬件（例如物理基础设施）和软件（例如宏观经济基础、商业环境、企业家精神、文化保护、法律框架等）共同作用，使得市场体系能够运转并且产生增长和发展。如果我们的目标是减贫，那么我们需要找到一条路径来将大多数穷人引入市场，使他们不是被剥削而是参与其中并且获益，同时使得法律框架成为为其服务的可获取的资产，而不是他们经济解放路上的绊脚石。

于我而言，给予非洲人民经济参与权同民主参与权同样重要（甚至更重要）。

我对非洲未来政治和经济方面最大的忧虑之一是：我们在给予人民更多政治参与空间的同时，却没有相应增加其经济参与。在我看来，经济包容性并非意识形态，而是政治判断力。我们给予人民的政治力量超越了他们在经济体系中的能量。他们在政治上参与进来，在经济上却又被排除在外。其后果就是收入不平等在非洲普遍存在。这是一个"政治炸药"，急需解决。

非洲政府及其发展伙伴必须找出方法来连接非洲经济中少量存在的正规、合法领域，以及大量存在的非正规、不受法律支配的经济活动，而后者界定了快速增长的半城市化人口的生活。在很大程度上，这类人口组成了一个独立的经济，而且通常未被国家计算在内。

撒哈拉以南非洲国家拥有世界上最高的农村-城镇人口流动率。从增长与发展委员会对非洲的报告中我们得知，非洲城市的年均增长率大约为5%，是亚洲和拉丁美洲的两倍。有将近4成的非洲人口如今住在城市中，在未来20年中，这一数据还将继续增长到超过50%。但是撒哈拉以南的非洲城市还没有做好准备接受大量涌入的人口。其城市规模同其经济财富和能力并不匹配。这就是16 600万人住在贫民窟的原因。

这群人中的绝大多数如果不是被法律和法规合法地驱逐出市场，也最终会被边缘化。尽管政府试图改进商业环境，但除非他们可以在法制和正规的框架内运行，否则这些人无法在扩张的市场中找到自己的位置。他们当然也不能两手空空地进入市场，可是他们所拥有的并不被正规的市场玩家所认可。

这种情况使得 Soto（2000）的工作对政治稳定性和经济参与及包

---

① "不受法律支配的"是指那些在法律规范之外发生或者是受法律限制的经济活动。这并不等同于"非法"或者"违法"。

容尤为重要。非洲政府无法给予穷人参与市场经济所需要的资本,却可以帮助穷人解锁其休眠资本。正如Soto（2000：7）所说："这些国家中的贫穷居民——占总人口中的绝大部分,确实拥有一些财产,但是他们缺乏展示其财产并创造资本的通路。他们拥有房屋却没有所有权；拥有农产品却没有地契；拥有生意却没有公司该有的条例。"

通过与自由民主研究中心（Institute for Liberty and Democracy, ILD）合作,我们对坦桑尼亚国内非正规、不受法律支配的领域进行了一个诊断性研究,并发现了一些惊人的结果：

第一,所有生意中有98%的运行不受法律支配（总量为1 482 000项）,所有财产中有89%的持有是不受法律支配的（1 447 000城镇财产以及60 200 000农村公顷*,其中只有10%受家族控制）（见图2-1）。不管我们的容错空间有多大,这个问题都没有得到任何改善。

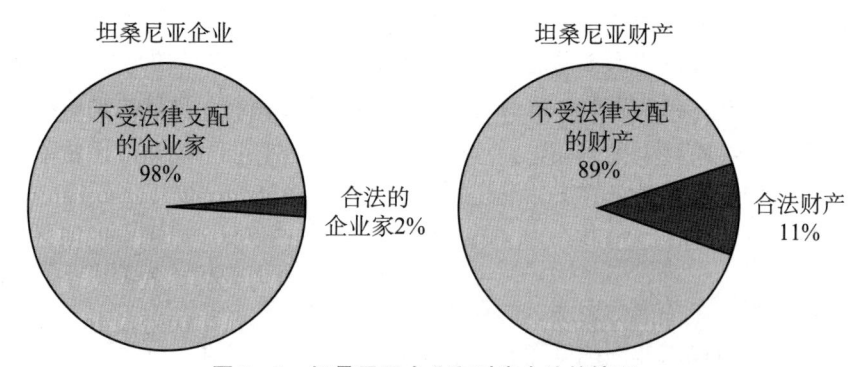

图2-1 坦桑尼亚企业和财产合法的情况

资料来源：ILD（2005）。

第二,我们试图对这些法律框架之外的财富赋值。我们发现这些资产大约价值293亿美元,或者几乎是坦桑尼亚独立以来积累的外商直接投资总和的10倍,并且约为同一时期多边机构净资金流动的4倍（见图2-2）。不管人们对我们所使用的方法论有怎样的批评,提供任何容错空间,都无法否认穷人在正规、合法经济之外确实拥有大量资产。

第三,我们意识到由于未能从非正规转为正规,这些人自发形成了业务交易的组织和流程。换言之,他们学会如何在政府的主流框架外生存。

坦桑尼亚的法律和行政体系大体上承自殖民时代,这使得贫困人口想要接受它或是获得其服务相当困难（甚至可以说不可能）。对他们而

---

* 原文单位如此,疑为1 447 000项城镇财产以及60 200 000公顷农村土地。——译者注

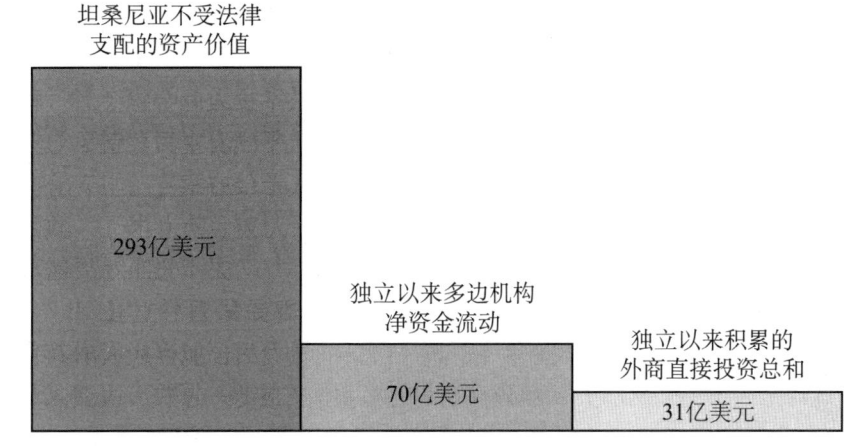

第2章 增长、发展和减少贫困的领导力：非洲的观点与经验

图2-2 坦桑尼亚2005年相关指标

资料来源：自由民主研究中心，《世界发展指标2005》（World Development Indicators 2005），已根据美国消费者价格指数调整。

言，法律是遥远、不可触及、难以理解、花费高昂并且在现实中与其说是推动者和保护者，毋宁说是个阻碍。

我们发现对于坦桑尼亚人而言，有90%的人难以进入合法经济。对他们而言，要想进入法律体系并获得组织结构、信贷、资本，超出其直系亲属以外的市场，以及合法财产权所要克服的障碍是巨大的。

如果一个贫穷的企业家在50年的商业生涯中都守法，那么他/她将需要花费91 000美元来支付法律要求的执照、许可和批准，并且要花上1 118天到政府办公室为这些东西递交申请（这段时间企业家原本可以挣大约9 350美元）。同一个企业家还需要再等上32 216天，当局才能处理完他/她的全部申请，在此期间，他/她又要损失掉79 600美元的潜在收入。所有这些成本加起来大约是180 000美元——这笔钱足够再成立31个小企业了（ILD，2005）。

同样，无论人们对我们采用的方法论有什么批评，也不管容错空间有多大，都无法否认穷人在完成非正规向正规转变（从被法律制度排斥到被其保护）之前所要克服的阻碍有多么巨大。

我相信如果我们想要在市场经济情境下赢得减贫的战争，这就是治理的一个基本方面。在国际上，贫困人口法律赋权委员会（Commission on the Legal Empowerment of the Poor）［由马德林·K. 奥尔布赖特（Madeleine K. Albright）和索托（Soto）担任联合主席，并由联合国开发计划署主办］致力于为全体人民而非少数人的权利提供法律保护和经济机会。正如其网站上所解释的，我们希望应对那些被法律体系锁定在经济繁荣之外者所面临的挑战（见专栏2.3）。

如果非洲国家及其发展伙伴同意对穷人法律和经济赋权问题提供与政治权利、民主和腐败问题同等的关注度，那么对于贫困问题的解决将有一个更平衡且更全面的快速进展。

小额贷款毫无疑问是经济赋权的关键性工具，但是若没有包含所有人的法律规则，对于穷人而言，要想在扩张的市场中获益将永远是困难的。

专栏2.3

被排斥在繁荣之外

世界上30亿贫困人口中的大多数（其中大部分是女性和儿童）生活在法律规范之外，他们没有最基本的法律保护来认定其房屋、财产和辛苦的工作。

没有财产权，他们就生活在被驱逐的恐惧中。

没有进入公平系统的路径，他们就是腐败和暴力的受害者。

没有强制的劳动法，他们就要忍受不安全且高负荷的工作条件。

如果他们拥有一个不正规的生意，他们就不能享受商业法律的保护，而这恰恰是发达世界企业家可以获得的保障——这些人被他们自己的祖国以及全球市场排斥在经济机会之外。他们中的很多人出生时就没有进行登记，并且无法获得最基本的公共服务。在法律之外，穷人创造财富的能力将会受挫。没有法律赋权，他们的尊严将被践踏。

尽管世界上大多数穷人都拥有某种形式的财产，但他们缺少通过法律认可的正规途径来记录这些财产，例如地契、合同和许可等。这些人生活、工作在"非正规经济"中，在一系列广泛认可并强制实行的规则之外。对很多人而言，一个混乱拼凑的、部分重叠且相互冲突的法规使得他们进入正规体系之内变得不可能。保障人民权利的法律和法规程序往往并非为穷人设计，而且也不会为他们服务。

资料来源：联合国开发计划署官网。

非洲投资环境及设施

《非洲委员会报告》将减贫同增长联系起来——不仅是总体增长，

第2章 增长、发展和减少贫困的领导力：非洲的观点与经验

而且包括妇女和青年在内的许多穷人的增长。根据当前在某些非洲国家发生的情况，该报告中所提到的目标（增长达到 7％并且能长期保持这一增长率）是可以达到的。非洲在这种增长水平上工作的政治意愿的证据是非常丰富的，非洲发展新伙伴关系以及非洲联盟的各种宣言都是这样的例子。缺少的证据包括有助于外商直接投资进入非洲的外部支持。这些外部支持可以使非洲的基础设施项目翻一番，并帮助非洲在改善投资和商业环境方面做出努力，包括各级业务活动的企业家精神和技能培训。

此外，来自非洲的负面消息仍旧侵蚀着正面消息带来的影响，导致国际资本在非洲经济增长方面的影响也倾向于负面。有太多的外商直接投资仍然过量投资于与国内经济没有足够联系的采掘业。这对于经济和政治的可持续性都不是一个好兆头。

非洲的投资环境基金（Investment Climate Facility，ICF）要想成功，需要采取类似的双管齐下的做法（见专栏 2.4）。一方面，非洲领袖必须持续改进经济治理，并创建一个有利于私营部门参与经济的环境。有针对性且具体的政策工具可能需要关注于私人投资，以便形成可持续经济增长集合战略的一部分。

另一方面，非洲领袖还需要采取特殊手段来向外界展示更为客观且平衡的非洲形象。

因而，非洲的投资环境基金是将之前所有提升非洲投资的倡议集合在一起，从而形成一股合力的总倡议。之前这些重要的倡议和承诺包括八国集团非洲行动计划（在 2002 年卡纳纳斯基斯八国集团峰会上提出，在 2004 年海岛八国集团峰会上再次重申，在 2005 年格伦伊格尔斯八国集团峰会上得到全面认可）。2005 年世界银行报告《对各方都更好的投资环境》（A Better Investment Climate for All）也有助于设计非洲的投资环境基金。

非洲的投资环境基金是一个创新的，并从某种意义上看独特的机会，来帮助非洲政府发展其国家，帮助私营商业部门和国际及区域机构通力合作，从而打破国内和外商投资之间的壁垒，创造更有吸引力的投资环境，向外部树立一个更积极的、有保障的非洲形象。这是一项由共同承诺确立的伙伴关系，以回应非洲各国政府的需要，这取决于它们自己确定的优先事项，并明确承诺进行改革。当这一承诺存在疑问时，非洲的投资环境基金则不会介入。

非洲的投资环境基金还需要从外部支持来降低政治和商业环境风险

因素。就如之前提到的，非洲的投资环境基金只参与对变革有政治意愿并且政治风险最低的国家变革。特别是在转型中，外国和国内的投资者需要保障确认这些风险不会造成损失，直到这些国家回到正轨，可以自行做出担保。

同样重要的是非洲的投资环境基金在对真正改革的非洲国家提供良好治理红利中的作用。

专栏2.4

投资环境基金

投资环境基金是改善非洲投资状况的新的动力。它已吸引了非洲核心机构的用户，包括非洲新伙伴关系、主要捐助机构以及重要的私营部门利益相关者。它降低了私营部门、八国集团以及捐助机构向非洲进行投资的障碍。投资环境基金将根据商业准则进行管理，并将合理支持有针对性的实际干预措施。它将会系统性地关注于通过何种实际步骤可以去除已经识别出的限制和问题。

特定国家实现商业环境的程度会强烈影响国内和国际投资者的决策。商业环境是由政府政策、法律和法规以及它们的实施方案来创造的。非洲政策制定者逐渐意识到国内和国际投资的障碍正严重阻碍非洲的发展。

● 非洲内部贸易——改进非洲出口和进口环境并简化行政手续从而有助于跨境贸易。

● 方便商业发展和扩大——关注于投资环境基金和基础设施发展、商业注册、执照和财产权。

● 改善金融和投资环境——开发资本市场，增加企业获得融资的机会，改善二级和三级机构管制环境，改善数字化设施建设。

投资环境基金初始阶段将由三个战略主题组成：投资环境基金将致力于改善非洲吸引投资的形象、宣传以及投资环境。

投资环境基金的目标是：

● 构建投资环境变革的背景。

● 鼓励、开发、同联盟合作来完成投资环境变革并支持商业-政府对话。

● 纠正投资环境。

● 支持政府建立促进商业在各个水平投资、增长并创造就业的法律、法规和行政环境。

- 鼓励企业回应。
- 通过宣传投资环境的改进并基于投资目的来改善非洲形象。

利用技术

全球化的特征之一是技术的快速发展和使用,它不仅加速降低了生产和服务成本,而且降低了贸易和商业成本。

非洲若无法发展出一个清晰的战略(国家、区域和整个非洲层面的)来识别、内化及使用技术来提高生产率,并建立成本节约型商业和贸易制度,则无法从全球化中获益。我们希望非洲可以设计并发展出自己的技术。

这是领导力的问题之一。当下,非洲的技术发展似乎是由外部力量推动的,而不是非洲自行识别并吸引最适应其需求和发展水平的技术。我担心有时非洲选择不必要的昂贵且复杂的技术,且对其改进生产率、增加产量、便利成本节约型贸易的核心目标没有太多价值。

全球化与即时通信关系密切,手机相对于其他工具在非洲即时通信领域产生的影响更为巨大,其影响可以说是现象级的。第一,在相对较短的一段时间内,手机服务订购量出现跃升,同时有证据表明这促进了贸易发展。第二,手机的发展说明非洲人可以充分使用必要技术以参与全球化带来的更广阔的市场。第三,手机的使用说明了即便是在农村或贫困城镇地区,以及处在非正规部门的非洲人都可以同样快速地理解并使用技术。

这同样有助于强调我的另一个观点:非洲必须自己选择,而不是被动接受可使用的技术。对于大多数非洲人而言,他们需要的就是一台可以发送并接收语音和文字信息的工具。能够买得起手机的人购买手机或许更多只是为了显示地位而不是为了使用,这其实无可厚非。在非洲转一转,你会看到有些人手机里装了不少他们不需要,从来也不用,甚至有时候根本不理解的东西。对于领袖而言,通过财政或其他政策手段确保每个需要手机的人都能拥有一台手机将是一个挑战。在手机使用量的激增和旨在提供基本款手机的财政手段共同作用下,手机价格应该会下降,从而使更多人拥有手机。

我认为计算机的情况同手机类似。非洲青年若不具有相当的计算机水平，则将高度限制其参与更广阔的劳动和经济市场。非洲需要计算机，不是作为地位的象征，而是作为在互动的全球经济背景下教育和能力建设的必要且基本的工具。

八国集团成员国之一的加拿大有一项著名的学校计算机项目（Computer for Schools，CFS），政府、国有企业、私营企业和机构将二手计算机捐赠给这个项目。这些计算机经过系统更新后分赠给加拿大的学校、图书馆和其他非营利组织。该项目网站上说，从1993年建立以来，学校计算机项目已向学校和图书馆转赠了775 000台计算机，目前该项目还有能力从其在全加拿大内监管的超过50家翻新中心处再额外提供113 000台计算机。这些中心员工由志愿者组成，他们中有退休的电信专家和计算机专业的学生，他们掌握着该领域的最新技术。

据我所知，在本章成稿之时（2007年年初），只有肯尼亚借鉴加拿大的经验建立了一个类似的项目，并且正在运行。加拿大已打算分享这个经验。但非洲作为世界范围内互联网接入率最低的国家，仍未充分发挥利用这一捷径来解决问题的作用。当然，还有另一个选择，就是100美元笔记本电脑项目。这主要是一个领导力的问题。

一些非洲领袖甚至反对进口二手计算机，他们担心这会引起电子垃圾管理和处理问题，以及随之而来的环境治理需要，当然也有人认为二手计算机在技术上已经过时了。基于以下理由，上述观点是有失偏颇的。

● 如果连属于发达国家的加拿大都无法负担向其儿童提供全新计算机的成本，那么非洲当然更不可能。

● 电子垃圾问题不只是由翻新计算机引起的。就算是新计算机，使用一段时间之后也需要被处理掉（如果无法被翻新）。

● 计算机翻新中心确实产生了电子垃圾问题，但它们通过将计算机循环再利用从而延后报废时间解决了这个问题。

● 加拿大学校计算机项目说明，即便是旧计算机也可以使用。一台翻新的奔腾Ⅲ或Ⅳ计算机可以给一个班的翻新奔腾Ⅰ计算机做服务器。

随着教育全民（Education for All）项目的推进，所有非洲村落很快就会建立起学校，这些学校又可以成为村电子中心（或电信服务中心），它们不仅可以对儿童进行培训，而且可以使家长在赚取收入的过程中使用技术，同时为电子化政府创建带来可能。

在讨论到如何实际应用技术促进发展时，我们有一个近期的例子。加纳软件公司开发并使用了一个创新且有趣的农业市场信息服务——国际贸易网（tradenetINTL）。这个服务基于一个简单、明确的模型，建立一个在线数据交换中心，为非洲人提供其愿意交易的价格。根据其网站所说，该服务使得非洲生产商等商人可以通过手机交换产品价格、联系并做交易。

非洲领导力的一个巨大挑战是如何增加非洲内部的贸易。当我写作本章时（2007年2月），只有11个非洲国家（贝宁、布基纳法索、科特迪瓦、加纳、几内亚、马里、尼日尔、尼日利亚、塞内加尔、多哥和乌干达）签约了国际贸易网服务。即便非洲需要专注于解决基础设施和非洲内部贸易的财政问题，现在的趋势仍是使用技术手段将买方和卖方联系起来。

这一服务还为公-私合作提供了很好的机会，因为政府可以促进并提供能力建设服务。鉴于已经有可利用的技术，就没有理由不在国家或区域层次提供相似的服务，例如东非共同体（East African Community），南部非洲发展共同体（Southern African Development Community），东部和南部非洲共同市场（Common Market for Eastern and Southern Africa），或者西非国家经济共同体（Economic Community of West African States）。

在生产侧，领导力同样需要确保技术的大规模应用。大量的非洲人民仅靠农业生产勉强维持生计，因此他们只有靠改进其农业生产的产出和质量才能得到发展。同样，还需要解决当前困扰非洲生产者的收割后损失问题。

使用现代技术促进农业生产的可能性超越了现代农业实践、农产品电子商务、农业加工、土壤分析或更准确的天气预报。信息和沟通技术（ICT）特别为解决穷人财产权这一长期问题提供了数字化的解决方式。坦桑尼亚一项试点方案使得通过电子登记土地所有权的方式掌握土地、房屋和农业活动的准确和可信数据成为可能。这一登记方式使得银行得以向农民提供贷款，从而促进农业发展。最终，应用信息和沟通技术有助于提高透明度，并降低贸易和提供服务的交易成本，同时可以扩大良好治理的范围。

贸易和发展

第一类国家领袖所面临的最大挑战之一还不是达到千年发展目标（尽管这也很重要），而是如何摆脱外部援助并使自己的国家真正独立。

现在这应该成为他们需要优先解决的问题。

这不仅意味着需要有利的投资制度，而且意味着需要提高其国内创收能力。这些国家需要设定清晰的目标，从而通过逐年增加国内财政收入使得它们可以以本国经济产出来满足预算需要。

若要获得成功，一个国家必须具有非常高水平的政治承诺以及清晰的愿景。国内财政收入增加需要扩大税基，但并不是所有人都愿意被税收举措网住。外部世界同样扮演了一定的角色。在中观层面，多数撒哈拉以南非洲国家政府会依靠关税来提高其财政收入。如果富有的工业化国家希望非洲人降低其对于援助的依赖，从而有尊严地谋求发展，那么它们不应该向非洲强加一些条件，因为这些附加条件的效用就是损害非洲财政基础。贸易自由化和开放市场确实可以带来长期收益。但是非洲需要逐步的、有管理的贸易自由化，除了争取"公平"而不是简单的"自由"贸易外，还需要能够表达和捍卫这一立场的领袖。

最近一项由联合国非洲经济委员会进行的研究考察了欧盟-非洲经济伙伴关系协议（EU-Africa Economic Partnership Agreements）的经济和福利影响。尽管该研究注意到了合作关系的重要性，但非常不鼓励在两国间的贸易自由化中实行全面的互惠。该研究认为：无论在收入损失，还是与工业化相关的调整成本及其对区域一体化的影响方面，全面互惠对于非洲而言都将是非常昂贵的（ECA，2006）。

如果欧盟确实想通过生产和贸易帮助非洲发展，那么它们不应该向非洲强加一些政策，导致非洲生产竞争力和贸易能力受到损害。世界贸易组织（World Trade Organization，WTO）要求最不发达国家遵守互惠要求将是一个丑闻。

ECA（2006）的建议应该可以指导非洲领袖同欧盟的谈判，甚至是更大的世界贸易组织的框架。以下几点高度相关。

1. 未来10年~12年的关注点应该是通过更强有力且更有效的区域经济集团（RECs）来深化非洲内部贸易。

2. 应给予区域经济集团实际支持和足够的交付时间，以便成员国建立多样化的供应能力和最终与世界其他地区接洽的竞争力。

3. 欧盟和其他发展伙伴应通过支持基础设施的发展来促进和减少非洲内部贸易的交易成本，从而促进非洲内部的贸易。此外，一些非洲国家会因为破除非洲内部贸易壁垒而遭受财政损失，这些国家应该获得捐助者的补偿。

4. 在引入互惠之前，非洲出口品应至少持续15年可以不限制和免

第 2 章 增长、发展和减少贫困的领导力：非洲的观点与经验

关税进入欧盟。

援助有效性

非洲发展的核心主题一直都是资源，特别是外部资源。我们必须承认，非洲一直受惠于官方发展援助（ODA）形式的外部融资，包括债务减免和外商直接投资，不同国家收到这类融资时都有巨大差异。外商直接投资尤其青睐石油和其他自然资源丰富的国家。

到 2004 年，非洲获得的援助水平已经从 20 世纪 90 年代的暂时性下降中恢复。这种恢复主要以债务减免和紧急援助为主，而这些援助虽然有帮助，却没有扩大政府的财政空间。有资料显示，非洲政府获得的直接援助从 1993 年的 240 亿美元事实上下降到 2004 年的 200 亿美元。在同一时期，紧急援助和债务减免占官方发展援助的比例从 15% 增长到 32%。比援助总额更重要的是其部门组成。与 1995 年相比，2003—2004 年中进入社会部门中的援助比例从 27% 增长到 43%，进入生产部门的比例从 16% 下降到 14%，预算和项目支持比例也从 20% 下降到 11%。

关于援助的文献包含了许多围绕援助实效问题的批评，这也是正确的。援助有效性在多数非洲国家中的记录（特别是从 20 世纪 70 年代到 80 年代）绝对称不上可观。然而近年来获得的进展以及成功实践中所收获的模式应该能够确保这不再成为增加援助总额的障碍。各方都应做好吸取过去实践教训的准备。

如果外部世界要帮助非洲的新领袖实现非洲发展新伙伴关系，并为其提供工具以实现非洲联盟的决定和声明中的目标，那么在未来的日子里更加需要援助和优惠贷款。若缺少外部支持提供的新的推动力，就没有良好领导力和民主治理可以产生我们期望在中期看到的非洲的增长和发展。

为了实现这一点，必须面对提高援助效能的问题，从这一点看，没有比审视 20 世纪 70 年代和 80 年代出了什么问题更好的起点。

这种审视必须平衡援助效果不佳的责任。确实，一些非洲领袖在这一问题上需要负主要责任。然而外部世界，包括双边和多边伙伴，也需要承担相应的责任。

例如，有一些早期援助并未瞄准恰当的目标，且未能进行有效的优

先性排序。然而这不单纯是非洲政府领导力问题导致的后果。那个时代国内对于发展议程的所有权比我们今天试图创造的要少得多。对援助的分配受制于国内政治因素,就如同它受制于捐助国和机构的政治因素一样。

确实,有一些援助和贷款被滥用或被挪用了。特别是在冷战期间,当时援助和贷款变成冷战的军火库,因为东、西双方势力都想遏制对方在非洲的影响,同时加大自己这一方的力量。冷战期间大部分盗用援助和贷款的行为都是在捐助国默许、纵容或知情下进行的。

实际上,有一些援助和贷款从未达到项目水平,但是这个问题不只是由非洲领袖单方面造成的。在非洲已经开展了一些项目,其中超过80%的援助资源最终满足了管理层对援助官僚机构的管理费用,包括薪资、津贴、医疗费用、外籍人员和顾问的旅费,以及通过建造欧洲或美国提供的装有空调的房屋来确保他们在非洲生活得舒适。所有这些费用都从对非洲援助中支出。这种"捆绑援助"很可能使得援助项目被认为是援助国出口策略的一部分。

我可以一直就此话题说下去,而且我也不认同人们所说的援助有效性问题本质上是非洲领导力问题。在这个问题上,应该各打五十大板。

如今对于要使得援助更有效应采取何种手段有了更好的理解——一个分散责任的认识。经济合作与发展组织发展援助委员会(Organization for Economic Co-operation and Development's Development Assistance Committee)在这一方向上的努力受到高度欢迎。《罗马援助协调宣言》(Rome Declaration on Aid Harmonization)和《巴黎援助有效性宣言》(Paris Declaration on Aid Effectiveness)对于使援助更有效这一长期议题具有里程碑式的意义。有些经济合作与发展组织发展援助委员会成员对照这一领域内的标杆所做的对其自身进行的评价决策应受到欢迎,并鼓励其他各方也如此做。全球发展中心(Center for Global Development)提议将捐助国按照承诺发展指数进行排序是一个不错的创新,这会使所有人关注于发展和减贫的核心目标。在国家层面,坦桑尼亚和其他一些国家所推行的联合援助战略(Joint Assistance Strategy)体系以及独立监测组(Independent Monitoring Group)为援助落地提供了良好的环境。

我们欢迎这些倡议的结果就是,非洲领袖会被给予更多的所有权、责任和信任,从而提供提高透明度和责任所需要的工具,以确保我们不会再次回到对援助无效管理和使用的20世纪70年代和80年代。仍有人对从项目到项目援助、从项目支持到预算支持的转型持怀疑态度。援助关系和渠道转型中的几个先锋非洲政府所面临的挑战证明这种转型是值得的，并且其机制可以为其他国家所用。其基础是良好治理、透明度和责任制。

援助国（包括双边和多边）对此项转型的承诺应该是清晰明确的。每个人都应少关注政治，而多关注非洲国家优先的事项：增长、发展和减贫。

腐败

毫无疑问，广义上的腐败对经济增长、发展和减贫有害。尽管国际上的媒体不一定有所宣扬，但是腐败和受贿这朵"恶之花"并不仅仅开放在非洲和其他发展中国家的土地上。腐败行为的动机和方式也许有所不同。政府应对腐败的措施也可能有差异。各个国家预防、调查及起诉腐败和受贿行为的方式也可能千差万别。但是同样的是，在这一点上没有哪个国家可以置身事外。

第一，我认为对于腐败的数量存在一定程度的夸张（特别是在后冷战时代），这需要对非洲持续性的不发展状态负责。特别是在国际媒体上，简单将非洲的苦难说成是不良治理和腐败的后果已成为习惯。这样做是相当天真的，而且是把复杂的现象简单化，这使得人们忽略了其他造成贫困的重要因素。我们需要在正确认识腐败和不良治理造成的恶果，以及这二者在多大程度上需要为世界上不同国家发展问题负责之间进行平衡。

第二，哪一种类型的腐败和受贿对发展最有害？是饥饿的非洲人向其他饥饿的非洲人行贿这种微小的腐败类型更有害呢？还是发达国家富有的企业向贫穷的非洲人受贿这种更大的腐败类型害处大？对处于坦桑尼亚发展水平的国家而言，会吸引更大腐败的大型合同和执照通常涉及援助基金项目和富有工业化国家的企业。

第三，我们不能忽略智力腐败。我们有些记者会为了钱而刻意引导民众支持或反对某个人或某个观点。我们也有专家和学者参与其中。由于他们的工资低，他们会按照付钱那一方的需要来编制研究报告或评估报告。有时政府决策（包括援助国和被援助国）都是基于这种研究或评估报告的结果。我们需要从更大的视角来看非洲的腐败问题——从狭义的官僚腐败到政治腐败、制度腐败、智力腐败，以及引导社会思想和提供决策制定所参考信息的更广义的腐败。

第四，富有的工业化国家给非洲树立了怎样的榜样呢？

我感激世界银行同腐败做斗争所付出的努力。我特别赞赏世界银行将通过腐败手段获得世界银行合同的企业拉入黑名单这样的强硬措施。在这超过400家企业的黑名单中，基本上没有非洲企业，我也没听说其中有任何企业在其本国司法体系中接受诉讼的证据。相反地，我听说有些国家希望世界银行对腐败问题睁一只眼闭一只眼。

1999年，透明国际（Transparency International，TI）开发出贿赂指数（Bribe Payers Index，BPI），但其知名度远不如腐败感知指数（Corruption Perception Index，CPI）。腐败感知指数每年公布一次，但贿赂指数在八年中只公布了三次。透明国际官方在2006年发布的贿赂指数的评论（见专栏2.5）揭示出与腐败和受贿战争的微弱联系，因为尽管所有的发达国家都签署并批准了经济合作与发展组织的《禁止在国际商业交易中贿赂外国公职人员公约》（OECD Convention on Bribery of Foreign Public Officials in International Business Transactions），其中许多国家还批准了《联合国反腐败公约》（United Nations Convention against Corruption），然而在签署这两个公约的国家中，仅有少数通过真正起诉这些国家中腐败和受贿的罪魁祸首来达成公约的目标。另外可参考Eva Joly（2007）在《今日发展》（*Development Today*）中提出的观点。Eva Joly（2007）支持税务司法网络（Tax Justice Network）（见专栏2.6）的观点，避税天堂是腐败网络的一部分，并且应该成为打击犯罪的目标。但是透明国际并未重视其观点，工业化国家的反应就更为冷淡，当我们试图起诉这些在贫困国家造成政治和官僚腐败的罪犯之时，它们继续为这些大型公司保留逃跑路径。

专栏2.5

贿赂指数

"行贿公司的行为会对政府试图改进治理的努力造成破坏，并造成贫困循环的恶劣后果。"透明国际主席雨果·拉贝尔（Huguette Labelle）说道。

"以经济合作与发展组织为基础的公司持续地在全球范围内行贿，而其政府执行法律只是嘴上功夫，这是十分虚伪的。透明国际的贿赂指数显示它们在钳制海外贿赂问题上力度不够，"透明国际执行主席戴维·努斯鲍姆（David Nussbaum）说道，"国际反贿赂法的执行记录令人发指。"

戴维·努斯鲍姆还说道，"政府和公司中确实有规则和工具。根据经济合作与发展组织和联合国的反贿赂公约，许多国家建立了本国的反贿赂法，但在执行和实践中仍存在许多问题。"

资料来源：透明国际官网。

专栏 2.6

避税天堂导致贫困

"我们为公民社会交税。"

世界领先的发展机构在当下关于腐败和发展的讨论中起到了带头作用，却忽视了避税天堂如何鼓励并促使资本外逃和公民逃税的社会议题。在资本市场全球化背景下，避税天堂在非法及合法经济间创造了一个离岸接口。这个接口给国家税收体制和陆上法规造成了腐败，并且通过鼓励经济搭便车行为扭曲了市场并误导了投资。

避税天堂是不平等和贫困的主要原因。它们的职能体现为银行及其他金融中介机构同政府和微型国家政府开展活动时相互勾结。主要的罪魁祸首包括美国、英国、瑞士和其他推进避税天堂并阻挠试图钳制其活动的欧洲国家。

领导力理论

正如我们无法辨识出一个单一的领导力理论，并将其用于解释独立最初30～50年间非洲的发展，我们也无法找到一个领导力理论用来解释在那之前非洲的发展。但是无论是过去还是未来，我们都需要谨记以下事项。

● 强烈的国家意识和共享的目标。

● 良好的民主治理，最好具有宪法条款限制。

● 良好的经济治理，特别是宏观经济基础方面，同时应具有强有力、有能力且便利的监管机制，一个强有力的财政部门，并促进企业家的精神发展。

- 在基础设施方面加强投资。
- 人力资源能力建设包括健康、教育和当代非洲所需技能。
- 倡导并拥护一个节约及投资的文化发展。

尽管非洲国家之间各有不同，但根据未来几年内领导力挑战的不同，我们可以按照近期发展趋势将非洲国家分为三类。

第一类国家是在国家意识、局势稳定和安全性、良好民主治理、稳定的宏观经济基础以及商业开放性方面处于领先位置的国家。这类国家包括肯尼亚、马里、莫桑比克、塞内加尔、南非、坦桑尼亚和乌干达。这些国家现在必须坚定地从短期危机管理模式转到长期战略领导模式。在国家层面，这需要一系列新的领导力素质，从而可以平衡大胆的战略所可能伴随的更高水平的风险因素，以及通过政治稳定性和增长前景保障已取得成就的需要。

在外部，这需要发展伙伴新的、更高水平的参与（包括双边伙伴和多边伙伴）。鉴于我们所获得的支持比以往更多，因此必须进一步深化发展计划中地方所有权的概念。若这些撒哈拉以南非洲国家继续保持其当前对和平和安全、良好民主治理以及有效经济管理的承诺和总体领先状态，再加上新一轮外部支持，那么它们就可以实现可持续增长和发展，以及减贫方面的跨越式增长。

第二类国家包括大部分处在向稳定和民主政治及经济分配转型中的非洲国家，但它们仍需要时刻防范开倒车。这些国家处在债务减免的边缘，或者刚刚完成其首次民主选举，或刚刚结束冲突时期，例如，布隆迪、刚果民主共和国、利比亚。

这些国家需要强调国家建设和统一的领导技能，以及能够赢得先前处于对抗位置的民众的信任和尊重的领袖。它们还需要在和平地分而治之方面快速取得成果。例如，2006年12月，在内罗毕举行的第二次五大湖国际会议后，对区域增长和发展的外部支持即将到来，或是双边的，或是通过非洲开发银行这一窗口。

第三类国家由那些被视为"失败的国家"或"功能障碍国家"组成，它们的地位差不多只是名义上和领土上的。这些国家中既有像索马里之类的国家，也包括目前处于冲突状态的国家，如科特迪瓦。

对于这些国家而言，最紧迫的莫过于维护稳定和安全，平稳转型为有效的民主政治管理国家，并拥有经济管理的基础。这些国家需要真正意义上的政治家。他们必须是有意愿且能够超越个人或狭隘利益的领导者。他们必须愿意为了长期稳定和公共利益而牺牲短期利益。在摇摇欲坠的政治基础上试图构建经济体系只会建成一座纸牌屋。

非洲需要强有力的、有能力且有效的国家。我们不能一边哀叹"失败"或"失效"的国家，另一边又加强或追求那些最终会进一步削弱已经失败的国家的政策。因此我无法理解一些人所说的，真正的民主就是政治竞争中没有哪一方特别强。处于非洲的发展水平上，我要问一问：什么是真正的强大？如果一个政党擅长促进发展，那就很好。如果一个政党在发展方面不够强，那么其他政党就会合并成一个更强的政党，从而赢得下一次选举。但以政府薄弱为前提的民主，或相信执政党的胜利意味着没有真正的民主，都不是非洲的发展型民主。

通过西方民主的镜头来看非洲民主是天真的行为。意大利可以负担差不多每年进行一次政府换届而不会损害国家利益。而在非洲，同样的"配方"导致的后果就会是"失败的"或者"无效的"国家。在非洲要成为一个有效的国家，就需要在强势的同时做到民主和负责。仅仅认为南非和坦桑尼亚的执政党拥有大多数席位就认为其民主化不够彻底，这才是搞错了重点。真正的问题是处在非洲的发展水平上，发展议程是相当清晰的，不同政党间的政策和战略不会有太大区别。最大的差异在于如何做和谁来做，而不是做什么。

结论：非洲民主发展

好的民主治理对于经济增长、发展和减贫具有重要意义这一观点已经获得了广泛共识。尚未解决的问题是需要多大程度的良好治理，以及增长、发展和减贫还需要什么条件。我担心的是争论会从一个极端（例如冷战时期对于治理问题的关注度极为欠缺）发展到另一个极端——治理被当作万能灵药被到处兜售。所有这一行的人都知道，发展特别是非洲发展是一个非常复杂的问题。没有简单的解决方式，只能采用多种必要措施混合的方法来试图解决这一问题，而民主治理恰恰是其中之一。

马修·洛克伍德（Matthew Lockwood, 2005: 115-116）坚决主张非洲发展型国家策略，但是基于一些研究，他也总结道：民主问题并不是那么简单的。从统计学上看，民主和减贫之间的关系很弱（Moore，等，1999: 8-9）。在非洲，20世纪90年代早期多党派体系的出现并没有给总体经济绩效带来决定性的不同（van de Walle，2001: 247-254）。

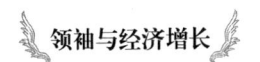

《非洲委员会报告》（2005：133-156）中把治理作为非洲的核心问题单独列出来。报告中说，如果不在治理方面进行改进，那么经济、社会、文化和其他的变革都将仅对非洲根除贫困的努力产生微小的影响。报告同时指出，良好治理远不只是周期性的多党派选举、健全的政策，以及使政策起效的挑战。它特别强调治理的能力建设以及将治理体系摆正位置。非洲领袖一直试图推进问责制，为达成这一点则需要扩大公民在治理中的参与。

报告还提到殖民主义是如何使一个国家变得民不聊生的。我在本章中也试图解释这如何影响社会态度并形成道德和今天非洲的政治制度基础。

当我回顾我们最近的历史时，我坚信非洲需要一个本土发展起来的新型民主制度，这一制度将主要关注于发展。在独立了将近半个世纪之后，我们仍未忘记前殖民时期和殖民时期的经验，这使得我们现在已足够清楚什么会起作用，而什么在非洲无法发展出一个基于我们历史、经验和全球现状的综合体。

这个综合体应该包含以下八个方面。

教育

第一点是教育。毫无疑问，教育水平低下是我们独立之初与治理相关的主要问题之一。许多人在没有受过良好教育，未掌握足够履行其职责的技能和经验的情况下就被委以重任。此外，他们故意否认他们需要做好领导准备。因此在装备不足的情况下，他们不得不在未知的领域到处乱窜。

对于已经独立的非洲国家，多党派体系下自由、平等和周期性的选举十分重要，但对于我所倡导的非洲新民主体制还不够。我们还必须让人民做好恰当的准备，这不是简单地在教育体系的不同水平上扩大登记制，而是需要改进这些教育的质量及其同当下和未来需求及挑战的关系。我们还需要尽早识别潜在的领袖，开发并培养他们。

通过教育，普通人还可以获得在选举期间做出明智选择的勇气和工具，并且在选举后监督领袖担负责任。若是没有这些，自由和公平的选举也无甚作用。对于非洲人而言，教育不仅是为了促进社会流动性、财富创造以及减贫，而且是鼓励并促进良好民主治理的方式。

建立有能力且可持续的机构和制度

第二点是为良好民主治理建立有能力且可持续的机构和制度。今天,人们听到很多关于非洲机构执行善政和发展的能力。在极端的例子中,我们关注所谓的失败了的国家。

从历史来看,很显然殖民势力只关注于哪些机构和制度可以确保对其殖民地强有力的控制。它们不关注发展机构和制度以确保独立后的民主治理和发展。冷战时期,在大多数非洲国家,发展这些机构和制度也不是首要问题。

在当今这个多党派政治时代,经常产生分裂倾向,在国家、区域和国际市场的竞争环境下,由高效的机构和制度来指导、规范并监督人民和国家的政治、经济和社会生活变得相当紧迫。此外,我们现在必须建立强有力的、有弹性的,且比其建立者和现任领袖存在得更久的经济和政治管理体系。

宽容和包容

第三点是关于宽容和包容。正如我之前指出的,殖民时代在非洲的"遗产"是分而治之,会挑动一个非洲群体反对另一个非洲群体——不同信仰群体之间、不同部落之间,或不同家族之间。如今,根据过去几十年的经验,我们可以将大多数内战和跨境冲突归因于偏见、不宽容和排斥政策的"遗产"。我所提倡的新的非洲民主必须将宽容和包容作为其政治的核心及基础、经过斟酌的目标以及最优先考虑的事项,而不是产物。

我相信,如果我们回望历史,追溯到殖民主义之前的那段时期,我们可以发现包容和宽容政治的原型,并可以依此来重塑今天新的、更加包容的、具有非洲特色的民主制度。今天,有人嘲笑非洲的大家庭。确实,它有些方面现在看起来是不合时宜并且没有帮助的,但是大的非洲家庭是一种对归属、包容和参与的表述。然而当我们拥抱西方式的民主时,我们陷入建立政党的陷阱,不是建立包容和容忍的机制,而是不宽容和排斥。"胜者为王"的概念在非洲没有基础。传统的非洲讲究合作,如果不是共有,那就是排斥。

在新的非洲民主制度下,政党将不再是排斥人民的借口,而是将他们团结在一起的理由。政党永远不能建立在分化事物(例如信仰、部落或种族)的基础上。有些信仰是少数派,有些部落也可能是少数,有些种族则可能永远都是少数。任何政治体系都不应将这种少数状态产生的弱势群体制度化。没有人愿意永远被排斥在外,而如果有人在通路的尽头看不到光明,那么他可能采取绝望的方式来引起注意,并被包含在治

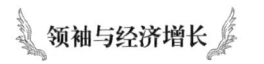

理范围内。

此外，包容也应该包含社会和经济方面。非洲必须避免将某些人排斥在自然资源国家所有制、国家投资带来的获益，以及社会经济政策及实践带来的增长和发展之外。政治上，自我感觉永久被排斥在增长利益之外的人们可能感到绝望，并成为不稳定的潜在因素。对于政治而言，包容是必须的，它对发展和繁荣同样必要。这不是一种意识形态；对于想要增强稳定的非洲领袖而言，它是一种政治意识。非洲收入差距的扩大将可能导致不稳定，而这是必须通过政策解决的一个问题。

参与

第四点是参与，我希望将这一点同包容分开论述。包容是一件事，实际参与又是另一件事。我们同样可以在传统的非洲社会中找到社会、经济和政治体系参与的原型。我们必须跳出框框思考，而不能被所谓民主参与真理的模板限制住。

有一句非洲谚语，在被美国的希拉里·克林顿（Hillary Clinton）引用过后变得广为人知："养育一个孩子需要举全村之力。"这就是我希望在新非洲民主治理中看到的参与。政府和人民之间的关系不应该是"我和你"，而应该是"我们"——同一个队伍，同一个目标。现在我们经常听到社会经济所有权发展势在必行，但缺少实际参与（包括女性的全面参与）的所有权毫无意义。

政府资源和责任的分散化是满足包容和参与需要的方法之一。但需要走得更远一些，在人民中充分体现信任并给予他们更多的信心。之前的殖民统治者低估了非洲人民的能力。今天独立非洲的政府不能再重复同样的错误和偏见。他们永远不能低估人民在政府支持下做计划、为事物优先性排序，以及为他们自己做事方面的能力。在过去的非洲社会，人们会坐在树下或围坐在火堆旁就某个问题进行充分讨论，直到发现一个吸取了所有人意见的解决方式。在当前快节奏的社会中，这看起来或许会显得没有效率，但我们总会发现一个包含这些积极因素的新的民主范式来为今天的非洲服务。

透明度

第五点是透明度。政治领袖和政府官员关于政府应如何做到更开放和更透明的观点需要改变。不是要在所有政府事项的各个制定和实施阶段都要开放，而是需要认可人民有权利了解政府在以他们的名义做什

第 2 章 增长、发展和减少贫困的领导力：非洲的观点与经验

么。如果人民知情权没有得到保障，那么也谈不上包容和参与。有效的参与要求有效的政府沟通。

在我期望的新非洲民主制中，政府需要承担沟通的责任。我使用广义的"沟通"概念，而非狭义的"知情"。这是因为，知情很重要，但更重要的是沟通，因为沟通会创造对话的空间，便于思想和观点的自由流动。

沟通而非信息构建了良好治理所需要的强有力的制度和过程。它与改进政府和被治理者之间的关系有关，而决策恰恰是以后者的名义做出的，同时后者也是财政支出主要花费的对象。每五年举行一次选举对于民主而言是重要的，但这不足以保证人民在其被管理方式方面有更多的发言权。在两次选举之间，人民仍旧必须感到自己是相关的，感到他们的声音有人倾听。这就是我所倡导的非洲新民主良性治理的核心和文化。大多数非洲国家普遍存在的多党宪政秩序要求开放和可达性成为合法性的支柱，这也是政府获得民众支持的决定因素。

一个民主政府蓬勃发展需要得到民众的支持，但这种支持不可能是抽象的。它必须基于人们已知的事物。如果他们的声音未获得倾听，或者他们没有了解渠道，那么就不可能成为普通政治的一部分。

责任制

第六点是责任制，这是由上面一点"透明度"得来的。开放意味着面对公众审查并因而对公众负责。当人们是开放且负责的，就不会给腐败太大的生存空间。在我对新民主非洲的设想中，所有的当事人都必须是开放且负责的。对于媒体、政党和公民社会这些想敦促政府责任的各方，首先必须确保它们自己是正直、透明且负责的，然后才能要求政府负起责任。

此外，非洲媒体和公民社会必须发展出一个非洲时间表。根据我的理解（暂且不管是对是错），大多数非洲的公民社会都是由外部建立的，因此它们不仅感激那些帮它们建立公民社会的外部力量，而且它们也没有自己的时间表，只是对别人设定好的时间表做出被动反应或仅是其传声筒。我们的媒体也是这样。我在坦桑尼亚总是建议媒体不要给别人当枪使，因为它们以为自己在破坏旧势力留下的顽疾，其实是在摧毁自己的国家。阿善堤*有一句谚语："别把庇护你的森林叫丛林（指弱肉强

---

* 阿善堤指非洲西部的阿善堤地区。——译者注

食的地方）。"非洲媒体在处理对本国和有关非洲问题的态度上需要多注意这条谚语。国际媒体在报道非洲问题时没什么好话就已经够糟糕的了。真正的悲剧在于，当充斥着负面信息的时候，连非洲自己的媒体都形成了同样的刻板印象。媒体当然不应该对事实真相有所避讳，但它们同样应该力争保持客观、公正以及专业性。

政府沟通的效果和效率在很大程度上依赖于大众媒体的质量。这是由于媒体在政府和治理之间架起了一座桥梁。它是这两个实体之间互动的机制，也是交换观点的论坛。当大众媒体的可信度被侵蚀，它们就不再是促进政府公开和负责治理的有效伙伴。特别重要的是，媒体不应该被认为可以承担起替代民主的角色。它们应该更好地发挥社会监督者、举报人、信号员和行动倡导者的作用，从而促进善政。

我担忧的一个问题是将媒体自由的概念颠倒的趋势。有些人认为，媒体数量众多就反映媒体自由程度高。我在商业中心——达累斯萨拉姆*用五种英语和八种斯瓦希里语制作日报就真正能使我们的人民更有效地参与民主治理吗？这种典型的质量与数量问题需要引起我们的注意。

最重要的是，一个自由的非洲媒体应该坚持非洲的体面，尊重权威，同时饱受争议之人有回应质疑并寻求法律援助的权利。媒体自由不是撒谎、歪曲和侮辱的豁免证。我期盼着带有非洲特色的媒体自由：一个旨在建设而非摧毁、治愈而非杀戮的大众媒体。

宪法和法治

第七点是宪法和法治。政府特别是其领袖必须尊重其誓言，而这通常都包含尊重宪法和法治的承诺。而我最主要的考虑之一是非洲有太多人由于无法进入法律体系内，只得在法律之外行事。非洲拥有昂贵的法律体系，这个体系只对少数能够负担得起并理解该体系复杂性的人服务。只为少数人服务的公正已经不仅仅是歧视，它从本质上而言就是不公正的。所有的公民都应实际享有法律的保护，而不只是理论上的。当然，除非大多数穷人的财产权得到承认，并且受到法律保护，否则非洲潜在的企业家精神将无法被全面激发并得到发展。

---

* 达累斯萨拉姆在斯瓦希里语意为"平安之港"，坦桑尼亚第一大城市和港口，全国经济、文化中心，东非地区重要港口。——译者注

第2章 增长、发展和减少贫困的领导力：非洲的观点与经验

腐败

第八点是腐败。对此不需要过多展开讨论。腐败导致了发展的极高成本，并确实在发展时间表中造成了严重破坏。应该在各方面开展同腐败的斗争，包括供给侧。

有了这个框架，我相信非洲将会拥有可以把最近的成果转化为新的增长、分享发展和减贫的动力的领导力。

参考文献

Allen, Chris. 1995. "Understanding African Politics." *Review of African Political Economy* 22 (65): 301-320.

Bunting, Ikaweba. 1999. "The Heart of Africa. Interview with Julius Nyerere on Anti-Colonialism." *New Internationalist Magazine* 309 (January-February).

Cannadine, David. 2001. *Ornamentalism: How the British Saw Their Empire*. London: Allen Lane Penguin Press.

Clarke, Jeremy. 2007. "Dozens Killed as Kenyan Land Battles Resume." Nairobi, February 7.

Commission for Africa. 2005. *Our Common Interest: Report of the Commission for Africa*. London: Department for International Development.

Davidson, Basil. 1994. *Modern Africa: A Social and Political History*. 3rd ed. London and New York: Longman.

De Rivero, Oswaldo. 2001. *The Myth of Development: The Non-Viable Economies of the 21st Century*. London and New York: Zed Books.

De Soto, Hernando. 2000. *The Mystery of Capital: Why Capitalism Triumphs in the West and Fails Everywhere Else*. London: Black Swan.

Development Today. 2007. "Eva Joly: TI Index on Corruption Should Put Spotlight on Tax Havens." *Development Today* (Oslo) 17 (3).

Devlin, Larry. 2007. *Chief of Station, Congo: A Memoir of 1960—67*. New York: Public Affairs-Perseus Books Group.

De Witte, Ludo. 2002. *The Assassination of Lumumba*. London and New York: Verso.

Economic Commission for Africa (ECA). 2006. *Economic Report on Africa 2006: Capital Flows and Development Financing in Africa*. Addis Ababa: Economic Commission for Africa.

Ferry, Jules François Camille. 1897. "Speech before the French Chamber of Deputies, March 28, 1884." In Paul Robiquet, ed., *Discours et Opinions de Jules Ferry*, trans. Ruth Kleinman and J. S. Arkenberg, pp. 199-201, 210-211, 215-218. Paris: Armand Colin & Cie.

Hallen, Barry. 2002. *A Short History of African Philosophy*. Bloomington: Indiana University Press.

Hochschild, Adam. 2000. *King Leopold's Ghost: A Story of Greed, Terror and Heroism in Colonial Africa*. London: Papermac.

Institute for Liberty and Democracy (ILD). 2005. *Program to Formalize the Assets of the Poor of Tanzania and Strengthen the Rule of Law: Diagnosis Progress Report Vol. I*. Lima: ILD.

International Labour Organization (ILO). 2004. *A Fair Globalization: Creating Opportunities for All*. Geneva: ILO.

Lockwood, Matthew. 2005. *The State They're In: An Agenda for International Action on Poverty in Africa*. Bourton-on-Dunsmore: ITDG Publishing.

Meredith, Martin. 2005. *The State of Africa: A History of Fifty Years of Independence*. London: Free Press.

Moore, Mick, Jennifer Leavy, Peter Houtzager, and Howard White. 1999. "Polity Qualities: How Governance Affects Poverty." Working Paper 99, Institute of Development Studies, University of Sussex, Brighton.

Ngoma Naison. 2004. "Coups and Coup Attempts in Africa: Is There a Missing Link?" *Africa Security Review* 13 (3).

Nyerere, Julius K. 1966. *Freedom and Unity*. Dar es Salaam: Oxford University Press.

——. 1968. *Freedom and Socialism*. Dar es Salaam: Oxford University Press.

——. 1973. *Freedom and Development*. Dar es Salaam: Oxford University Press.

Nzongola-Ntalaja, Georges. 2002. *The Congo from Leopold to Kabila: A People's History*. London: Zed Books.

Omoregie, Fani Kayode. 1999. "Rodney, Cabral and Ngugi as Guide to African Postcolonial Literature." In *African Postcolonial Literature in English*, University of Botswana.

Pakenham, Thomas. 1991. *The Scramble for Africa*. London: Abacus History.

Pratt, Cranford. 1999. "Julius Nyerere: The Ethical Foundation of His Legacy."

Reader, John. 1999. *Africa: A Biography of the Continent*. New York: Vintage Books.

Robinson, Dr. James H. 1962. "International Aspects of American Race Relations." In *The Empire Club of Canada Speeches 1961—1962*, pp. 226 – 240. Toronto: Empire Club Foundation.

Rodney, Walter. 1981. *How Europe Underdeveloped Africa*. Harare: Zimbabwe Publishing House.

Time. 1961. "Island of Peace." December 15.

第 2 章　增长、发展和减少贫困的领导力：非洲的观点与经验

Van De Walle，Nicholas. 2001. *African Economies and the Politics of Permanent Crisis, 1979—1999*. Cambridge: Cambridge University Press.

Williams, Al-yasha Ilhaam. 2003. "On the Subject of Kings and Queens: 'Traditional' African Leadership and the Diasporal Imagination." *African Studies Quarterly* 6 (4).

World Bank. 1994. Governance: The World Bank's Experience. Washington, DC: World Bank.

——. 2006. *Africa Development Indicators 2006*. Washington, DC: World Bank.

第 3 章 领导力、政策制定、经济政策质量及其包容性：卢旺达的案例

托马斯·鲁苏霍瓦·基加博
(Thomas Rusuhuzwa Kigabo)

15年之前，人们认为卢旺达已经没有未来。这是因为在1994年对图西族的种族屠杀之后，该国的未来如何无法确定。其整个系统（从经济体系到安全状况，再到法律体系和基础设施）都被摧毁了。然而，种族屠杀之后，卢旺达还是取得了重要的社会经济成就。尽管结构性问题导致经济发展的挑战仍旧存在，卢旺达却达成了一个较好的结果，并且为长期发展构建了坚实基础。过去15年中所取得的这些世人瞩目的成就主要归功于良好的领导力。尽管仍有挑战，但是卢旺达的领袖仍承诺为其人民找到可持续的解决方案，并在此过程中形成了良好的领导力。

卢旺达是内陆国家，远离海洋。这一因素导致该国进口和出口的运输成本很高。这种贸易的自然阻碍条件会妨碍工业和其他形式的发展。

卢旺达在构建其制度能力时面临挑战。治理，包括对公共资源的管理仍不充分，这主要是由于缺少有效的制度和有能力的个人。尽管在这些方面已经取得了巨大的成就，专业人才的严重短缺仍旧成为各个部门发展的严重阻碍。农业和畜牧业中缺少经过培训的人才导致这一部门的现代化严重受阻，同时技工和高效管理者的短缺妨碍了第二产业和第三产业的扩大。

1994年针对图西族的种族屠杀摧毁了卢旺达的经济和人口。一年之内国内生产总值（GDP）就遭遇腰斩，总人口中80%的人陷入贫困，大量的土地和耕地被毁坏。种族屠杀加剧了大量1994年就已存在的发展限制。本来就发展不足的生产性基础设施更是完全被破坏。种族屠杀

第3章 领导力、政策制定、经济政策质量及其包容性：卢旺达的案例

对卢旺达的社会、政治和经济结构造成毁灭性打击。

自2000年开始，卢旺达设想了一系列政策，以便将本国基于农业的经济转型成更复杂的知识型经济。这些政策在一个被称为"愿景2020"的框架内被提出来。"愿景2020"主要的社会经济目标包括将卢旺达提升为中等收入国家，人均收入达到约900美元（从2000年的290美元），并在2020年之前将经济结构转型为以工业和服务业为主。预期服务业将占国内生产总值的42%，工业占26%，农业占33%。2007年这三个部门的占比分别为42%、14%和36%（根据卢旺达国家统计局2007年统计数据计算）。此外，预期低于贫困线人口占总人口比例将从2000年的60%下降到25%（截至2020年），至2020年人口年均增长率将保持在2.7%，识字率将从2000年的48%增长到2020年的90%，人均预期寿命将从49岁延长到55岁（MINECOFIN, 2000, *Rwanda Vision 2020*）。

本章对政治领袖的角色、政策制定过程以及可持续经济增长中的政策学习过程进行分析，还对卢旺达公共政策有效性和包容性程度进行讨论。

本章中其他部分内容如下。第一部分强调了卢旺达宏观经济在冲突后的增长表现。第二部分总结了现有的关于卢旺达增长来源的实证研究结果。第三部分分析了卢旺达的领导力的本质、目标和成绩，以及卢旺达的领导力在多大程度上对增长有利。第四部分分析了卢旺达政府为了达到可持续增长而进行的经济改革。

卢旺达宏观经济绩效概览：后冲突时期的增长动态

为了理解卢旺达当前的宏观经济表现，特别重要的是比较该国1994年战争和对图西族种族屠杀前后的经济情况。后冲突时期的政府继承了两类问题：1994年种族屠杀的后果和卢旺达经济结构问题。其中，种族屠杀的后果是人口减少100万（其中包括高技术人才），同时经济基础设施遭到摧毁。种族屠杀还有强烈的社会后果，包括不同社会水平的损失和贫困的增加，例如政府以社会保障支付的形式进行的转移支付更高。

为了解决这些问题，卢旺达政府引入了宏观经济和结构改革。其中，政府首先着手在下述领域内进行改革：中央银行独立，以便控制通货膨胀并稳定宏观经济（National Bank of Rwanda, Annual Reports

2002—2005）；通过建立独立的征税机构（卢旺达税务局）对税收系统进行改革并引入增值税（VAT）；国有企业私有化；关税结构和劳动力市场同时进行改革；通过取消价格控制放宽贸易限制。过去几年中，卢旺达宏观经济稳定性和财政纪律维持在合理水平。尽管卢旺达仍旧依赖外国储蓄来补偿国内储蓄的不足，但是上述目标都得以达成。2005年，卢旺达的经济改革取得了足够的进展，有资格免除高负债穷国（HIPC）的债务。在该背景下，卢旺达通过严格的公共债务管理措施，在15亿美元债务中赚取约14亿美元。这些改革和不同的经济政策解释了卢旺达在过去五年中取得的重要经济成就。从2004年到2008年，卢旺达经济年均增长率保持在8%，而该国1990年到1993年的年均增长率是－1.8%。实际人均GDP在1980年到1989年之间年均增长0.1%，1995年到2003年之间年均增长5%（Ezemenari和Coulibaly，2008），2003年到2007年之间年均增长14.9%（根据卢旺达国家统计局2007年的数据）。2004—2008年分部门实际经济增长情况见表3-1。

仅依靠经济变革是无法取得如此程度的积极结果的。正如拿破仑在1815年所说的，"人力无法确保未来，只有制度才能决定国家的命运"（World Bank，1997）。和平和稳定是首要也是最重要的事。同时，由具有良好治理的制度以及强有力的政治意志支持的民主制也是必要的。使人民参与治理并让他们为自己的命运负责是合法性和一致性重要的组成部分。卢旺达采用权力下放的公共行政项目来改进服务的传递，并使人民得以参与其本身的发展项目中。为了构建和平、安全、和解的社会，卢旺达政府做出了巨大的努力。

本章接下来的部分将更深入地就卢旺达种族屠杀后的经济进行深入分析，主要关注于卢旺达领导力的角色，这是因为冲突和发展明显不应该被分别对待。

表3-1　2004—2008年分部门实际经济增长（%）

	2004年	2005年	2006年	2007年	2008年
GDP增长	5.3	7.2	7.3	7.9	11.2
农业	0.1	4.8	1.1	0.7	15.0
粮食作物	−1.8	6.4	0	1.8	16.4
出口作物	58.2	−24.3	29.8	−33.1	20.3
工业	12.8	7.5	10.9	10.2	10.7
制造业	6.4	3.5	9.9	6.9	−4.1
电力、石油、水力	−16.1	17.4	28.0	3.7	16.9
建筑业	20.1	9.1	13.2	11.6	25.9

续表

	2004年	2005年	2006年	2007年	2008年
服务业	7.9	9.1	10.9	12.8	7.9
批发和零售业、餐饮和住宿	7.4	9.3	13.1	13.9	9.4
交通、仓储和通信	11.7	10.6	16.4	18.4	11.4
金融和保险	17.2	10.5	20.3	22.7	12.0
房地产和商业服务	3.0	8.3	4.5	10.5	14.2

资料来源：财政和经济规划部（Ministry of Finance and Economic Planning，2008）。

卢旺达增长来源的实证研究总结

关于卢旺达增长来源的重要研究有两项。其中一项研究是由Ezemenari和Coulibaly（2006）在世界银行做出的。另一项研究"卢旺达和布隆迪大湖区国家经济共同体的经济集合案例"（Convergence des économies de la CEPGL, cas du Rwanda et du Burundi）是非洲经济委员会的成果之一，其作者也是本章作者（Thomas，2006）。这两项研究得到了相似的结果。

相比1980—1989年的增长情况，卢旺达在1995—2004年的增长表现显著。1995—2004年人均实际GDP年均增长率超过6%，而在1980—1989年，该增长率仅为0.1%。卢旺达的经济表现比所有撒哈拉以南非洲国家整体[①]经济（1995—2003年平均增长率为-1.6%）表现要好得多。对于卢旺达而言，关键的问题是这一绩效是如何达到的，以及这一对持续减贫至关重要的高增长率如何得到保持。

1995年之前卢旺达经济的增长主要是源于要素积累。自1995年起，要素积累和总要素生产率都对增长做出了贡献。对增长决定因素的分析表明，除了这些要素外，人力资本、对私营部门的信贷/国内生产总值、公共投资/国内生产总值、资本货物进口份额/国内生产总值以及官方发展支持/国内生产总值都对国内生产总值的增长起到了积极作用。这种国内生产总值的增长与20世纪80年代末实际有效汇率上升的结果

---

① 安哥拉、贝宁、博茨瓦纳、布基纳法索、布隆迪、喀麦隆、中非共和国、乍得、科摩罗、刚果共和国、科特迪瓦、埃塞俄比亚、冈比亚、加纳、几内亚、几内亚比绍、肯尼亚、莱索托、利比亚、马达加斯加、马拉维、马里、毛里求斯、莫桑比克、纳米比亚、尼日尔、尼日利亚、卢旺达、圣多美和普林西比、塞内加尔、塞拉利昂、南非、斯威士兰、坦桑尼亚、多哥、乌干达、赞比亚、津巴布韦。

形成对比，1994年种族屠杀的余波同样对国内生产总值有抑制作用。

在这两个研究中，年度实际国内生产总值增长在衡量获取信贷、人力资本形成、汇率改革、财务状况和投资的措施方面有所回落。

可变人力资本对经济增长产生了巨大的正面影响，因为它的估计系数为正且是显著的（弹性系数在0.5和0.6之间）。可变信贷对实际国内生产总值增长也有积极影响。[①] 这表明，金融改革使经济资源在整个经济中得以实现，从而导致金融深化。实际有效汇率对实际国内生产总值增长有统计上显著的消极影响。20世纪80年代晚期实际有效汇率的增值使得卢旺达贸易产品的竞争力低于国外产品。公共投资对国内生产总值的影响系数为正且是显著的，说明公共投资有助于促进经济增长。

此外，资本具有积极的意义，这说明资本进口强调新资本在融入新技术方面的重要性，在许多情况下，它有助于提高生产效率，从而促进经济增长。在Ezemenari和Coulibaly（2006）的文章中提到，国际贸易中的可变税收对国内生产总值增长率产生了积极和显著的影响。税收收入和经济发展之间的正向联系说明征税的收入可能被用于能够导致经济进一步增长的更有生产力的项目上。

正如预期的那样，可变官方援助是积极且重要的。自1994年以来，卢旺达将更多来自国际社会的援助用于建设学校，为教师支付工资，提供学校设施，建立医院以及为工人和学生购买电脑。教育和健康投入的增加，以及公务员培训的增加，对生产力增长产生了显著作用，从而带来了更大的经济发展。

可以预见的是，用于测量当时政治事件的经济影响的虚拟变量显著为负，这表明经济增长有所下降。

此处提到的具体发现之一是，开放性因素在观察国内生产总值增长方面扮演着不可或缺的角色。

卢旺达领导力和经济增长

14年前，人们认为卢旺达在1994年的种族屠杀后遭到摧毁，其未来如何难以预测。其经济、安全、法律和基础设施，整个体系都被破坏。然而，以今日的情况看，该国可以被称为"卢旺达奇迹"。卢旺达

---

① 研究中，对广义货币（M2）而不是私人部门信贷也进行了检验，但结果没有显著变化。

第3章 领导力、政策制定、经济政策质量及其包容性：卢旺达的案例

在政治和经济方面都取得了巨大的进步。

卢旺达最近十年快速发展的根本原因有可能在于以下几方面：魅力型领袖、丰富且积极的思想、严谨的政治意志以及从种族屠杀和卢旺达历史中吸取的教训。当一个领袖是为更广大的利益而非自我或自私的利益服务时，我们可以称其为魅力型领袖。这种领袖总是致力于为社会共同体的问题找到长期解决方案。在打赢同引发种族屠杀势力的战争后，卢旺达爱国阵线（Rwanda Patriotic Front，RPF）领袖就一直致力于重建社会和谐，并推进可持续经济发展。为了达成这些目标，卢旺达爱国阵线构建了能够高效为国家服务的机制、机构、原则以及实践。其结果包括社会重建以及安全和经济的恢复，并促进了私营部门和公民社会的发展。

卢旺达爱国阵线的思想是获胜、积极、努力工作以及为社会群体赋权。这一思想的核心可以概括为九点（Rwanda Patriotic Front，1997），其中之一是社会和经济的强劲发展。它指出，卢旺达发展的关键"掌握在自己手中"，而非他处。这一说法构建了国家自信，以及全体卢旺达人掌握自己未来的意志。

卢旺达领导层的这一政治意愿通过构建确保所有公民参与的结构、机制和实践以及公共事务管理透明化得以体现。改革通过有效回应社会问题的建设性会议起作用。权力下放是卢旺达寻找解决社会问题的另一现有机制。

卢旺达的领导力和经济增长

相对世界上其他任何地方，和平和经济发展之间的关系在非洲体现得尤为明显。非洲正在发生不同暴力水平的冲突，其中最暴力的冲突同高水平的贫困相关。Ibrahim A. Gambari（2004）认为非洲毫无意外在全球化进程中成为最边缘化的部分。非洲大陆在全球总体贸易中所占的份额从20世纪90年代的4%左右下降到目前不足2%。冲突是导致这一世界贸易末位现状的决定性因素之一。

人们的共识是非洲的冲突主要源于治理的危机。这是对缺乏民主、自由，以及政治排斥、管理不善和许多非洲政府暴行的一种极端回应。科菲·安南（Kofi Annan）在其1998年的报告《非洲冲突原因及维持长久和平并推进可持续发展》（Causes of Conflict and Promotion of Durable Peace and Sustainable Development in Africa）中指出，"冲突和发展问题不应该分别进行处理，而是应该在一个全面的讨论冲突和可持续

发展根本原因的治理框架中进行处理。"

在考虑这种建立全面治理框架的需要时，如卢旺达这样处于后冲突时期的国家不能将经济增长同冲突解决与建设和平、安全的环境割裂开。和平是安全、稳定和发展的前提条件。卢旺达领导层明白，只有政治稳定才能吸引国内外投资者，同时需要和平来实施发展计划并实现增长。在1997年至1998年间，共和国总统办公室积极组织关于卢旺达未来的讨论。在此次讨论达成的共识基础上产生了"愿景2020"项目，以及促使卢旺达未来进一步发展的愿景。其核心部分是建设和平、安全的环境，以利于生产积极性的提高。这有助于认识这一愿景的主要目标：使卢旺达转型成为一个现代、强大且统一的国家，国民能为其基本价值、政治稳定性以及公民中没有歧视存在而自豪。

在经历过1994年的种族屠杀后，卢旺达能够分享关于和平的愿景，并且携手合作，无惧内乱。和平环境显然促进了卢旺达人生产性活动（例如农业和商业活动）的参与度。这种生产部门的参与是增长的重要因素。

种族屠杀之后，民族和解就一直作为一项官方政策来推动，人们将其理解为经济发展的前提条件。卢旺达社会不同领域的改革得以实现，我们可以进行如下总结。

政治和制度改革

基于民主和公平的政治制度的实施终结了后种族屠杀时期的转型。卢旺达现在由维持法律与秩序并展示出经济领导力的有效力的政府引领。不同机构间的相互支持和互补被证明在维持国家稳定和安全中起到了重要作用。政府在良好治理方面也进行大力投入，并完成了基于权力下放的行政改革。目前，行政服务被下放到低层级部门，这大大方便了卢旺达人便捷地获得公共服务（特别是那些生活在农村的人）。公共服务便捷性的增强有助于节约金钱和时间。

此外，根据制度发展精神，不同的机构都对民族和解进程和社会经济增长做出了贡献，其中包括：

全国和解委员会（National Commission for Reconciliation）是一个实施和解机制的全国性组织。这个组织对卢旺达人进行培训，使其能够参与个人交流、商业和其他社会经济活动而不会遭遇歧视。其工作被证明是将公民努力集中于全国性经济和社会利益活动的有效方式。

卢旺达投资和出口促进局（Rwanda Investment and Export Promo-

第3章 领导力、政策制定、经济政策质量及其包容性：卢旺达的案例

tion Agency）通过采取措施鼓励投资和出口对经济增长做出巨大贡献。

全国防治艾滋病委员会（National Commission to Fight against HIV/AIDS）通过推进防治艾滋病项目有效保护卢旺达全体公民。由于艾滋病病毒感染者和病毒携带者在长期经济活动上生产力较低或没有生产力，特别是在对这些人健康照料效率低下的发展中国家更是如此。因此，相比其他事项，防治艾滋病在卢旺达是保持劳动力队伍的重要手段。

卢旺达税务局（Rwanda Revenue Authority）在将政府税收分配到财政公共投资预算方面具有重要意义。

许多旨在支持青年和女性的特殊项目及社会经济倡议也同时对经济发展做出了重要贡献。以反腐败为目标的一些机构也建立起来。议会督察专员负责监察国家领导人的财产（个人财产），审计主任办公室（General Auditor's Office）检查公共机构的管理，国家招标委员会（National Tender Board）管理公共采购。在非洲后冲突情境下，裁军和复员项目常使权力处于真空状态。非洲国家常有减少警察和军队的趋势，却忽略了弱政府所面临的维护安全和稳定的挑战。国家复员委员会已给出有效措施——通过可以为退伍军人带来收益的小型项目提供培训和财政支持以帮助退伍军人和警察重新进入公民生活。

司法改革

种族屠杀之后，卢旺达国际刑事法庭（International Criminal Tribunal for Rwanda，ICTR）于1994年11月在坦桑尼亚阿鲁沙成立，以便起诉应为种族屠杀负责的人。其追责目标为策划种族屠杀者以及应为犯下这一罪行负主要责任者。截至2005年12月，卢旺达国际刑事法庭已完成26起诉讼，另外26起仍在审讯中。2006年3月，8起诉讼同时进行，另有15人仍在被拘留等待起诉中。

被指控"中间犯罪"（Intermediate Crimes）的个人由国家司法体系审判。卢旺达有超过十万人在法庭受审，还有一些人在传统村委会（原住民语为"gacaca"）* 得到审判。这种在邻里集会时由证人、嫌疑人和受害者作证的程序从2005年1月开始。许多国际观察家认为这是最好的（甚至可能是唯一的）替代方案。事实上，传统村委会的主要目的之一是使种族屠杀受害者和加害人之间可能达成和解。通过使卢旺达人

---

* 此处的"gacaca"，以及后文中的"ubudehe""umurenge"均为原住民语言，无对应准确含义，故仍保留原词。——译者注

居住在一起，可以激励人们协同合作，从而对本国社会经济发展做出贡献。

政策制定过程：维持经济增长的路径之一

政策制定过程可以认为是政策讨论、通过并实施的程序。这应该是涵盖所有相关人员的动态和互动过程。这一过程对公共政策的质量有重要的影响，包括能够为一个国家提供稳定的政策环境，在需要时适应政策，有效实施政策以及确保政策符合公众利益。

当今卢旺达政策制定过程的主要特征将在下面进行讨论。

权力下放政策作为实现调动经济发展活力的一种措施

卢旺达政府于2000年5月采取国家权力下放政策以便达成三项主要目标：良好治理、扶贫服务、可持续社会经济发展。由于具有成功的意愿，卢旺达成功实施了计划权力下放政策。这一政策是从旨在确定种族屠杀原因并列出可持续解决方案的咨询性过程中制定出来的。恶政、极端贫困和排他性的政治进程已被确认为种族灭绝的主要根源（Ministry of Local Government and Social Affairs，2000）。在这些发现以及政府长期的"愿景2020"和减贫战略的基础上，卢旺达政府设计并采用了一个现实方案以实现权力下放政策。

卢旺达权力下放政策有五项具体目标（Ministry of Local Government and Social Affairs，2000）：

  通过从中央政府向地方政府和较低层级转移权力、权威和资源，使当地人民可以参与同其相关的决策和计划的倡议、制定、实施以及监督，并回应其需求，同时考虑到地方需求、优先事项、能力以及资源。

  通过使地方领袖直接对他们负责服务的社区加强责任制，通过在人民缴税和这些税收用于提供的服务之间建立明确的联系以强化透明度。

  通过将提供服务的计划、财务、管理和控制放在提供方手中，以提高公共管理对地方环境的敏感度和响应能力，通过使地方领袖发展组织结构和加强能力来充分考虑地方环境和需求。

  在地方水平上制订可持续经济计划并提高管理能力，将其作为计划、动员和实施减轻贫困问题的社会、政治及经济发展驱动力。

  通过减轻远离真正需要服务和服务真正被交付地区的中央政府

第3章　领导力、政策制定、经济政策质量及其包容性：卢旺达的案例

的负担，以提高计划、监督和服务传递的效率及效果。

在这一背景下，权力下放被视为向人民赋予政治权力，促进民族和解、社会融合和人民幸福的工具。特别是，权力下放在卢旺达被认为是达成可持续民主化的平台，并且是动员经济发展能源、倡议和资源的结构化安排。它意在给予人民权力并使得他们可以自行管理其自身发展。因此，下述几点可被认为是社会经济增长重要组成部分的改革，这些改革需要被推进下去。

1. 建立社区发展委员会（Community Development Committees），将其作为为当地居民负责的机构。其中，有些机构通过培训已经掌握了计划能力，并进一步推进地区发展计划（District Development Plans）。

2. 金融责任和财政资源已转移到权力下放单位。金融和财政权力下放最重要的组成部分是在地方水平上拥有的预算和财政管理相对自主，这将有利于在融资不足的情况下优先考虑支出需求。

3. 通过实行社区工作、合作社、协会和地方政府合作等方式，大力改善了服务提供质量，包括地方贸易、小型产业、旅游和环境保护等领域。

这些结果说明，权力下放政策显然有助于扶贫，因为它促进了小型经济活动的发展，包括在该国内最贫困地区（农村地区）的小型工业。权力下放还显著降低了公共服务的成本，包括金钱、时间和能源。这些节约下来的成本很可能被用于更有生产性的活动中。卢旺达的权力下放作为经济增长的引擎值得一试。

此外，为了使权力下放政策更有效，地方政府同总统签署履约合同。这些合同包含在一年内可以达成的项目的细节，同时每三个月进行一次评估。例如2007年4月2日—3日进行的评估表明地区的吸收能力有明显提高。因此，下一次预算调整预期将10%的全国预算拨付给共同发展基金。

Ubudehe：增进人民对自我发展的参与程度之法

建立 ubudehe 的目的在于推行并参与以人民为中心的倡议。在卢旺达，ubudehe 是指人们聚在一起解决问题，这是一项传统活动，也是该国的文化价值观（MINECOFIN，Concept Note，2003）。

这个词的语义来源描述了在雨季和播种季节来临之前开始翻地这样一种实践。各家各户会团结起来一起翻地，以便分担劳动并确保每家每户都为春耕做好准备。

在当前的语境下，ubudehe 过程是指卢旺达一项独特的政策，旨在促进公民协同参与政府权力下放的过程中。这个政策意在地方水平上增强机构解决问题的能力（通过公民和当地政府合作），并且通过地方协作行动使公民参与原则得以实现。同时，该政策还试图通过启迪人民、增强其能力以及传统来强化民主化进程和治理。根据参与式贫困评估（Participatory Poverty Assessment），预计每个 umurenge（邻居）都进行集体行动来界定并分析其所在社区的贫困本质。首先是审视本地贫困的类型、贫困的原因和影响，以及安全、风险、脆弱性、社会融合、犯罪和冲突、社会排斥的角色。之后，umurenge（邻居）继续识别并分析其所面临的问题的特征。接下来根据分析出的问题的优先程度进行排序（通过配对比较法），同时社区想要花费最多时间、精力和资源的问题将被筛选出来。据此，人们将会制订一个行动计划以解决筛选出来的这些高优先等级问题。

这一过程之后，将会有基金支持这些识别出来的 ubudehe 集体行动。到目前为止，欧盟是 ubudehe 进程的主要赞助者。这些基金的流动方向可以总结为以下几步：基金存入卢旺达国家银行（National Bank of Rwanda，NBR）后，将通过战略规划和财政及经济计划部的贫困监督部门（MINECOFIN）进行发放，这个部门对包括国家银行账户和区县账户中用于实际集体行动的基金和渠道进行管理。所有的行政单元都需要在附近的人民银行（Banque Populaire）开一个账户。然后区县一级的资金就可以转移到各单元账户。

这一框架清楚地表明了 ubudehe 进程的作用和创新性。该进程使草根阶层的卢旺达老百姓开始关注与其贫困相关的问题，并能帮助他们理解这些问题。ubudehe 使卢旺达人更充分地认识到其贫困现状，并通过"参与式贫困评估"进程使人民感受到这一问题。

旨在实现增长的经济改革

卢旺达将经济结构调整作为重建因战争和种族屠杀而凋敝的经济的必要发展路径。制度改革强调有效配置资源、增强透明度、通过创建良好环境促进投资、获取金钱价值以及责任制的重要性。这些改革包括以下活动。

国有企业私有化

由于战争的影响，许多国有企业处于衰退状态。政府试图推进私有化项目以创建市场经济,提高效率和生产,促进就业,吸引投资、技术和创新,降低生产成本,从而提升竞争力。政府决定专注于制定政策,由私营部门负责商业运行。为了使私营部门可以扛起这个重担,同时为了促进市场经济发展,旨在使政府从商业运行中放松管制的法制改革开始进行。最初,对国有企业的要求并不多,而主要由当地社区商业组成的私营部门既缺乏管理能力又缺少财务能力。

政府对投资法进行修订以吸引国外企业并鼓励本国企业同国外投资者进行合作以获得共同利益。一开始,由于卢旺达是一个刚刚经历冲突的国家,国外投资者进入十分缓慢。然而,由于有不同的经济改革措施,其创建的良好商业环境有助于本国经济的发展,并在建筑、电信和服务等行业吸引了外商直接投资。之后就业得到提升,对能力的要求也随之增加。这反过来导致对商品和服务的需求增加,从而刺激生产和经济增长。

改革税收系统

为增加国家税收,该系统向着更有效率和效果的方向进行变革,如建立了一个独立的征税机构并引入增值税,放宽了征税基数以便将更多纳税人包含进来。这一改革使税收从2000年开始逐年增加,达到其设定之初的预期。在九年之内,税收占国内生产总值的比例差不多翻倍(从1997年的7%到2005年的15.5%)。

除了这些经济表现,卢旺达仍旧依赖国外援助(目前这些援助提供的资源差不多为预算的50%提供资金)。有效的资源管理和良好的治理是确保外国伙伴会持续性地为卢旺达政府的项目提供资金支持的最重要的因素之一。

应对农村挑战的恰当货币政策

1994年的种族屠杀摧毁了银行系统。卢旺达采取了重要的措施来重建这一系统,同时卢旺达国家银行转型成为一个独立的机构。这使得卢旺达国家银行得以在控制通货膨胀和经济融合方面发挥重要作用。直接控制和定向信贷被放弃,而基于间接工具的流动性管制制度得以建立。为应对农村挑战,卢旺达开始了一项恰当的货币政策改革。为了向农村地区的农业部门提供资金,由卢旺达国家银行管理的农村投资设施被用作担保基金。通过这一框架,农业部门得到了大力资助,同时产生了巨大的社会经济效果。表3-2展示了对农村提供支持的三个主要设施。

这些设施被认为是推动增长的重要路径，特别是对以农业为主要经济形式的国家。特别地，这些设施对产品出口有积极影响。

表3-2　农村投资设施　　　　　　　　（单位：卢旺达法郎）

设施	2002年	2003年	2004年	2005年	总计
设施1	—	—	109 370 912	637 430 762	746 801 674
设施2	—	—	758 200 000	548 412 000	1 306 612 000
设施3	481 546 339	782 329 378	1 265 794 041	1 252 121 409	3 781 791 167
总计	481 546 339	782 329 378	2 133 364 953	2 437 964 171	5 835 204 841

资料来源：卢旺达国家银行资本和货币市场部。

农村投资设施（Rural Investment Facilities）为农业项目提供短期贷款，并为农业经济项目提供长期贷款。银行对需要投资的项目进行经济、财务和风险分析。此外，卢旺达国家银行在为项目提供担保前还会进行单独的评估。在同商业银行（直接处理农村经济代理对资金的需求）进行合作的过程中，一个监督和评估的框架建立起来。每三个月，卢旺达国家银行都会收到一份贷款报销报告。之后对贷款受益人的账户审计以确保所收到的贷款是按照贷款合同使用的。若发现贷款滥用，通过农村投资设施提供的担保将立即取消。

区域一体化和经济增长

卢旺达已加入非洲发展新伙伴关系（New Partnership for Africa's Development，NEPAD），也是实施委员会（Implementation Committee）的15个成员之一，同时为非洲发展新伙伴关系的非洲同行评审机制（African Peer Review Mechanism，APRM）提供志愿服务。2005年6月，卢旺达同加纳都是率先提交非洲同行评审机制报告的国家，这展示了其在本国内建立对本国情况进行自我批判和咨询评估机制的意愿。卢旺达还在非洲区域机构方面展示了其经济领导方面的能力。卢旺达是东部和南部非洲共同市场（Common Market for Eastern and Southern Africa）的成员之一，并且已加入东非共同体（East African Community，EAC）。区域一体化显然为可持续经济增长创造了良好的环境。区域一体化方面的尝试体现了处理同卢旺达经济结构相关的（规模小、地处内陆、基础设施薄弱）增长抑制问题的决心。区域一体化被设想为卢旺达高速和可持续经济增长的重要引擎。卢旺达对东非共同体的一体化特别感兴趣，因为卢旺达将近70%的进口来自东非国家。贸易自由化因而显得十分重要，并使交易更便捷、便宜。

第 3 章 领导力、政策制定、经济政策质量及其包容性：卢旺达的案例

由于卢旺达缺少自然资源，当前的领袖在科技和人力资源开发方面投入更多，以便其能够具有更高的竞争力并从区域一体化中获益，其目的在于将卢旺达转型成为以知识经济为基础的国家。最终的目标是每万人中有 50 名接受过培训的工程师和科学家。这一计划具体可参见表 3-3。

对有资质的医生和健康专家也有类似的计划。最终目标是每万人中有 10 名受训过的医生和 20 名受训过的护士。这需要在发展项目和设施方面进行额外投资，以提升卢旺达的培训能力。

表 3-3 具有专业资格的卢旺达科学家和工程师的开发

机构	学习科学技术的平均人数（人）[1]	学位和文凭的年均产出（个）	15 年间总学位和文凭（个）	入学增长率达到 3%（人）	考虑到基加利科学技术研究院的快速扩张计划（人）
基加利科学技术研究院（KIST）	2 000	500	5 625	9 300	19 188
国立卢旺达大学	1 300	325	4 875	6 044	6 044
农业和畜牧学院	1 000	250	3 750	4 650	4 650
基加利教育学院	1 000	250	3 750	4 650	4 650
总计	—	1 200	18 000	24 643	34 532
ST（即特别处理）信托基金	—	—	5 000	5 000	5 000
修正后总计	—	—	23 000	29 644	39 532
2020 年每万人工程师和科学家数量	—	—	19	24	32

资料来源：Murenzi 和 Hughes（2006）；Rwandan Ministry in the President's Office in Charge of Science and Scientific Research（2006）。

1. 估算值。

结论

本章分析了卢旺达政治领袖的角色以及在可持续经济增长中的政策制定过程，从而确定公共政策和若干项改革在多大程度上维持了经济增长。

1994 年种族屠杀对卢旺达的社会、政治和经济结构产生了深远的影响。该国领袖出于推进社会经济发展的意愿，确信民族和解、政治稳定和安全性构成了经济增长所需的良好环境。因此，当前领袖的主要目

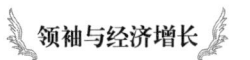

标是将卢旺达转型成为一个现代化、强壮且统一的国家，同时使得人民为其基本价值观和政治稳定感到自豪。在过去的13年中，卢旺达政府投入大量精力重构国家和平及民族和解进程，这被视为经济发展的前提条件。

卢旺达政策制定的过程具有其自身的基础和导向，这使得该国显得十分独特。事实上，卢旺达的政策制定过程是动态且与各利益相关者有互动的。卢旺达政府在2000年5月采取权力下放政策以达成三个主要目标：良好治理、提供扶贫服务以及可持续的社会经济发展。这一政策是从一个旨在确定种族屠杀起因并列出可持续解决方案的全国性协商过程发展而来的。关于这一点，权力下放被当作向人民进行政治赋权，实现民族和解、社会融合以及生活幸福的工具。特别是，卢旺达的权力下放被视为可持续的民主化的平台，并能调动能源经济发展的结构和资源。当前，权力下放赋予了人民权力以及使其能够实现自我发展的意志。

为强化权力下放和自我发展，卢旺达建立了ubudehe过程。这是一项促进公民集体参与政府权力下放的独特政策，为提高地方层面公民和地方政府制度水平以及问题解决能力而设计。它通过地方集体行动成功地确保了公民参与的原则。

为提高责任制并使得权力下放政策更有效，卢旺达采取了一项由地方政府与总统签订履约合同的战略。这些协议包括可以在一年内达成的项目细节。每三个月进行一次效果评估，这使得各机构可以对其活动进行计划并建立有效的评估指标。

上述公共政策担负着实现政府在2020年之前要让卢旺达进入中等收入国家愿景的使命。自1994年以来，卢旺达在动荡的战争和种族屠杀之后取得了令人瞩目的成就，自那时以来，卢旺达一直走在国民经济发展和减贫的道路上。最近达成的经济绩效和社会、政治成就与魅力型领袖为所有卢旺达人的发展进行投资这一举措密切相关。

参考文献

Adedeji, Adebayo. 2003. "Countries Emerging from Conflict: Lessons on Partnership in Post Conflict Reconstruction, Rehabilitation and Reintegration." Committee on Human Development and Civil Society, Addis Ababa.

Annan, Kofi. 1998. "Causes of Conflict and Promotion of Durable Peace and Sustainable Development in Africa." Report A/52/871-S/1998/318. United Nations, New York.

Ezemenari, Kene, and Kalamogo Coulibaly. 2006. "Sources of Growth in

第3章 领导力、政策制定、经济政策质量及其包容性：卢旺达的案例

Rwanda: Four Different Complementary Approaches." Background paper to the Rwanda Country Economic Memorandum. World Bank, Washington, DC.

——. 2008. "Productivity Growth and Economic Reform: Evidence from Rwanda." World Bank policy working paper, No. 4552, World Bank, Washington, DC.

Gambari, Ibrahim A. 2004. "Conflict Prevention, Conflict Transformation and Economic Growth in Africa: Role and Contribution of Africa Diaspora." Peace Research Group and City College, New York.

MINECOFIN (Ministry of Finance and Economic Planning). 2000. *Rwanda Vision 2020*. Kigali: MINECOFIN.

——. 2003 "Ubudehe mu kurwanya ubukene". Concept Note. MINECOFIN, Kigali.

Ministry of Local Government and Social Affairs. 2000. National Decentralization Policy. May. Kigali.

Murenzi, Romain, and M. Hughes. 2006. "Building a Prosperous Global Knowledge Economy in Rwanda: Rwanda as a Case Study." *International Journal of Technology and Globalization* 2 (3-4): 254-269.

National Bank of Rwanda. Annual Reports 2002, 2003, 2004, 2005. Kigali.

Rusuhuzwa Kigabo, Thomas. 2006. "Convergence des économies CEPGL: cas du Rwanda et Burundi." Commission Economique pour l'Afrique.

Rwanda Patriotic Front (RPF). 1997, rev. 2003. Eight Point Political Program of RPF. Originally published 1997. Kigali.

Rwandan Ministry in the President's Office in Charge of Science and Scientific Research. 2006. "Policy on Science, Technology and Innovation." Kigali.

Taylor, John B. 2003. "Economic Leadership in Brazil and United States." Under Secretary of Treasury for International Affairs. Remarks before the Brazil-U.S. Business Council, January 27, Washington, DC.

World Bank. 1997. *The State in a Changing World*. World Development Report. Washington, DC: World Bank.

第4章 增长观点：一个政治经济学框架——新加坡的经验[①]

谭银英（Tan Yin Ying）
艾文·英（Alvin Eng）
爱德华·鲁宾逊（Edward Robinson）

20世纪70年代，传统的新古典增长模型强调用要素积累的差异来解释不同国家间人均收入的不同。这些模型发现了如储蓄率（Solow，1956）、偏好（Cass，1965；Koopmans，1965）等因素，或其他外生性的参数，例如总要素生产率增长就是其中非常重要的一个。最近的增长链理论研究以 Romer（1986）和 Lucas（1988）为代表，其研究方法与早前的研究类似，但是更注重内生性稳步增长和技术的进步。

在20世纪90年代，事实证明仅靠要素积累无法达到可持续的发展。20世纪90年代许多国家的增长经验和广泛的跨国回归研究为此提供了证据，即良好的政策和健全的制度在建设和维持增长势头中发挥着同样的甚至更重要的作用。尽管在政策和制度对增长的影响方面尚未达成共识，但是为了更好地了解其在增长中的作用，这二者已经取得了更大的关注。

本章试图将一个国家的增长绩效同一系列定性变量进行匹配，特别强调涵盖制度和地理的政治-经济变量。这个讨论主要使用佩恩表6-2（Penn World Table 6.2，简称 PWT6.2）（Heston, Summers 和 Aten，2006）来创建一个对各国1960年到2003年之间经济增长表现进行比较的数据库。附录1详细介绍了使用 PWT6.2 抽样的方法。

[①] ⓒ 2007 新加坡货币管理局。本章中所有观点仅代表作者的观点，与新加坡货币管理局无关。本章最初来源为："Perspectives on Growth: A Political-Economy Framework", MAS Staff Paper No. 47（Aug. 2007）。

第 4 章　增长观点：一个政治经济学框架——新加坡的经验

1960 年以来的全球增长经验

回顾 1960 年以来的数据可以得到一些关于全球增长经验的有趣发现。特别值得注意的是，加权购买力平价（Purchasing Power Parity，PPP）的中位数——各个经济体根据 GDP 调整后（即实际人均 GDP）的数值在过去稳步增长——从 1960 年的 2 463 美元增长到 2003 年的 6 025 美元（见图 4-1a）。各个经济体间的收入差距也在极大地增加，特别是在这一时期的最后 10 年间。这可以从收入区间（衡量最富裕经济体和最贫困经济体实际人均 GDP 的差距）的增长上看出来（见图 4-1b）。这说明在过去的 43 年中，某些经济体从增长进程中的获益超过另外一些经济体，同时这一差异也得到了保持，这与（绝对）增长收敛模型的理论预测相悖。

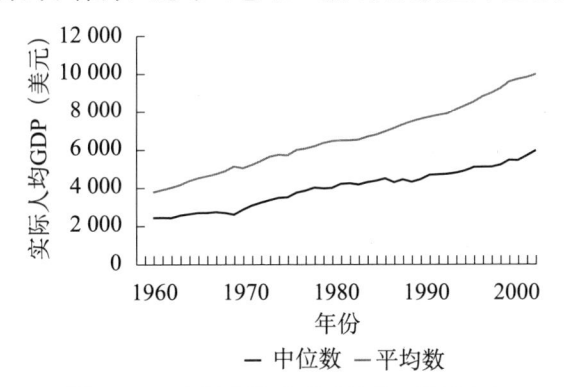

图 4-1a　实际人均 GDP（1960—2000 年）

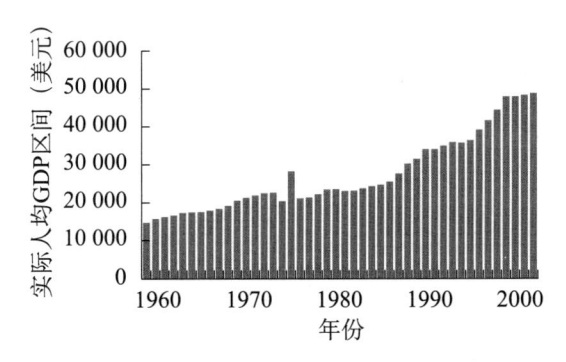

图 4-1b　实际人均 GDP 区间（1960—2000 年）

资料来源：Heston，Summers 和 Aten（2006）；作者计算得出相关数据。
注：根据国际美元购买力平价计算。这相当于美元在某一年的购买力。

根据 Durlauf，Johnson 和 Temple（2005）的研究，我们接下来使用核密度图检验全球在 1960 年到 2000 年之间以每 10 年为一个间隔的收入分配。图 4-2 展示了各经济体实际人均 GDP 增长的估计分配函数，图像的右移反映了自 1960 年以来发生的增长。值得注意的是，分配变得更"正常"了（峰值较低），这说明多年来，增长扩大到更多经济体。尽管如此，这些年来函数"第二峰值"的逐渐右移证实了我们之前关于不同经济体这些年来收入差距在增长的观察结论。

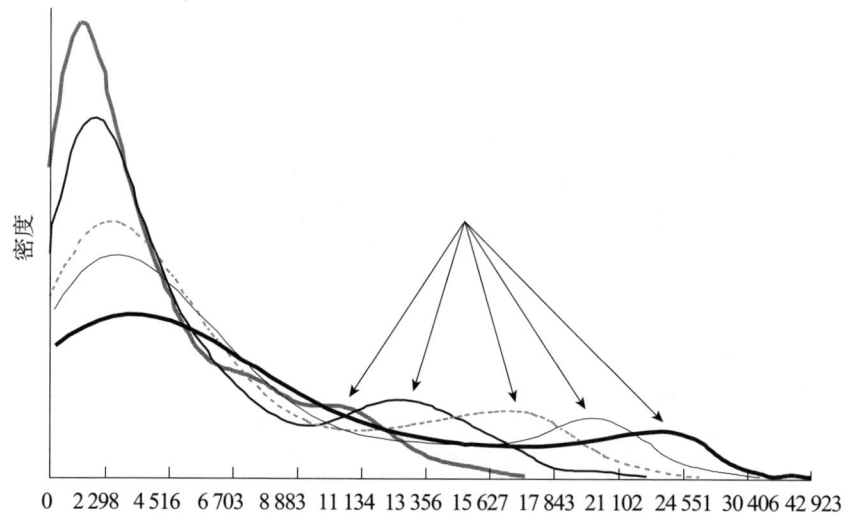

图 4-2 全球收入分配的核密度图

资料来源：作者估计。

图 4-3 展示了实际人均 GDP 相对基准（此处为经济体在每一阶段最高实际人均 GDP）的分配，这提供了另一个视角。1970 年到 1990 年之间分配的右移和正常化说明增长确实扩大到更多经济体，即便在与基准（代表经济的"可能边界"）进行比较时也是如此。然而，或许是由于 20 世纪 90 年代晚期的一系列冲击，2000 年的分配又恢复到 1960 年的水平（尽管有更明显的"第二高峰"）。换言之，2000 年，相对最富有的经济体，大多数经济体的情况实际上变得更差了，伴随着最近一轮全球经济震荡，中等收入经济体出现了。

全球收入分配的演化反映出这些年来增长表现上的巨大差异。为了识别出那些表现极佳和极差的经济体，我们将这些经济体在 1960—2003 年按其实际人均 GDP 的年复合增长率（Compounded Annual Growth Rates，CAGR）进行排名，然后分别选出 10 名表现最佳者和

第4章 增长观点：一个政治经济学框架——新加坡的经验

最差者。为了进一步使数据完整，本章还展示了同期（Year-on-Year，YOY）的平均水平变化和变异系数①（见表4-1和表4-2）。

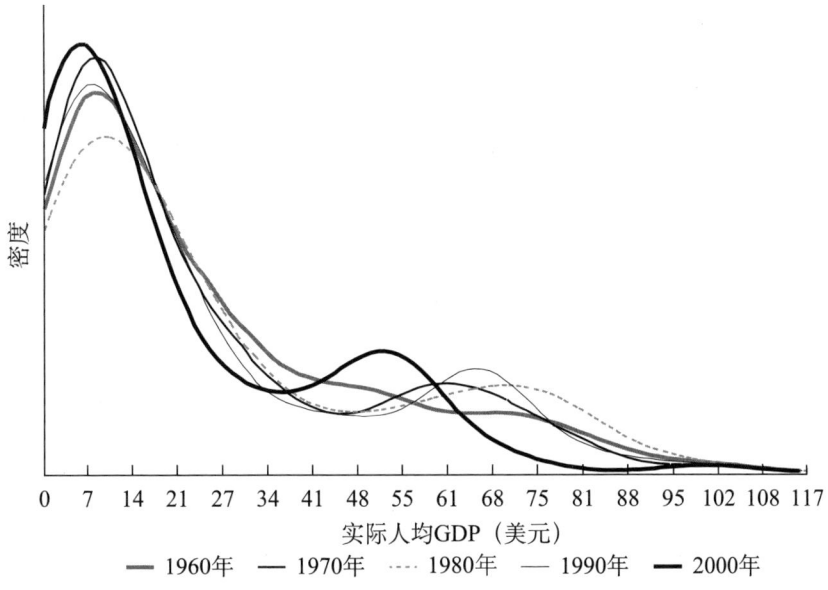

图4-3 全球收入分配的核密度图（相对于基准经济体）

资料来源：作者估计。

表4-1 1960—2003年增长表现最佳的10个经济体（实际人均GDP）

经济体	年复合增长率（%）	上一年同期平均值（%）	变异系数
中国台湾	6.29	6.34	0.50
博茨瓦纳	6.03	6.20	0.99
韩国	6.02	6.05	0.69
赤道几内亚	5.96	8.18	3.07
中国	5.75	5.92	0.97
中国香港	5.05	5.17	0.96
泰国	4.58	4.65	0.81
马来西亚	4.54	4.60	0.78
新加坡	4.41	4.52	1.04
塞浦路斯	4.34	4.57	1.50
平均值（增长良好的经济体）	**5.29**	**5.62**	**1.13**
全球平均值	**1.65**	**2.08**	**3.14**

资料来源：作者估计。

注：变异系数为1960年至2003年各经济体同比增长与平均同比增长率的标准差。

---

① 变异系数按平均值的年均增长率测量。

表4-2　1960—2003年增长表现最差的10个经济体（实际人均GDP）

经济体	年复合增长率（%）	上一年同期平均值（%）	变异系数
刚果民主共和国	−3.47	−3.07	−2.98
塞拉利昂	−1.86	−1.72	−3.11
马达加斯加	−1.19	−1.12	−3.24
尼日尔	−0.78	−0.57	−11.40
中非共和国	−0.74	−0.55	−11.37
尼加拉瓜	−0.61	−0.46	−11.87
乍得	−0.59	−0.25	−33.53
塞内加尔	−0.54	−0.43	−11.33
约旦	−0.24	−0.01	−491.07
几内亚	−0.14	−0.05	−80.23
平均值（增长落后的经济体）	**−1.02**	**−0.82**	**−66.01**
全球平均值	**1.65**	**2.08**	**3.14**

资料来源：作者估计。

注：变异系数为1960年至2003年各经济体同比增长与平均同比增长率的标准差。

增长表现良好和落后的经济体

在10个增长表现良好的经济体中，有7个来自亚洲（东亚地区和东南亚地区），而撒哈拉以南非洲经济体则几乎承包了增长落后经济体的榜单。快速增长经济体的表现尤为亮眼，每个经济体的增长率几乎都是全球平均水平的三倍。博茨瓦纳仅有160万人，却是增长良好经济体榜单中仅有的两个非洲经济体之一。表现最好的经济体的增长速度不仅远远高于增长落后经济体的速度，而且从其极低的变异系数可以看出，它们的增长维持了较高的一致性。亚洲经济体和博茨瓦纳由于其变异系数低于增长状况良好经济体的均值而再一次引人注目。与此相对的是，增长落后经济体和赤道几内亚的增长不稳定。例如，赤道几内亚曾经历快速但不稳定的增长，其增长源于原油的发现，而这也成为其出口收入的主要来源。[①]

[①] 见 United Nations (2005)。在2002—2003年，赤道几内亚出口价值约12亿美元的原油，占其总出口量的89.7%。从20世纪90年代发现原油以来，该国出口快速增长——在2002—2003年间增长到13亿美元。与此相对的是，在未出口原油的1982—1983年间，其经济出口总额为2610万美元［1982—1983年间的数据来自 United Nations (1986)］。

第4章 增长观点：一个政治经济学框架——新加坡的经验

若是在1980年询问一个观察家：未来20年哪个经济体将表现良好，他八成会根据1960—1980年间的增长趋势来推测未来的赢家，并由此落入陷阱。如厄瓜多尔或巴拉圭之类的经济体在1960—1980年间曾经历高速增长，根据上面的推测，这些经济体应该会是未来的赢家，事实上它们却在接下来的几年中陷入严重的衰退。表4-3列出了不同类别下的经济体——根据这些经济体在1960—1980年（G1）和1981—2003年（G2）平均实际人均GDP的年均增长率进行分类。

很明显，过去的增长并不一定带来未来的增长，尽管资源和制度承袭自过去并且确实会在下一个周期内推动经济禀赋的利用。例如，在G1表现不佳的经济体在G2内一般也表现不好，但多米尼加、圣多美和普林西比是最明显的例外。与此相对的是，在G1中表现良好的经济体在G2中尽管增长放缓，但仍能大体上维持增长，如图4-4所示。

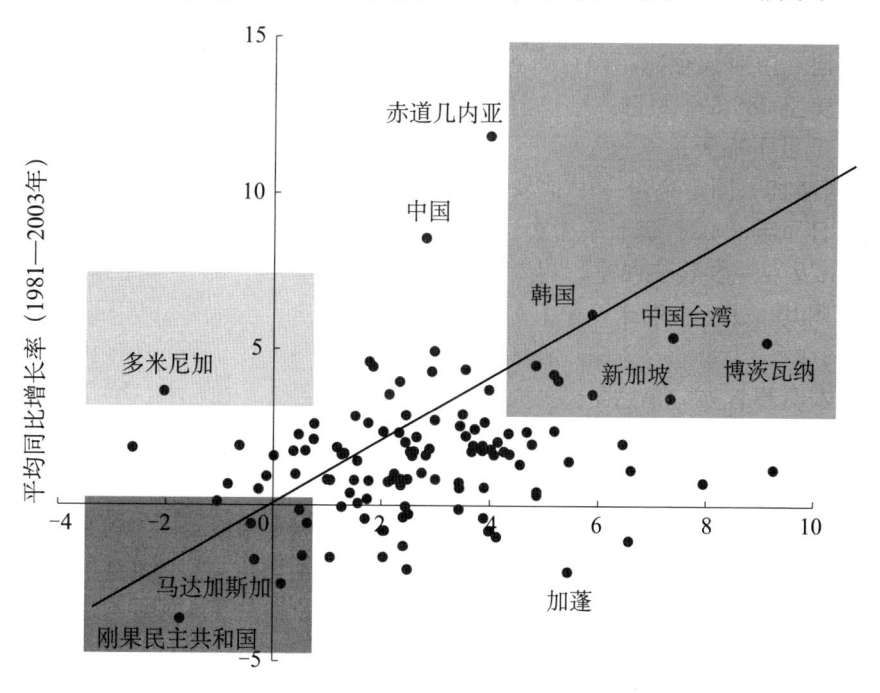

图4-4 平均同比增长散点图，1960—1980年和1981—2003年的比较

资料来源：作者估算。

注：处于右上方灰色区域内的经济体在两个阶段内都达到增长率的80分位，维持了高增长一致性。左下方深灰色区域内的经济体在两个阶段内增长率都达到（或低于）20分位，维持了增长落后一致性。在左上方浅灰色区域内的经济体在1960—1980年（G1）处于20分位，到了1981—2003年（G2）跃升至80分位，是大器晚成者。由于篇幅所限，未列出所有经济体名称。

表4-3　1960—1980年（G1）和1981—2003年（G2）平均同比增长率

	G2≤0	0＜G2≤1.5	1.5＜G2≤3	G2＞3
G1≤0	中非共和国 刚果民主共和国 马达加斯加	几内亚 纳米比亚 尼日利亚 塞内加尔 多哥	乍得 马里 乌干达	多米尼加 圣多美和普林西比
0＜G1≤1.5	玻利维亚 约旦 肯尼亚 尼加拉瓜 尼日尔 塞拉利昂	贝宁 喀麦隆 冈比亚 牙买加	阿尔及利亚 孟加拉国 布基纳法索 埃塞俄比亚 几内亚比绍 尼泊尔 新西兰 卢旺达 坦桑尼亚	
1.5＜G1≤3	布隆迪 科摩罗 科特迪瓦 危地马拉 秘鲁 委内瑞拉 赞比亚 津巴布韦	阿根廷 哥伦比亚 哥斯达黎加 萨尔瓦多 洪都拉斯 伊朗 马达加斯加 莫桑比克 菲律宾 南非 瑞士 乌拉圭	澳大利亚 加拿大 智利 丹麦 埃及 德国 荷兰 圣卢西亚 瑞典 土耳其 英国 美国	佛得角 中国 印度 卢森堡 毛里求斯 圣基茨和尼维斯 圣文森特和格林纳丁斯
G1＞3	刚果共和国 厄瓜多尔 加蓬 海地 巴拉圭	巴巴多斯 巴西 斐济 加纳 希腊 墨西哥 摩洛哥 巴布亚新几内亚 罗马尼亚	奥地利 比利时 多米尼加共和国 芬兰 法国 格林纳达 匈牙利 冰岛 印度尼西亚	博茨瓦纳 塞浦路斯 赤道几内亚 中国香港 爱尔兰 韩国 马来西亚 马尔代夫 新加坡

续表

	G2≤0	0<G2≤1.5	1.5<G2≤3	G2>3
G1>3		叙利亚	以色列 意大利 日本 莱索托 挪威 巴基斯坦 巴拿马 波兰 葡萄牙 西班牙 特立尼达和多巴哥 突尼斯	斯里兰卡 中国台湾 泰国

资料来源：作者估算。

注：只包含在两个阶段内都有 10 个或以上数据的经济体。

增长经验的差异

为了使分析更精细，我们将现有的经济体按照收入分成三段：按照各个经济体在 1960—2003 年（以每五年为一个观察期）间的实际人均 GDP 水平将最高的 50 分位划为第一段，接下来一个四分位（即 25～50 分位）划为第二段，最后的四分位划为第三段。那么根据各个经济体的收入轨迹，可将其大致分为三个大类：

1. 领先者——在连续三个或更多个观察期内从一个收入区间进入更高的区间，而没有滑落到其原有区间的经济体。这可能包括从最低的四分位进入第二个区间，或者从较低的区间升到最高的 50 分位内的经济体。

2. 表现一般者——一直维持在最低四分位到 50 分位之间的经济体。

3. 落后者——在连续三个或更多个观察期内从一个收入区间滑落到较低收入区间的经济体。可能包括从第二个区间滑落到最低四分位，或者从最高 50 分位滑落到较低区间内的经济体。

通过将这些经济体按照这一方式分类，就可以有效地筛掉那些一直

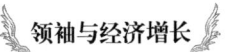

维持在最高 50 分位之内的经济体（即发达经济体），当然也包括那些一直维持在最低 25 分位的经济体（即发展中经济体）。这样就剩下 40 多个发展中经济体，表 4-4 显示了这些经济体的类别划分。

表 4-4 根据收入轨迹划分经济体类别

领先者	表现一般者	落后者
博茨瓦纳	玻利维亚	萨尔瓦多
中国	喀麦隆	斐济
多米尼加	佛得角	危地马拉
印度	科摩罗	牙买加
韩国	科特迪瓦	约旦
马来西亚	厄瓜多尔	马达加斯加
巴基斯坦	埃及	纳米比亚
罗马尼亚	格林纳达	尼加拉瓜
斯里兰卡	几内亚	秘鲁
圣卢西亚	海地	塞内加尔
圣文森特和格林纳丁斯	洪都拉斯	
中国台湾	印度尼西亚	
泰国	摩洛哥	
	巴布亚新几内亚	
	菲律宾	
	叙利亚	
	土耳其	
	津巴布韦	

资料来源：表中所有经济体为抽取自 118 个经济体的样本（Heston，Summers 和 Aten，2006）。

我们可以预计，比较表 4-3 和表 4-4 后可以在经济体之间绘制出一个明确的图谱，因为经济体历年来的增长表现会直接影响其在区间内的排序。表 4-4 中的落后者聚集在表 4-3 左上方的区域内，而表 4-4 中的大多数领先者出现在表 4-3 右下方的区域内。值得注意的是，大多数领先者都已经跨入最高 50 分位，其中的例外有中国（位于 47 分位）、斯里兰卡（位于 39 分位）、印度尼西亚（位于 38 分位），以及印度（位于 32 分位）。不过基于这些经济体的增长态势，在未来 10 年左右我们应该会看到中国和印度跃入最高区间内。

表 4-4 中列出的几乎所有增长领先者都出现在我们表 4-1 中的增长表现最佳经济体名单内。中国香港和新加坡是领先者类别下被忽略掉的两个主要快速增长经济体。这是由 PWT6.2 向佩恩表 6-1（Penn World Table 6.1，简称 PWT6.1）人工转换过程所导致的。因为相比 PWT6.1，PWT6.2 忽略了 12 个经济体在 1960 年的数据。这 12 个经

济体中有 7 个经济体过去的收入水平高于新加坡，因而这些经济体数据的撤销导致新加坡在 PWT6.2 中的相对排名高于样本的 50 分位。中国香港的分类也反映出转换过程中的类似因素。其结果是，PWT6.1 中这两个经济体在 1960 年的排名都略低于 50 分位，而在 PWT6.2 中都高于 50 分位。由于这两个经济体在我们选取的观察期内一直维持在高于 50 分位的水平上，因此它们不符合我们关于领先者的界定，因此没有出现在表 4-4 中。

一个政治经济学概念框架

前一个部分对全球增长表现中的巨大差异进行了简要分析。从增长和发展经济学的角度看，对经济增长过程的思考或许最好是通过实际增长经验得出的后验框架来进行。自从独立成为一个主权国家之后，新加坡在 40 年间展示了强劲的经济增长，下面要展示的这个概念框架源于新加坡前总理吴作栋（Goh Chok Tong）（1990—2004 年间担任新加坡总理）的慧眼。这一分析框架将在一些宽泛的类别中识别出增长的必要条件，并且将应用在对表 4-4 样本经济体的分析中。这将有助于确认并标明每一类别经济体的共性。

这一概念框架（见图 4-5）的三个组成部分如下。

1. 资源，包括以下形式。

① 禀赋，如一个国家的地理位置，其岛屿分布、自然资源以及人民。例如，新加坡唯一的自然资源就是优越的地理位置以及天然的深海港，这使得新加坡成为英国与中国和印度海上贸易的理想港口。英国人过去试图在新加坡发展农业，但是最终失败了，这主要是因为新加坡的土地无法耕种。这与其近邻马来西亚不同，马来西亚盛产橡胶，还有丰富的锡储备，曾是世界上最大的锡生产国。

② 政治遗产，如一个国家的官僚和政府制度，以及政治和法律制度。不论是通过君王统治还是通过殖民主义和革命，这些都是从上一个时代继承下来的历史遗产。

③ 积累，即循环过程对一个经济体的资源存量的影响。经济增长、政府变革或自然灾害都会影响一个国家禀赋或遗产资源的存量。从增长中积累的资源将进入该国下一个循环周期，而冲击将消耗一个国家的禀赋或摧毁其继承的资源。

- 政治遗产——制度和系统
- 禀赋——地理自然资源和人民
- 积累——通过可持续增长积累的资源

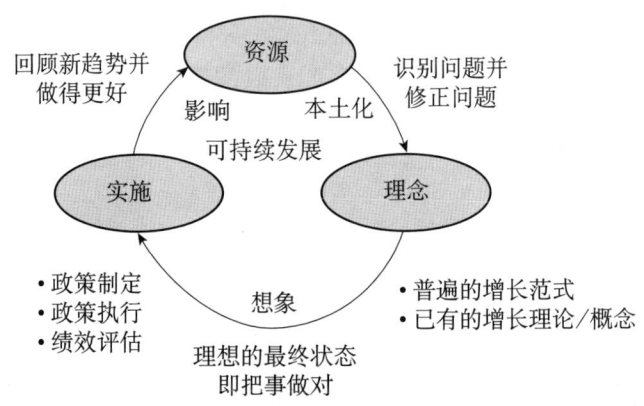

```
        回顾新趋势并         资源         识别问题并
        做得更好                          修正问题
                    影响      本土化
                      可持续发展
              实施                  理念
                        想象
· 政策制定              理想的最终状态        · 普遍的增长范式
· 政策执行              即把事做对            · 已有的增长理论/概念
· 绩效评估
```

制度	领袖	人民
● 有效的行政管理 ● 司法独立 ● 负责任的新闻界 ● 有活力的私营部门 ● 有效的公务员制度 ● 负责人的立法机构 ● 良好治理	● 无私奉献,不追求政党和个人的利益 ● 远见、胜任力、勤勉 ● 正直、诚实、廉洁 ● 能够动员群众 ● 通过政治工作达成共识而非分歧 ● 良好的领袖不会取代一个独特的政治制度	● 共同的目标和命运 ● 支持领袖和政府 ● 不同群体间的社会融合 ● 根深蒂固的国家利益

图 4-5 经济增长循环

资源可利用性将是能够有效应用于任何经济的增长范式。但是有必要附加一些说明。第一，一个国家最初的资源禀赋并不一定反映其未来发展的潜力。尽管自然禀赋不太容易发生变化，但是继承的遗产类资源会发生改变，有时这种变化会非常迅速。因此有时候，国家可以通过建立自己的遗产资源，如机制改革，来弥补自然资源的短缺。当健全的机构到位时，它们将成为有价值的继承资源，从而减少对未来增长的限制。与此相类似的是，一个有着丰富自然禀赋的国家可能拥有较差的遗产资源，而后者的损失可能高于前者带来的收益。第二，拥有丰富的资源可以减少经济活动的限制，但其本身不一定可以产生增长。与经济的资源和制约因素相结合，对增长范式进行切实的评估，将有助于创造良好的、量身定做的政策来促进增长，从而为资源丰富的经济体提供更多的选择。

2. 理念（思想），即当前普遍的增长范式/概念。理念（思想）涵盖较大的范围，如从预期的结果（如经济增长或更广泛的定义，包括幸福指数增长）和所需的路径（如马克思的唯物辩证法或资本积累）到必要的条件（如贸易自由化或体制的完善程度）。思想流动且多变，因此没有唯一的"黄砖路"*能通往繁荣所在。在一个十年中流行的范式到了下一个十年或许就不再受欢迎，到了再下一个十年可能又开始流行了。

经验也表明，"批发"经济思想的应用不是增长的秘诀。思想需要适应当时的情境。对于与国内经济相关的资源，制约因素和其他结构特征的真实评估对于任何想要了解某些增长范式在一个经济体中如何实现可行的增长的实践者来说是必要的。

3. 实施，即制定恰当的政策并有效地执行。评估和审查渠道可以就政策制定是否恰当，以及其实施情况是否良好提供反馈。政策制定者必须运用恰当的绩效指标不断地对政策各阶段进行评估，以确定：（1）理念（思想）是否适应了当地情境；（2）是否可以改进实施和制定方式；（3）考虑到实践环境的可能变化，需要重新思考原本的增长范式。

政策评估十分重要，因为可持续增长通常是对政策不断微调的结果。鉴于国际市场的反应较为正面，因此金融市场所采用的原则有时可以成为政策审查的有用尺度。例如，这可以通过外国投资者的投资意愿或一国产出的成功出口来体现；然后可以沿着这条轨迹来完善政策。

在这样一种机制中，机构之间旨在相互增强，而不是破坏彼此，政治是趋同而不是存在分歧，这种评估程序通过对明确界定的基准进行真实的自我反省来提供必要的制衡。

在所有因素中，能保障政策顺利实施的是以下几点。

第一，有活力的制度。这包括有效率的行政管理机构和公务员队伍、负责任的立法机关、独立的司法机构、富有生命力的私营部门以及有责任感的媒体。这些方面潜在的价值巩固了这些制度对善政的承诺，从而保障一个国家的制度能够保持效率和公正，能够制定并实施切实关注于增长的政策，而不因个人利益而有所偏倚，也不会榨取一个国家的资源和资产。这些制度同时是负责任的，而且是为提高而非破坏相互间工作的效果而存在的。

第二，好的领袖。这样的领袖应该是有远见卓识且勤勉的，是为国

---

* "黄砖路"为弗兰克·鲍姆所著童话《绿野仙踪》中主人公多萝西和稻草人、铁皮人及小胆狮前往翡翠国的路。——译者注

家无私奉献而不谋求个人和政党利益的。为了成为一个可信的领袖，个体必须是正直、廉洁（或有激励措施以保持廉洁）并且诚实的。这些领袖通过预测未来前进道路的能力、动员人民，以及利用融合而非分化的政治为其政策构建社会共识来保障政策的顺利实施。

第三，人民共识。可持续增长通常需要用短期内的阵痛换取长期收益。增长和发展的最终目标——全体人民的福祉——因而只对因这一目标及其国家命运而团结在一起并且在国内拥有根深蒂固利益的人具有意义。意在达成这一目标的政策必须要获得人民的共识；人民继而将支持领袖和政府，即便有时需要做出牺牲。社会融合是关键：增长政策不应该是分化的，或者损害某一群体的利益而使另一群体获益，而是应该与政府融合实践相一致。若缺少人民共识，社会冲突或政治不稳定将可能使即便最坚定实施增长政策的努力也毫无作用。

有活力的制度、好的领袖以及人民共识这三项关键要素——可以视作"水平线"——之间相互作用，并且在彼此发展路径的各阶段都扮演着重要角色，如从对思想的认知到有效利用资源，再到制定增长政策及其实施和评估。

资源、思想和实施组成了一个自我强化的增长循环。能够精准地固定这三者之间相互作用的政策制定者因而可以带来可持续增长，强化其制度并使民众更加支持其领袖。但这一动态也可能会导致反向的强化，即增长的基础被迅速破坏。这将极有可能带来不良的增长表现。

鉴于该国的情况，新加坡的经验或许十分独特。由于新加坡是一个小国，因此其政策可以高度精准化，并且政策的执行、协调和实施都相对容易一些。但正如上述框架所述，其发展经验可以在分析和促进小区域（而非一个大国）的增长方面有更广泛的应用。新加坡意识到资源和思想是必要的条件，而其国内所拥有的资源和思想并不足以维持可持续发展。整体实施成为关键：不能由一流人才制定战略而由三流人才去执行。

新加坡的发展经验

上一节中介绍的政治经济学概念框架是由新加坡自身的发展经验得到的后验框架。在过去40年间，新加坡的年复合平均增长率为4.4%。实际人均GDP快速提高，从1960年的4 219美元增长到2003年的

29 404美元。这不是巧合：尽管新加坡缺乏自然资源，其地理位置是唯一的自然禀赋，但它同样继承了英国的制度体系并在此基础上构建了公务员制度。新加坡的领袖强化了新加坡人民在本国的利益，并且力图通过全民共享的关于繁荣昌盛的认知来减少民族分化。

本节接下来的部分将使用该框架对新加坡发展历史的五个特殊阶段进行解释和说明。每个阶段首先说明当时国内和外部的经济环境，之后按顺序讨论增强发展的因素——资源、制度、领袖和社会共识。

阶段一：进口替代及与马来西亚合并（1959—1965年）

对阶段一的说明见图4-6。刚刚获得独立的新加坡情况并不乐观，其国民受教育程度不高，且有严重的贫困和长期失业问题。除了自然港口及其作为亚洲主要贸易中转中心的声誉和作用之外，新加坡没有其他资源。然而，该国继承了英国的法律制度和根深蒂固的法治，以及官僚机构对精英教育和廉洁原则的操作。该国面临一个具有挑战的操作环境：新加坡传统的经济活动——贸易中转和相关的支持性服务以及加工业——由于东南亚地区和发达国家市场之间开通了直航线路而衰落，同时商业环境更加恶化。

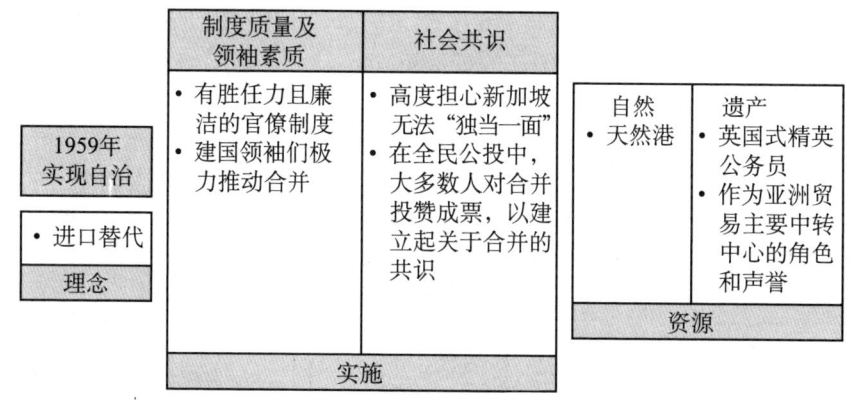

1959年实现自治	制度质量及领袖素质	社会共识	自然	遗产
• 进口替代	• 有胜任力且廉洁的官僚制度 • 建国领袖们极力推动合并	• 高度担心新加坡无法"独当一面" • 在全民公投中，大多数人对合并投赞成票，以建立起关于合并的共识	• 天然港	• 英国式精英公务员 • 作为亚洲贸易主要中转中心的角色和声誉
理念			资源	
	实施			

图4-6 阶段一——进口替代及与马来西亚合并（1959—1965年）

发展中国家逐渐被新殖民主义增长思想渗透，其中主要的代表是进口替代模式。新加坡社会民主政府也受到同样的影响，它们希望通过进口替代创造自己的产业基础。在采用这一模式时，国家领袖意识到新加坡缺乏自然资源、规模足够大的国内市场，以及技能娴熟的劳动力。因此，新加坡着眼于与马来西亚的共同市场，这个市场规模将远远超过该国200万人口的规模。此外，新加坡政府还制定了一系列补充政策，如进口关税和五年教育计划，通过提高数学、科学和技术水平，以支持工业发展。

实行进口替代需要逐步建立（现有的）机构，包括新加坡领袖大力推动与马来西亚的合并。同时政府还创建了一个奖学金制度，通过这一渠道不断向公务员队伍输送最好和最聪明的学生。由李光耀总理率领的国家领导层是务实的，他们明白工业化不会因为单一的政策决定而发生，而是需要一系列配套措施。同时，合并也获得了广泛的社会支持，因为人们担心新加坡不能"独当一面"。

大多数人通过全民公决投票赞成合并。尽管如此，新加坡期望通过与马来西亚的合并所能获得的经济机遇并未能得到实现，事实上，吉隆坡的官僚作风对于建立良好的投资环境并没有多大益处。当时的增长并不稳定——在1959年经济衰退之后，国内生产总值增长率出现反弹，但波动剧烈，在间隔的年份中增长率为4%至14%不等。[①]

阶段二：从进口替代到出口导向型增长（1966—1973年）

对阶段二的说明见图4-7。新加坡同马来西亚的短暂合并于1965年结束。随着新加坡脱离马来西亚，共同市场已不可能实现，进口替代也变得不可行。英国驻该岛军事基地的关闭将影响多达70 000个工作岗位，同时意味着在该国排名第五的经济活动将会停顿下来，因此新加坡迫切需要创造经济方面的新的就业机会。

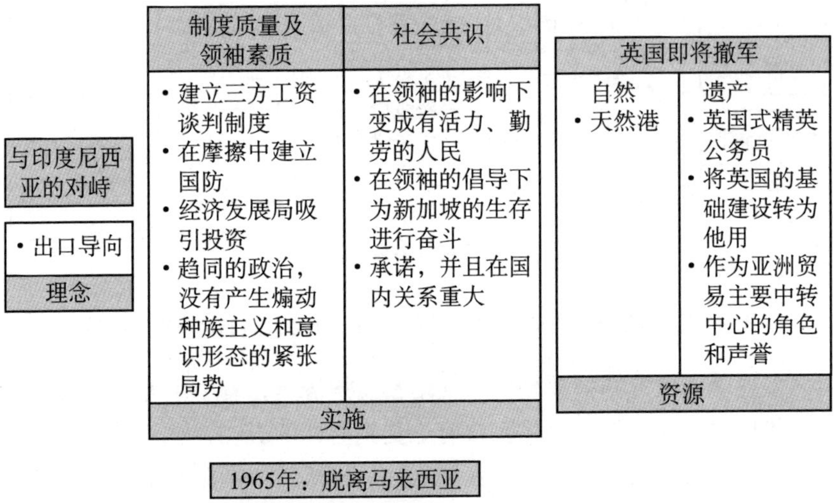

与印度尼西亚的对峙 · 出口导向 理念	制度质量及领袖素质 · 建立三方工资谈判制度 · 在摩擦中建立国防 · 经济发展局吸引投资 · 趋同的政治，没有产生煽动种族主义和意识形态的紧张局势	社会共识 · 在领袖的影响下变成有活力、勤劳的人民 · 在领袖的倡导下为新加坡的生存进行奋斗 · 承诺，并且在国内关系重大	英国即将撤军 自然 · 天然港	遗产 · 英国式精英公务员 · 将英国的基础建设转为他用 · 作为亚洲贸易主要中转中心的角色和声誉
	实施		资源	

1965年：脱离马来西亚

图4-7 阶段二——从进口替代到出口导向型增长（1966—1973年）

---

① 根据英镑换算的GDP水平（Lee, 1974）。

第4章 增长观点：一个政治经济学框架——新加坡的经验

只有当新加坡利用外部市场无法获得特权的情况下，工业化才可能取得成功。出口导向型因此成为增长范式的合理选择，因为企业可以为一个远远大于国内消费所能承受的市场制造商品和创造就业机会。为此，政府废除关税，减少进口配额，并通过了一系列配套政策，如1967年的《经济扩张奖励法》（Economic Expansion Incentives Act）大幅降低了出口制造商的企业税率。新加坡引进外资的努力是整体的，因为该国认识到确保和谐的劳资关系的重要性；同时建立了三方工资谈判制度，以便在工资谈判过程中保持稳定，并制止劳资冲突。

完全独立国家的制度基础已经奠定，政府继续发展政府管理能力。为实施外向型增长政策，新加坡成立了经济发展局（Economic Development Board，EDB）等一系列新的法定理事会。新加坡的建国领袖避开可能的政治分歧，从而避免不同的种族和思想路线所可能导致的社会紧张局势。他们还建立了国家的防御能力，以提高安全水平，同时也增强了新加坡人对该国未来的信心。在领袖们的带领下，人民群众恢复了坚韧和勤劳，决心为生存而战。领袖的提醒将人们团结在一起，"世界对我们的生活没有亏欠。我们不能靠行乞生活"（Lee，2000）。随着时间的推移，人民形成了对新加坡的承诺，作为一个独立国家，他们之间建立了利害关系。[①] 政府的政策如住房计划有助于进一步巩固这一承诺。[②]

出口导向型增长在这个阶段起飞，经济发展持续增长。经济发展局成功吸引了多家跨国公司（MNCs）在新加坡投资，包括美国国家半导体（National Semiconductor）、飞兆半导体（Fairchild）、得州仪器（Texas Instruments）和惠普（Hewlett-Packard）等公司。这些企业为新加坡电子集团的发展奠定了基础。在发展的过程中，政府不断对政策进行重新校准和微调。

阶段三：产业结构调整（1973—1984年）

对阶段三的说明见图4-8。20世纪70年代到80年代初，新加坡已在基础设施方面建立了大量的制造基地，同时培养出一批有能力的熟练工人。由于有这样一个稳定的环境，跨国公司可以茁壮成长。然而，

---

① Chua（2006）对国家建设和政府政策帮助新加坡人加强了归属感这一过程进行了详细说明。

② 住房计划成为新加坡国家建设项目的主要宗旨之一。1968年，新加坡人可以使用他们的中央公积金（Central Provident Fund，CPF）来购买公房。中央公积金是于1955年建立的强制储蓄计划。

新加坡在经济方面同样也面临1973年和1979年石油危机的冲击，这提高了商业成本并抑制了经济活动。国内劳动力市场的过度需求开始对实际工资施加压力，导致新加坡相对其他出口商失去竞争力。最初的工资价格压力已经开始显现，如果不加以处理，将严重威胁到新加坡的竞争力。

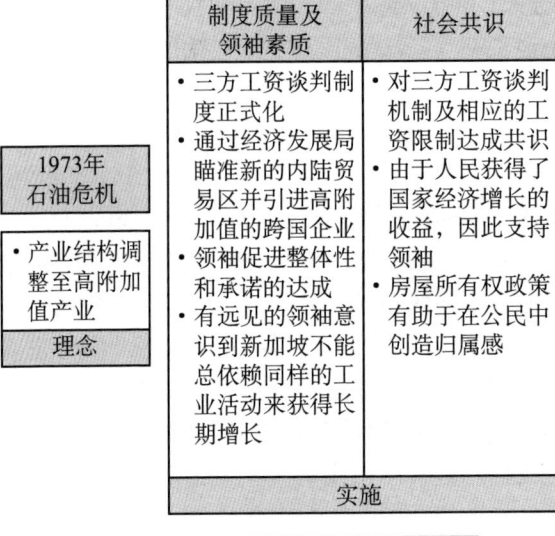

	制度质量及领袖素质	社会共识
1973年石油危机 ·产业结构调整至高附加值产业 理念	·三方工资谈判制度正式化 ·通过经济发展局瞄准新的内陆贸易区并引进高附加值的跨国企业 ·领袖促进整体性和承诺的达成 ·有远见的领袖意识到新加坡不能总依赖同样的工业活动来获得长期增长	·对三方工资谈判机制及相应的工资限制达成共识 ·由于人民获得了国家经济增长的收益，因此支持领袖 ·房屋所有权政策有助于在公民中创造归属感	积累 ·更加成熟的工业和制造能力和配套服务业 ·作为跨国公司可以长期运营并做出承诺的稳定环境的声誉 资源
	实施	

1979年石油危机

图4-8 阶段三——产业结构调整（1973—1984年）

处理成本竞争力问题需要双管齐下。首先，有必要遏制国内成本和价格上升的压力。新加坡在1972年正式成立全国工资理事会（NWC）以进行三方工资协商安排，从而使雇主、员工和政府可以坐下来谈判。全国工资理事会也拥有一个强大的法律和立法框架的支持。这有助于在增加工资的压力过大时确保工资稳定。

其次，新加坡的工业部门必须转向制造高附加值产品。早在1971年，政府就审查了其工业化方案。将工业基础重组到更多的资本密集型产业中，意味着经济发展局可以更有选择性地为新加坡吸引外资。需要提供大力保护的公司（并且在全球市场上可能是低技能或无竞争力的）被转移或允许离开该国。经济发展局亦与顶尖的欧洲及日本跨国公司合作，在新加坡设立培训中心，这有助于提高本地工人的技能，并培训更多的新加坡人。政府还对外国工人征税，旨在遏制从国外聘用低技能劳工。

在这个阶段，经济发展局的制度能力和领导在对新加坡投资促进战略进行微调以完成挑战性任务中的作用是至关重要的。例如，新加坡决定说服美国跨国公司把对中国台湾和中国香港的投资转向新加坡，因为当时后者主要生产较低附加值的劳动密集型产品，如纺织品。新加坡领袖也强调了维持投资者对环境的信心的重要性。他们准备捍卫国家的良好商业声誉，这正在成为非常重要的无形资产。

全国工人支持三方工资谈判制度。政府和人民之间的隐性社会契约——承诺通过实行工资约束来产生增长、人民分享增长的好处——得到了支持。新加坡经济持续增长的收益以政府房屋升级和公共医疗储蓄/保险计划（Medisave）的形式与人民分享。三方工资谈判制度获得成功，这一时期没有出现严重的劳资冲突。

其结果就是，新加坡生产率增长强劲，保持了竞争优势。即使经济增长率在1975年暂时从1972年的13%放缓至4%，但失业率仍稳定在4.5%，通货膨胀率则在1974年螺旋式上升至22%。此后不久，经济保持强劲的增长反弹，从1976年至1983年，平均每年增长率保持在8.5%。同期通货膨胀率则降到了3.9%。新加坡工业部门成功提升了其价值链。例如，对资本密集型产业如零部件和精密工程的高技术投资很快就取代了对纺织和半导体组装等劳动密集型产业的投资。

阶段四：产业多元化和整合（1985—1997年）

对阶段四的说明见图4-9。为了摆脱20世纪70年代的困境，新加坡在20世纪80年代后半叶面临着单位劳动力成本上涨、竞争趋紧、对传统出口的需求减弱的问题。此时需要新的增长引擎。1985年标志着新的增长机会的开始。在《广场协议》通过后，来自日本的低技术和中级技术制造业的外包使得大量的投资涌向东南亚地区。

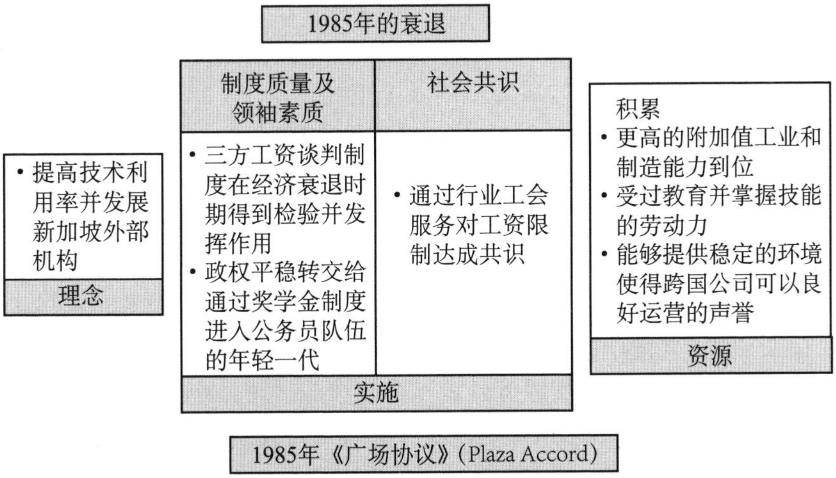

图4-9 阶段四——产业多元化和整合（1985—1997年）

然而，新加坡在日本外包的低端制造业方面无法与邻国竞争。在这方面，产业结构调整涉及以下内容。

1. 发展经济的外部机构。该国的劳动密集型产业被允许转移到低成本地区，从而使该国将有限的资源集中于高附加值活动。在某些情况下，这涉及鼓励建立特别经济区。这一政策还使新加坡能够利用亚洲新兴经济体的增长潜力，寻求更高的国内储蓄回报。

2. 吸引日本和发达国家的中端投资。提升制造业和相关服务价值链需要技术的深化。例如，在电子产品领域，新加坡将重点转向发展计算机外设部分，这是部件测试的高端活动。政府启动了地方产业升级计划，鼓励跨国公司"采用"地方分包商，其目的是开发专门针对跨国公司需求的企业集团。新加坡也开始促进其他需要熟练劳动力投入的行业如生物技术、银行和金融服务的发展。

3. 保持一定的成本竞争力。政府减少雇主的中央公积金（CPF）储蓄，并通过引入可变的工资部分，使工资更加灵活。在全国工资理事会的支持下，工会同意在1985—1986年衰退期间实行工资限制并接受中央公积金的削减。由于工会为工会成员和公众提供了一系列社会服务，因此工人同意对工资施加限制，这有助于抵消产业重组带来的阵痛。这些服务包括工人教育、合作社运动和社会文化方案。由此，新加坡的三方协商机制通过了一项关键性考验。

同时，新加坡内部的政治格局也在改变。随着政权的平稳交接，政策制定权被转移到了新加坡年轻一代领袖的手中，他们通过公务员的奖学金制度进入公务员队伍，现在已经成为中坚力量。这有助于确保投资者的一致性和连续性。

这些因素加在一起，成为帮助新加坡经济从1985—1986年增长放缓之后强劲复苏的决定性措施。从1987年到1997年，增长率平均维持在9%，在某些年份甚至超过10%。新加坡的工业部门成功地提升了其价值链，并同中国台湾、韩国、中国香港这些经济体一样，吸引了日本的投资与中等技术。在度过了初步适应阶段之后，该国还能够发展其外部机构。它利用其管理经验，在中国和印度发展经济区。这一战略的相对成功表明了其良好的制度及其实施的可迁移性。

阶段五：发展知识型经济（1998年至今）

对阶段五的说明见图4-10。发展中的亚洲黄金时期在1997年亚洲金融危机中突然结束。新加坡在这个阶段发现自己处于一个更具挑战性的外部环境中。该地区正在努力从危机的衰退效应中恢复过来。2001

年9月11日，纽约市世界贸易中心遭受袭击，在亚洲也发现与基地组织有关的恐怖组织，这一切都使得外界的不确定性增强，外部环境更为复杂。

	1997—1998年：亚洲金融危机		2003年:严重急性呼吸系统综合征（SARS）爆发
	制度质量及领袖素质	社会共识	
2001年：互联网科技泡沫破裂以及随之而来的衰退	• 政府主导的改善公司治理和重建亚洲危机后声誉的举措 • 对外部环境所带来挑战的现实认知 • 政府领导层和公务员队伍的更新以保障与新一代新加坡人之间的持续性和关联性	• 理解经济结构重组的重要性及其面临的困难 • 维持领导层维护社会契约的共识，谨慎地将财政盈余花费在可以缓解短期阵痛的项目上，也鼓励和协助人民的再培训和技能升级。	积累 • 在多个行业中提升附加值 • 外部机构将新加坡从战略上定位为进入中国和印度的门户 • 大幅的财政盈余可以用来缓解经济衰退的负担，以促进经济结构调整
• 构建知识能力以抓住全球化经济机遇			
理念	实施		资源

2001年9月11日美国遇袭

图4-10 阶段五——发展知识型经济（1998年至今）

然而，新加坡有一个坚实的基础，使其具备应对这些挑战的能力。该国在一系列的行业中发展了具有更高附加值的活动。相对成功的经济区域为国家提供了将自己定位为通往亚洲的门户的战略机会，并将其作为世界其他地区进入快速增长的经济体——中国和印度的中心地位。

经济结构调整在这个阶段所面临的挑战是使个人和企业在全球化的世界运作中做好准备。在全球化市场中，生产更容易扩散，知识价格更高昂。新加坡人和新加坡的企业必须具有创新性、创造性和企业家精神，以产出未来生产力增长所需要的技术和效率。

因此，政府的作用是在经济活动中放松管制和放开经营活动，以减少经营成本，在危机发生以及发生后进行维护工作。1998年，新加坡引入了两项总价值125亿美元的资产，其中包括把工资总额降低15%的政策，降低工商业用地租金、电费、港口和机场服务等政府收费，以及提供财产、收入和公司税的退税。在全球经济衰退的背景下，2001年，新加坡又引入了另一个重大的一揽子计划。政府还开放了新加坡的"软件"——与社会、文化和人力资本有关的政策，从而帮助该地区成

领袖与经济增长

为吸引全球人才且充满活力的地方。

新加坡的经济规划者们是现实的,他们认识到若要迅速应对不断变化的环境,经济结构的调整是一种苦难而又必需的良药。政治领袖和公务员队伍的更新是重点。公务员队伍需要新的想法和新的观点,并让年轻一代的新加坡人加入。由于经济结构调整的负担将由遭受结构性失业的人来承担,政府必须向受到不利影响的人提供"社会支持,确保没有人被社会遗弃"。通过审慎且有针对性地利用财政盈余来维持新加坡的社会共识,可以在短期内缓解经济结构调整带来的阵痛。但是,至关重要的是,这种政策的实施没有损害工作的动力(Lee,2003)。因此,需要鼓励人们进行再培训,精心设计方案,避免"福利文化"。

小结

新加坡的经济发展并不一定是因为它成功地采用了独特的政策。相反,它是关于国家如何成功地实施恰当的政策的。这是通过有远见的领袖领导的强有力的机构来实现的,这些领袖赢得了广大民众的支持。人民感受到经济增长带来的切实好处,因此支持政府的机构和领袖。经济政策的成功实施有助于国家获得信誉和稳固的声誉,这在新加坡吸引外国投资方面已被证明是无价之宝。上一节提出的政治经济学概念框架表明,它提供了一个广泛的解释过滤器,通过它可以更好地理解经济发展的经验。

自然禀赋、制度、领袖和人民

本节会将表4-4中的政治经济学概念框架用于解释各国的增长表现,以确定该框架具有更广泛的适用性。特别地,我们将试图通过分析来确定一些可用于解释增长因素的实证措施,以评估各国增长的差异。由于许多增长的基础不容易被量化,所以我们对现有的调查和研究进行了利用,在某些情况下,对一些与增长概念框架相关的指标建立了恰当的替代指标。该框架涵盖四大类指标:自然禀赋、制度、领袖和人民(见本章附录2:数据来源和解释)。[①] 总而言之,这四个指标涵盖了增长的主要影响因素。

---

① 分析部分使用的数据涵盖了表4-4中所列举的经济体。

一个国家可获得的最有形资源是它的自然禀赋。最重要的是，拥有丰富的自然禀赋应该有利于一个国家的发展，因为优越的地理位置、丰富的自然财富，或大量的人口可以为经济提供更多的选择。优越的地理优势通常用沿海通道与内陆土地的比例来衡量。在表 4-2 所列出的 10 个增长最落后的经济体中，尼日尔、中非共和国和乍得是完全的内陆经济体，还有另外 4 个经济体的海岸线也很短，其沿海通道占陆地面积与海上面积之和的比例不到十分之一。相反，如表 4-5 所示，与表现一般者相比，领先者享有优越的海上通道。

表 4-5 自然禀赋

	领先者	表现一般者	落后者	样本平均值
海岸线/内陆[1]	59.0	53.3	47.9	53.8
资源丰富性[2]	41.8	57.0	46.7	49.7

资料来源：Mineral Resources Data System (2005)；PennWell Corporation (2006)；CIA (2007)；作者估算。

1. 该项得分反映一个经济体沿海通道（或海岸线）占其陆地面积与海上面积之和的比例。得分为零指完全内陆经济体，得分为 100 指海岛经济体。
2. 得分越高意味着自然资源越丰富。

自然资源丰富，不一定就能保证经济的繁荣。尽管领先者受益于优越的地理位置和海上通道，但"上帝是公平的"，领先者与表现一般者或落后者相比资源较差。大多数情况下，非洲和中南美洲是资源丰富的大陆；然而，位于这些大陆的古代国家所拥有的自然财富，如阿兹特克帝国和印加帝国，并没有保证其人民在接下来的几个世纪中继续享有繁荣。正如 Acemoglu，Johnson 和 Robinson（2002）所述，这种财富逆转确实发生了。

无论自然资源是丰富还是贫瘠，一个国家的经济增长还在很大程度上受到其制度基础的影响。强有力的制度倾向于实行将自然资源引向持续增长和国家财富积累的政策；较弱者可能会执行短期内有利于特定群体的剥削性政策，但长期而言，这对经济和广大民众都是有害的。制度结构和运作是路径依赖的"历史载体"。一旦建立，除非受到积累过程或冲击的影响，否则它们可能会持续一段时间。制度的质量同时也取决于人员的配置。

表 4-6 和表 4-7 清楚地展示了制度质量和领袖素质的重要性。明确地说，在立法、执政和执法的所有措施上，领先者的排名更高。与其他类别相比，它们在领导力的大多数措施上也获得了更好的成绩。这些制度效率更高，领导层更不腐败、责任心强，为建设者的政治环境奠定了基础。

表 4-6 制度质量

	领先者	表现一般者	落后者	样本平均值
司法独立	56.6	36.0	45.2	46.7
政府支出审慎度	50.4	38.9	42.9	44.3
立法机关成效	52.1	40.1	37.3	43.9
监管质量	56.6	36.1	48.5	45.6

资料来源：Lopez-Claros，Porter 和 Schwab（2005）；Kaufmann，Kraay 和 Mastruzzi（2006）；作者估算。

注：得分越高意味着每个组变量的平均评级越高。

表 4-7 领袖素质

	领先者	表现一般者	落后者	样本平均值
腐败感知指标	39.1	26.3	35.6	32.5
发言权及问责制	52.6	39.1	51.2	46.3
政治稳定性	50.3	33.0	36.0	41.7
政府效能	57.5	35.5	44.6	44.7

资料来源：Kaufmann，Kraay 和 Mastruzzi（2006）；Transparency International（2006）；作者估算。

注：得分越高意味着每个组变量的平均评级越高。腐败感知指标得分高反映了腐败程度低。

制度和领袖以及政府运作所基于的价值观有助于我们理解为什么有些国家坚持选择不合理的政策组合。随着时间的推移，这不可能仅仅是由于对增长范式的忽视或对区域限制的无知，相反，可能是由于制度和领袖受到当地体系、结构和价值观的阻碍。

值得注意的是，拥有高质量的制度并不能取代具体的政治系统。与经济学一样，政治科学中的第一原则同样适用：在一个系统内进行检查和平衡是必要的，但是它们不需要单独从民主制度角度出发。表 4-8 显示，平均而言，领先者比落后者更为民主，但有时候高绩效的经济体可以被视为甚至比最不民主的执行者更加专制。落后者和表现一般者中也存在民主水平高于最高等级领先者的例子。然而，在不同群体的广义平均值上，我们的观察似乎证实了李普塞特假说（Lipset，1959），民主的维持要求更高的收入水平。在低收入水平上，增长和民主似乎相互制约，而随着收入的增加，拥有民主制度的较贫穷经济体在收入上升时往往陷入更专制的境地，只有在更高收入水平上才能恢复民主制度。上述研究结果似乎支持这一假设，因为领先者和落后者展示了高水平的民主，而表现一般者的分数可能代表直到收入达到较高水平才能持续下去，否则新兴的民主将会崩溃。政治权利的衡量标准也是不确定的。事实上，分到领先者类别的经济体中，既有最高水平的政治权力的样本，也有最低水平政治权力的样本，平均而言，相对于其他组，领先者这一项的成绩更差。

表4-8 民主和政治权力

	领先者	表现一般者	落后者	样本平均值
民主[1]	−0.5	−2.6	−1.4	−1.5
得分区间	−7.5～8.6	−12.8～10.0	−7.3～9.8	
政治权力[2]	3.3	4.4	3.5	3.9
得分区间	1.2～6.7	2.1～6.5	1.8～5.1	

资料来源：University of Maryland (2005); Freedom House (2006)。

1. 对1960—2003年的情况进行统计得出均值，得分越高意味着民主化程度越高。得分区间：−10＝专制，＋10＝民主。得分小于−10意味着这一时期内大部分时间被外国占领、政府崩溃、处于过渡时期或临时政府。这些数据在统计样本平均得分时被去除。
2. 对1972—2005年的情况进行统计得出均值，得分越高意味着政治权力越大。得分区间：1＝自由度最低，7＝自由度最高。

除了制度和领袖之外，政策和改革的第三大因素是人民。领袖与人民分享他们的愿景，制度的落实与执行会影响社会的政策。如果政策是为经济增长量身定做的，其最终收益和分配的作用将对人口产生影响。为人们提供正确的激励措施来支持和参与增长政策和改革——创造社会共识——变得尤为重要，尤其是短期的阵痛是获得长期增长所必需的。表4-9总结了一套社会共识指标。

表4-9 社会共识

	领先者	表现一般者	落后者	样本平均值
社会和国家间的共识				
人才流失[1]	53.0	38.1	40.7	44.5
公众对政治家的信任[1]	39.6	27.5	30.0	33.0
社会共识				
基尼系数[2]	39.9	46.1	49.4	45.0
民族语言和宗教分化指数[3]	0.52	0.49	0.57	0.52
内战（1960—2002年）[4]	12.8	14.8	18.9	15.2

资料来源：Annett (2001); Gleditsch (2004); Lopez-Claros, Porter 和 Schwab (2005); World Bank Development Data Group (2006); CIA (2007); 作者估算。

1. 得分越高意味着人才流失程度越低，公众对政治家的信任程度越高。
2. 得分越高意味着收入分配越平等。
3. 得分显示任意两个随机抽取的个体来自不同民族语言和/或宗教背景的可能性。
4. 得分越高意味着内战越频繁。

人才流失变量可以被解释为衡量一个（人才）在现有制度和领导层中所能获得的信任，以及是否能创造充分的机会和自由来发挥他们的才能。毫不意外的是，表现一般者和落后者的人才流失高于领先者。表现一般者和落后者中公众对其政治领袖能够制定恰当的政策、提高生活水平、增强安全性方面的信任度也大大低于领先者。

社会共识也可以被理解为在社会各阶层中建立趋同的利益。经验研究表明，库兹涅茨曲线（Kuznets Curve）显示为倒"U"形，这意味着收入水平低的经济体以及收入水平较高的经济体的收入不平等水平可能较低，也就是基尼系数较低。因此，与领先者相比，表现一般者的相对收入差距小就不足为奇了。

民族分裂化是对社会内部分歧的直接衡量。关于撒哈拉以南非洲地区的实证研究表明，在民族语言和/或宗教层面上分裂程度更高的非洲经济体也更容易发生冲突、制度俘获（Institutional Capture）、偏颇的政策制定和政治分化。

1960年，当时世界上15个最具种族差异的经济体中有14个在非洲，几乎所有这些经济体都保持在全球收入排名中的最末三分之一中。这是"非洲的成长悲剧"（Easterly 和 Levine，1997）。更为合理的解释是，种族分化与收入不平等程度较高的综合作用放大了断层线，削弱了社会内部的共识。政策制定的偏颇、公众对促成增长改革的阻挠态度，甚至不同群体（内战）之间的冲突也可能阻碍增长。

然而，分化只解释了故事的一部分。毕竟，14个领先者中有11个经济体的分化水平高于平均水平，然而这些经济体的成功与非洲甚至与表现一般者及落后者形成了鲜明对比。领先者似乎致力于政治的融合和政策的制定，并且能够创建制度来管理社会断层线，而不是通过排斥和/或牺牲一个群体来将利益转移到另一个群体中去。在表现一般者或落后者的经济体中，制度和领袖无法在不同派别之间建立共识。值得注意的是，由于制度和领袖不能使得利益群体团结一致，而是为了自身的利益而分裂，以便尽可能地争取资源和财富，因此内战在增长落后经济体中发生得更为频繁。

资源、制度、领袖和人民彼此之间都有互动，制度的建设往往是关联决策活动和在领袖与人民之间建立共识的纽带。每个经济体可能最初拥有的自然禀赋有所不同，但制度和领袖素质将决定其长期的增长轨迹。人民群众可能可以划分为不同群体，但可以通过有活力的制度和有能力、廉洁且值得信赖的领袖使得不同群体的人民之间建立共识。领先者大体上是那些或许地理资源并不丰厚但享有丰富历史馈赠的经济体。它们持续地建设制度，以解决社会上的现有断层线，而不是让这些分化破坏体制和政府的运行。

每个指标的数据详见附录3。我们将各个经济体的得分进行了重新调整，使其得分区间位于0到100分之间，其中较高的数字表示该经济体在该项指标上的得分较好。这使得我们可以推导出一个经济体在自然禀赋、制度质量、领袖和社会共识方面的综合得分。除了自然禀赋以外，领先者在其他各项上的得分均超过表现一般者和落后者（见表4-10）。当我们把目光集中于制度和领袖层面时，这种差异尤其明显。

表4-10 综合得分

综合得分	领先者	表现一般者	落后者	样本平均值
自然禀赋	50.4	55.2	47.3	51.7
制度质量	56.2	36.3	43.7	44.4
领袖素质	51.1	34.1	44.8	42.1
社会共识	59.6	59.2	51.9	57.5

资料来源：作者估算。

注：分数来自每个组合分组内各个项目的得分。每一单项的得分区间为0～100，得分高意味着该项产出更好。

特别值得注意的是，新加坡在衡量制度质量、领袖素质和社会共识的整体指标上有所改善，提高了样本的平均得分和领先者的总体得分（见表4-11）。

表4-11 新加坡在框架指标上的综合得分

综合得分	新加坡	领先者	样本平均值
自然禀赋	50.0	50.4	51.7
制度质量	84.0	56.2	44.4
领袖素质	75.6	51.1	42.1
社会共识	76.2	59.6	57.5

资料来源：作者估算。

注：分数来自每个组合分组内各个项目的得分。每一单项的得分区间为0～100，得分高意味着该项产出更好。

政策的经验教训和总结

20世纪80年代后期，实践者和学者就一些被认为对持续增长至关重要的宏观和微观基础达成了广泛共识。对其他国家增长经验的进一步案例研究可能揭示了成功的经济体如何将这些基本经济学原理与政策结果映射在一起。下文概述了本研究从全球增长经验中获得的一些广泛观点。

政策制定

1. 计算成本——持续增长需要在一系列成本效益权衡中进行改革。经济增长以及启动和维持经济增长的政策都会带来成本。例如，收入不平等在低收入水平下通常很低，但随着经济增长进入中等收入阶层而增加，随着经济体越来越富裕，收入差距将会下降。发展中经济体在收入水平低端的相关教训是，提高生活水平可能会带来短期的阵痛。例如，在短期内，各经济体可能要靠较少的民主或更大的不平等来实现长期内的可持续增长。

2. 基础经济学的第一个原则不是映射到明确的、普遍的政策集上。基本的宏观经济稳定——第一个原则——对于想要在针对贫困的斗争中取得可持续且永久的进展而言是至关重要的。关于经济如何能够实现宏观经济稳定的想法是易变的、多种多样的，因此没有一条通往繁荣的"黄砖路"。第一个十年中流行的范式可能会在下一个十年内变得不受欢迎且无关紧要，却在第三个十年中再度流行起来。

3. 政策制定必须适应本地化的情境。经验表明，将一种范式广泛应用于一个经济体并不是增长的良方。一个理念需要应用到当地的环境中去。对任何与增长有关的资源、约束和其他结构特征进行切实的评估，对于任何一个寻求理解某些增长范式在经济中可能发挥作用的增长实践者来说都是必要的。

4. 鉴于政策可能受利益集团或个体的影响，因此领袖的素质显得尤为重要。尽管实践者和学者都已达成共识，即没有一个普遍适用于所有经济体的单一政策，同时另一种更不能接受的观点是存在一个经济体可以持续性地做出错误的政策选择。良好的政策制定需要高素质、公正、无私的领袖和制度，这两者将相互加强而不是彼此破坏。例如，新

第4章 增长观点：一个政治经济学框架——新加坡的经验

加坡有一个做法，即通过确保处于决策位置的领袖可以得到很好的报酬，从而减少领袖进行贪污或寻租活动的动机（高薪养廉）。政府的奖学金制度也使公务员队伍能够不断吸纳人才。同时还需要对拥有既得利益的个人和机构进行检查并在这两者之间进行平衡。好的领袖也有助于有效政策的执行，通过传达他们前进道路的愿景来动员人民，通过政治融合而不是分歧来实现政策共识的能力。

政策实施和评估

1. 有活力的制度是政策执行的关键。实施阶段的失败在理论和实践中起作用的政策间插入了一个"楔子"。为了降低这个"楔子"的负面作用，需要有效的管理和公务员制度、独立的司法制度、充满活力的私营部门和负责任的新闻机构。历史证明了既得利益集团会给经济增长带来破坏性影响；对善政的承诺能确保一个国家制度的有效和公正，并致力于执行已经制定的良好的增长政策。

2. 人民的共识十分重要，因为增长政策最终将对全体居民产生直接影响。在社会层面上发现了两种共识：一种是在社会和政府之间，另一种是在不同的社会群体之间。持续增长往往要求在短期内做出牺牲以换取长期的经济利益，如果人们不相信领袖和政府的能力能够规划或贯彻政策，那么在执行阶段，即使是最好的政策也无法发挥作用。鉴于未来增长的不确定性，这也将降低公众对短期阵痛承受的意愿。人民对领袖的信心和信赖——第一类共识——因而与持续增长有关。此外，增长和发展的终点——一个国家人民的福祉——因而只对因为国家的目标和命运而团结一致，且在国内有根深蒂固利益的人们具有意义。若没有一个统一的愿景，社会矛盾就会变得普遍，从而直接破坏增长的努力。

3. 从小事做起，利用"显而易见的效果"。许多循序渐进的步骤可能比"大爆炸式"的改革能带来更多的好处。小规模改革可以在边际收益上产生实质性收益（或"显性效应"），而不必产生重大成本。这也为政策制定者提供了建立共识和参与的机会。在地域层面，大国在广泛区域内实施增长政策可能面临重大物流和制度的挑战，它们可以采取有针对性的方式，先在较小范围的地区（例如中国的经济特区）内开始实现增长。事实上，承诺能一步到位地解决一个大问题通常是经济学实践中的一个异常现象，经济学家通常研究如何对现有的制度和政策进行边际变动，以实现总体的边际改善。

4. 避免意识形态固化。一项政策的成功与否只在于其成效。政策制定者必须避免为了个人的利益而实行一项政策，而应该评估一项政策是否仍然有效和/或仍然是相关的。政策也可能受到既得利益集团的影响，因此政策制定者必须不断审查、调整和校准政策。这允许它们评估：（1）政策背后的想法在当地的情境下是否有效，（2）是否以及如何改进实施方式，（3）是否应该根据实践环境中的可能变化重新思考最初的增长范式。毕竟，政策制定者很少能够从一开始就选择了正确的政策组合。应当小步快走，逐步推进，基于政策制定者更多的时间来建立民众的共识，并降低由"大爆炸式"改革方案导致的政策不灵活所带来的沉重成本。

参考文献

Acemoglu, D., S. Johnson, and J. A. Robinson. 2002. "Reversal of Fortune: Geography and Development in the Making of the Modern World Income Distribution." *Quarterly Journal of Economics* 117 (4): 1231-1294.

Annett, A. 2001. "Social Fractionalization, Political Instability, and the Size of Government." IMF Staff Papers 48 (3): 573-577.

Cass, D. 1965. "Optimum Growth in an Aggregative Model of Capital Accumulation." *Review of Economic Studies* 32 (3): 233-240.

Central Intelligence Agency (CIA). 2007. *CIA World Factbook*. Washington, DC: Government Printing Office.

Chan, C. B. 2002. *Heart Work*. Singapore: Singapore Economic Development Board and EDB Society.

Chua, B. H. 2006. "Values and Development in Singapore." In *Developing Cultures: Case Studies*, ed. Lawrence E. Harrison and Peter Berger. New York: Routledge.

Durlauf, S. N., P. A. Johnson, and J. Temple. 2005. "Growth Econometrics." In *Handbook of Economic Growth*, ed. Philippe Aghion and Stephen N. Durlauf, vol. 1A, pp. 555-677. Amsterdam: North-Holland/Elsevier Science Publishers.

Easterly, W., and R. Levine. 1997. "Africa's Growth Tragedy: Policies and Ethnic Divisions," *Quarterly Journal of Economics* 112 (4): 1203-1250.

Freedom House. 2006. *Freedom in the World 2006: The Annual Survey of Political Rights and Civil Liberties*. Westport, CT: Freedom House.

Gleditsch, K. S. 2004. "A Revised List of Wars between and within Independent States, 1816—2002," *International Interactions* 30 (3): 231-262.

Heston, A., R. Summers, and B. Aten. 2006. *Penn World Table Version 6.2*. Centre for International Comparisons of Production, Income and Prices at the Iniversity of Pennsylvania.

Kaufmann, D., A. Kraay, and M. Mastruzzi. 2006. "Governance Matters V: Governance Indicators for 1996—2005." Policy Research Paper, World Bank, Washington, DC.

Koopmans, T. C. 1965. "On the Concept of Optimal Economic Growth." *Pontificiae Academiae Scientiarum Scripta Varia* 28 (1).

Lee, H. L. 2003. "Remaking the Singapore Economy." Keynote Speech in His Capacity as Deputy Prime Minister at the Annual Dinner of the Economics Society of Singapore.

Lee, K. L. 2000. *From Third World to First: The Singapore Story: 1965—2000*. Singapore: Times Media Private Limited and The Straits Times Press.

Lee, S. 1974. *The Monetary & Banking Development of Malaysia & Singapore*. Singapore: Singapore University Press.

Lipset, S. M. 1959. "Some Social Requisites of Democracy: Economic Development and Political Legitimacy." *American Political Science Review* 53 (1): 69-105.

Lopez-Claros, A., M. E. Porter, and K. Schwab. 2005. *The Global Competitiveness Report 2005—2006: Policies Underpinning Rising Prosperity*. World Economic Forum. New York: Palgrave Macmillan.

Luca, R. E., Jr. 1988. "On the Mechanics of Economic Development." *Journal of Monetary Economics* 22 (1): 3-42.

Mineral Resources Data System. 2005. *U. S. Geological Survey*. Reston, VA: U. S. Geological Survey.

PennWell Corporation. 2006. Special Report: Oil Production, Reserves, Increase Slightly in 2006. *Oil & Gas Journal* 104 (47, Dec.).

Romer, P. 1986. "Increasing Returns and Long-Run Growth." *Journal of Political Economy* 94 (5): 1002-1037.

Solow, R. 1956. "A Contribution to the Theory of Economic Growth." *Quarterly Journal of Economics* 70 (1): 65-94.

Transparency International. 2006. *Global Corruption Report*. London: Pluto Press.

United Nations. 1986. *Handbook of International Trade and Development Statistics Supplement*. New York: United Nations.

——. 2005. *UNCTAD Handbook of Statistics*. New York: United Nations.

University of Maryland. 2005. *Polity IV Project: Political Regime Characteristics and Transitions*. College Park: University of Maryland.

World Bank Development Data Group. 2006. *World Development Indicators*. Washington, DC: World Bank.

附录1：使用PWT6.2的抽样方法

佩恩表提供了188个经济体在生产、收入和价格方面的可比数据。PWT6.2和PWT6.1相比，更新了数据，一些国家由于政治变革或账户改进导致其数据被增加或撤销。本章最初准备使用PWT6.1的数据，但在2006年9月发布的PWT6.2进行了相当大的修订。1970年之后添加的数据可能使得修订的结果发生很大变化，例如1970年石油资源丰富的中东国家以及1990年之后贫困的前苏联国家的数据。

当我们意识到PWT6.2有不少更新信息（一些经济体数据更新至2004年，大多数经济体数据更新至2003年）时，我们决定在本章的分析中使用这些新的数据。但是仍有必要选出一些一致性较高的经济体，从而不会对分析造成极大的扭曲，也不会在数据库中造成人为的结构性破坏。因此，我们采用以下方法来选出最终的118个样本经济体。

1. 选择同时出现在PWT6.1和PWT6.2中的经济体。这将数据库中PWT6.2的188个经济体降低到145个。

2. 将这145个经济体RGDPC变量（即根据国际美元计值的连锁加权及购买力平价调整后的人均GDP）中的数据，或根据购买力平价调整后的人均GDP（连锁加权）按照5年一阶段进行划分。最新的2003年数据也包含其中。在这9个5年阶段性数据（1960—2000年）以及最新的截至2003年的数据中，任何一个在PWT6.1中少于6个数据的经济体将被剔除。这些经济体同样也在PWT6.2中被剔除。

3. PWT6.2中有些经济体的数据缺失（而在PWT6.1中有数据），这些经济体也被剔除。

附录2：数据来源和解释

变量	年份	资料来源	数据解释
实际人均GDP	1960—2003年	Heston, Summers 和 Aten（2006）	RGDPC变量，是指根据国际美元计值的连锁加权及购买力平价调整后的人均GDP。每个国际美元在某一年的购买力平价相当于1美元。
表5：自然禀赋			
沿海/内陆	多年	CIA（2007）	得分体现某一经济体沿海的国境线占其总领土和领海的比例。0＝内陆经济体，100＝四面环海。
自然资源	多年	可耕地：联合国粮食和农业组织（Food and Agricultural Organisation of the United Nations） 储油和储气库：Penn Well 公司（2006）资料来源：能源信息部门 贵金属和宝石矿：矿产资源数据系统（Mineral Resources Data System, 2005）	0＝自然资源匮乏，100＝自然资源丰富。这是一个来自四个指标最高分的综合指数： 1. 可耕地占总土地面积的百分比。 2. 储油量（以10亿桶为单位）。 3. 天然气储量（以万亿立方英尺为单位）。 4. 拥有贵金属（金、银、铂、钯）矿和宝石矿的数量。 由于有些自然资源是排他性的（例如不能在油矿上耕种），因此这四个指标的最高分（而不是平均分）将作为衡量一个经济体自然资源丰富性的指标。 作者计算得出。
表6：制度质量			
司法独立	2005—2006年	Lopez-Claros, Porter 和 Schwab（2005）	1＝完全不独立，严重受到影响；7＝完全独立。 对最终得分进行调整使最高得分等于100。
政府开支审慎程度	2005—2006年	Lopez-Claros, Porter 和 Schwab（2005）	与政府开支浪费变量相关。1＝浪费，7＝提供市场无法提供的必需商品和服务。 对最终得分进行调整使最高得分等于100。
立法机关有效性	2005—2006年	Lopez-Claros, Porter 和 Schwab（2005）	1＝非常无效，7＝十分有效。 对最终得分进行调整使最高得分等于100。

续表

变量	年份	资料来源	数据解释
表6：制度质量			
监管质量	2005年	Kaufmann, Kraay 和 Mastruzzi (2006)	-2.5=治理效果不佳，2.5=治理效果极佳。对最终得分进行调整使最高得分等于100。
表7：领袖素质			
腐败感知指数	2006年	Transparency International (2006)	0=高度腐败，10=高度清廉。对最终得分进行调整使最高得分等于100。
发言权和问责制	2005年	Kaufmann, Kraay 和 Mastruzzi (2006)	-2.5=治理效果不佳，2.5=治理效果极佳。对最终得分进行调整使最高得分等于100。
政治稳定性	2005年	Kaufmann, Kraay 和 Mastruzzi (2006)	-2.5=治理效果不佳，2.5=治理效果极佳。对最终得分进行调整使最高得分等于100。
政府效能	2005年	Kaufmann, Kraay 和 Mastruzzi (2006)	-2.5=治理效果不佳，2.5=治理效果极佳。对最终得分进行调整使最高得分等于100。
表8：民主和政治权利			
民主/独裁主义	1960—2003年	University of Maryland (2005)	每个经济体得分为1960—2003年之间的平均分。指数单位：-10=强独裁主义，+10=强民主。特例：中央权力崩溃（-77）以及过渡/临时政府（-88）。在计算平均分时会跳过这些特例。排除特例后，对最终得分进行调整使最高得分等于100。在该时间段内平均分小于-10的经济体最终得分为0。
政治权利	2005年	Freedom House (2006)	指标单位：1=最自由，7=最不自由。对最终得分进行调整使最高得分等于100。

续表

变量	年份	资料来源	数据解释
表9：社会共识			
人才流失	2004—2005年	Lopez-Claros，Porter 和 Schwab（2005）	1＝人才离开该国，7＝人才留在本国。对最终得分进行调整使最高得分等于100。
公众对政治家的信任度	2004—2005年	Lopez-Claros，Porter 和 Schwab（2005）	1＝非常低，7＝非常高。对最终得分进行调整使最高得分等于100。
基尼系数	多年	World Bank Development Data Group（2006）	对数据进行调整使高得分与高社会共识正相关，即0＝收入完全不平等，100＝收入完全平等。
民族分化	20世纪60—80年代	Annett（2001）喀麦隆和中国台湾：作者根据CIA World Factbook（2007）中提供的民族语言群体的人口分类进行计算	0＝同质社会，100＝断裂社会。得分反映出随机在该经济体选出两人，他们来自不同民族和/或语言背景的可能性（百分数）。对数据进行调整使得高得分同高社会共识正相关，即0＝断裂社会，100＝同质社会。
内战	1960—2002年	与战争（内战）相关的扩展数据库 Gleditsch（2004）	二进制，对某一经济体而言，在给定的5年时间内（例如1960—1964年），无论时间长短，只观察是否出现内战，是＝1，否＝0。得分反映出5年中经济体内战出现的比例。对数据进行调整使得高得分同高社会共识正相关，即0＝每一阶段都出现内战，100＝没有出现内战。

133

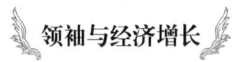

附录 3a: 增长表现指数得分

	博茨瓦纳	中国	多米尼加	印度	韩国	马来西亚	巴基斯坦	罗马尼亚	斯里兰卡	圣卢西亚	圣文森特和格林纳丁斯	泰国
制度质量	69.57	50.05	32.21	56.15	57.76	71.45	41.27	41.23	41.88	72.72	72.72	60.48
司法独立	85.86	48.57	34.29	75.71	60.00	77.14	37.14	37.14	42.86	—	—	62.86
政府支出审慎度	62.86	48.57	24.29	44.29	54.29	72.86	48.57	37.14	35.71	—	—	61.43
立法机构有效性	64.29	58.57	25.71	61.43	51.43	75.71	41.43	37.14	41.43	—	—	60.00
监管质量	65.29	44.47	44.54	43.17	65.34	60.09	37.95	53.49	47.52	72.72	72.72	57.63
领袖素质	63.57	35.99	43.70	42.70	61.13	55.45	25.80	47.02	35.62	71.71	71.65	46.09
腐败感知指数	56.00	33.00	28.00	33.00	51.00	50.00	22.00	31.00	31.00	—	—	36.00
发言权和问责制	63.65	16.83	54.02	57.06	64.78	41.89	25.34	57.13	44.71	70.70	70.70	51.39
政治稳定性	68.85	46.36	50.99	32.99	58.66	59.75	16.47	50.64	25.06	71.97	72.83	39.02
政府效能	65.78	47.76	41.80	47.75	70.07	70.15	39.37	49.33	41.73	72.45	71.42	57.97
社会共识	60.94	59.86	50.52	42.90	74.54	63.87	45.36	57.21	44.21	67.80	73.50	59.35
公众对政治家的信任度	57.14	47.14	18.57	30.00	42.86	67.14	27.14	27.14	22.86	—	—	42.86

第4章 增长观点：一个政治经济学框架——新加坡的经验

续表

	博茨瓦纳	中国	多米尼加	印度	韩国	马来西亚	巴基斯坦	罗马尼亚	斯里兰卡	圣卢西亚	圣文森特和格林纳丁斯	泰国
基尼系数	37.00	69.00	48.30	67.50	68.40	50.80	69.40	69.00	66.80	57.40	—	58.00
民族分化	52.00	40.00	54.00	10.00	100	30.00	39.00	71.00	29.00	46.00	47.00	37.00
内战	100	88.89	88.89	55.56	100	100	55.56	88.89	66.67	100	100	88.89
人才流失	58.57	54.29	42.86	51.43	61.43	71.43	35.71	30.00	35.71	—	—	70.00
地理	22.86	69.80	50.32	45.16	79.80	70.18	21.26	23.86	57.14	53.23	58.97	35.63
沿海	0	39.60	78.16	33.17	91.02	63.66	13.38	8.23	100	100	100	39.83
自然资源	45.71	100	22.49	57.14	68.57	76.70	29.15	39.49	14.29	6.45	17.95	31.43
政治												
政治权利指标	27.27	95.24	32.90	32.03	44.59	54.11	68.40	72.29	41.99	16.48	24.73	47.62
民主/独裁	87.76	12.31	24.44	92.96	40.74	76.06	22.69	24.17	81.57	—	—	27.59

135

附录3b：平均表现指数得分

	玻利维亚	喀麦隆	佛得角	科摩罗	科特迪瓦	厄瓜多尔	埃及	格林纳达	几内亚	海地	洪都拉斯	印度尼西亚	摩洛哥	巴布亚新几内亚	菲律宾	叙利亚	土耳其	津巴布韦
制度质量	32.71	34.44	45.76	17.31	31.06	24.78	48.26	57.19	31.54	26.51	38.85	47.05	44.14	32.90	39.91	25.62	50.91	25.07
司法独立	31.43	31.43	—	—	—	17.14	—	—	—	—	34.29	45.71	44.29	—	38.57	—	51.43	30.00
政府支出审慎度	35.71	34.29	—	—	—	28.57	52.86	—	—	37.14	51.43	45.71	—	—	34.29	—	40.00	28.57
立法机构有效性	24.29	37.14	—	—	—	20.00	51.43	—	—	—	42.86	50.00	44.29	—	37.14	—	58.57	35.71
监管质量	39.40	34.90	45.76	17.31	31.06	33.40	40.51	57.19	31.54	26.51	41.12	41.07	42.26	32.90	49.65	25.62	53.65	5.99
领袖素质	34.03	31.10	60.68	34.89	15.92	33.19	33.76	54.18	25.66	18.50	35.98	32.97	38.50	34.40	37.90	25.75	45.43	20.24
腐败感知指数	27.00	23.00	—	—	21.00	23.00	33.00	35.00	19.00	18.00	25.00	24.00	32.00	24.00	25.00	29.00	38.00	24.00
发言权和问责制	48.16	26.18	66.59	44.47	20.00	46.71	27.08	66.75	26.41	21.83	47.24	45.73	34.70	49.03	50.13	16.68	49.19	16.92
政治稳定性	26.92	43.13	67.66	42.86	0.19	33.35	32.02	59.74	27.76	11.88	34.49	21.65	41.39	33.73	27.81	31.85	39.14	18.45

第4章 增长观点：一个政治经济学框架——新加坡的经验

续表

	玻利维亚	喀麦隆	佛得角	科摩罗	科特迪瓦	厄瓜多尔	埃及	格林纳达	几内亚	海地	洪都拉斯	印度	印度尼西亚	摩洛哥	巴布亚新几内亚	菲律宾	叙利亚	土耳其	津巴布韦
政府效能	34.05	32.10	47.80	17.35	22.50	29.70	42.95	55.22	29.48	22.28	37.21	40.50	45.91	30.84	48.67	25.47	55.37	21.59
社会共识	44.35	46.44	76.00	85.89	56.13	50.06	63.52	73.00	60.90	76.93	58.24	57.63	51.40	71.37	31.22	67.28	57.67	37.70
公众对政治家的信任度	20.00	27.14	—	—	—	17.14	—	—	—	—	27.14	41.43	34.29	—	20.00	—	37.14	22.86
基尼系数	39.90	55.40	—	55.40	13.00	56.30	65.60	46.00	59.70	40.80	46.20	65.70	60.50	49.10	53.90	—	56.40	49.90
民族分化	29.00	18.25	52.00	94.00		34.00	75.00	—	23.00	90.00	75.00	21.00	53.00	65.00	16.00	79.00	81.00	47.00
内战	100	100	100	77.78	100	100	77.78	100	100	100	100	100	77.78	100	33.33	55.56	66.67	44.44
人才流失	32.86	31.43	—	—	—	42.86	35.71	—	—	—	42.86	60.00	31.43	—	32.86	—	47.14	24.29
地理	48.57	16.88	55.71	67.94	31.39	73.48	56.81	52.94	30.02	55.61	63.24	97.54	55.24	83.13	88.57	16.35	56.56	42.86
沿海	0	8.05	100	100	14.21	52.67	47.90	100	8.60	83.11	35.04	95.08	47.63	86.27	100	7.89	73.11	0
自然资源	97.14	25.71	11.41	35.87	48.57	94.29	65.71	5.88	51.43	28.11	91.43	100	62.86	80.00	77.14	24.80	40.00	85.71
政治																		
政治权利指标	41.13	88.74	48.57	69.05	84.42	45.02	77.92	30.88	93.07	87.88	49.35	71.43	65.37	30.48	47.62	92.21	44.16	75.76
民主/独裁	22.96	17.61	—	30.00	0	68.33	19.07	—	16.09	0	42.22	28.70	14.06	100.00	53.24	0	73.24	30.00

137

附录3c：增长不佳表现指数得分

	萨尔瓦多	斐济	危地马拉	牙买加	约旦	马达加斯加	纳米比亚	尼加拉瓜	秘鲁	塞内加尔
制度质量	45.24	42.99	34.75	50.85	57.95	43.65	54.14	29.50	34.05	43.92
司法独立	44.29	—	35.71	58.57	67.14	41.43	38.57	17.14	28.57	—
政府支出审慎度	52.86	—	32.86	38.57	57.14	48.57	45.71	34.29	32.86	—
立法机构有效性	31.43	—	25.71	51.43	54.29	40.00	50.00	22.86	22.86	—
监管质量	52.41	42.99	44.72	54.82	53.24	44.60	52.29	43.71	51.91	43.92
领袖素质	46.55	52.53	34.25	47.36	45.95	45.53	52.51	39.23	37.56	46.14
腐败感知指数	40.00	—	26.00	37.00	53.00	31.00	41.00	26.00	33.00	33.00
发言权和问责制	55.14	53.53	42.66	61.40	35.29	49.89	57.28	49.75	50.85	55.97
政治稳定性	47.14	55.82	32.23	43.40	43.84	53.59	60.06	46.77	28.32	48.55
政府效能	43.94	48.23	36.09	47.65	51.66	47.62	51.71	34.38	38.08	47.04
社会共识	54.49	72.00	42.83	58.56	57.33	45.96	46.40	43.63	38.42	59.23
公众对政治家的信任度	32.86	—	21.43	28.57	51.43	28.57	38.57	18.57	20.00	—

第4章 增长观点：一个政治经济学框架——新加坡的经验

续表

	萨尔瓦多	斐济	危地马拉	牙买加	约旦	马达加斯加	纳米比亚	尼加拉瓜	秘鲁	塞内加尔
基尼系数	47.60	—	44.90	62.10	61.20	52.50	25.70	56.90	45.40	58.70
民族分化	85.00	44.00	48.00	65.00	48.00	13.00	22.00	50.00	34.00	19.00
内战	55.56	100	55.56	100	88.89	100	100	55.56	55.56	100
人才流失	51.43	—	44.29	37.14	37.14	35.71	45.71	37.14	37.14	—
地理	**48.02**	**55.47**	**51.83**	**57.92**	**5.07**	**77.14**	**32.84**	**62.68**	**62.22**	**19.80**
沿海	36.03	100	29.37	100	1.57	100	28.54	42.50	24.45	16.75
自然资源	60.00	10.95	74.29	15.83	8.57	54.29	37.14	82.86	100	22.86
政治										
政治权利指标	40.69	48.92	52.38	26.41	72.29	56.71	38.57	59.31	53.68	55.41
民主/独裁	13.70	67.94	42.04	98.78	17.31	37.50	80.00	21.76	37.04	29.09

第5章　制度在增长和发展中的角色[①]

达龙·阿西莫格鲁（Daron Acemoglu）
詹姆斯·鲁宾逊（James Robinson）

社会科学领域内最重要的问题之一就是探究造成各个国家间经济发展和经济增长差异的原因。为何有些国家比其他国家更贫困？为何有些国家在其他国家经济发展停滞时仍能获得经济增长？我们对于这些问题能回答到怎样的程度将决定我们如何回答下面这个问题：我们能做些什么来引入经济增长并改善一个社会的生活水平？

经济学家早已发现，一个社会的人均产出与这个国家中劳动者和企业所能获得的人力资本、实物资本以及技术的数量密切相关。与此相类似的是，经济增长同一个社会增加其人力资本和实物资本并发展科技的能力相关。在这种情况下，对科技可以做多种理解。科技的差异不仅体现在企业间的技术差别上，而且体现在组织生产差别上，而后者表示一些国家可以更有效地利用其资源。然而，人力资本、实物资本和科技的差异只是接下来这个问题的近因：为何有些国家拥有较少的人力资本、实物资本以及科技，并在使用其要素进行生产和抓住机遇方面表现得比其他国家更差？为了得到有关"为何某些国家比其他国家更富有"以及"为何有些国家发展速度比其他国家更快"这些问题更令人满意的答案，我们需要寻找能够将国家之间直接差异联系起来的潜在的根本原因。只有理解了这些根本原因，我们才能开发出一个可以提供政策建议的框架，同时这些建议绝不会是陈词滥调（例如改进技术），并且能够将负

[①] 本章是为增长与发展委员会所写的一篇背景介绍性文章。我们感谢蒙特克·阿卢瓦利亚（Montek Ahluwalia）、杰拉德·帕德罗·米克尔（Gerard Padró i Miquel）、迈克尔·斯彭斯和罗伯托·扎哈（Roberto Zagha）所提出的评论及建议。

面效应降到最低。

在本章中,我们将就制度是不同国家间经济增长和发展差异的根本原因进行讨论并做出广义的解释,同时我们还将开发出一个一致的框架来理解为何制度在不同国家间存在差异和差异产生的原因,以及这种差异将如何发生变化。我们还将说明,以我们现有的知识还无法就制度如何进行改进(以进一步推动经济增长)做出更详细的陈述。但无论如何,我们可以将这一框架使用在多个方面,如用来说明制度改革的潜在陷阱。尽管这本身并不是解决发展问题的方法之一,但能够避免陷阱已经是一个良好的开端了。我们还可以利用这个框架来构建我们对经济发展成功案例的理解。尽管这种事后的分析不能替代政策,但这是了解如何进行制度改革的第一步。

制度是什么

道格拉斯·诺斯(Douglass North, 1990: 3)对制度做了如下界定: "制度是一个社会中游戏的规则,或者更正式的说法是在人际交往中人为附加的限制。" 在这个界定中,显然有三个制度的重要特征: (1)制度是"人为制造的",这与其他潜在的根本原因相区别,例如地理因素就是超出人力控制范围的; (2)它们是"游戏的规则",为人类行为设定了"限制"; (3)它们的主要效应通过激励体现(North, 1981)。

对于经济学家而言,对激励重要性的认知可以说是本能。如果制度是激励的决定因素之一,那么制度就应该对经济产出,包括经济发展、增长、不平等以及贫困有重要影响。事实是否真的如此?制度真的是经济产出的关键决定因素吗?还是说制度是受其他因素(如地理位置或文化)影响之后决定人和经济相互作用的二级要素?

许多实证研究试图回答这个问题。在对其中一些研究进行讨论前,有必要强调重要的一点:这些关于制度的研究最终都是为了确定在具体情境下影响经济产出的具体制度特征(例如,法律制度对商业契约类型的作用)。然而,这类研究通常是从制度对一系列经济产出影响的宽泛认知开始的。这些宽泛的认知与诺斯的概念界定一致,包含一个社会中经济、政治以及社会组织的多个侧面。由于其集体决策方式的不同(民主式或独裁式),或者由于其经济制度的不同(保障财产权、进口障碍或商人可获得的契约),不同社会中的制度会有所不同。导致这种差异的原因还可能是人们预期一系列正式制度可以以不同方式起作用。例如,在两个民主制社会中,一系列的正式制度仍可能存在差异,这或许是因为在不同社会群体或阶层间政治力量的分配是不同的,或者在一个社会中人们预期民主制会面临崩溃,而在另一个社会中人们预期民主制有助于其实现团结统一。这种对于制度的广义界定既有好处也可能伴随着问题。其好处在于它使得我们可以不必陷于分类的泥淖而开展关于制度角色的理论和实证研究。而问题在于除非我们后续可以对具体制度的角色有深入研究,否则我们的研究仍浮于表面。

制度的影响

相当多国家间的差异在于经济和政治生活组织方式上。大量文献表明国家间的巨大差异在于经济制度的不同,同时这些制度和经济表现方面存在强相关。例如,Knack 和 Keefer(1995)研究如何衡量由国际商业组织决定的财产权的实施,Mauro(1995)研究如何衡量腐败,Djankov 等(2002)衡量不同国家间的进口障碍。许多其他研究考察教育制度和人力资本相关差异中的变量。这些研究者发现在经济制度的测量中存在潜在差异,同时在这些测量和经济表现的不同指标间存在强相关。例如,Djankov 等(2002)发现,尽管 1999 年在美国建立一家中等规模企业的总成本低于人均 GDP 的 0.02%,同一成本在多米尼加共和国则达到人均 GDP 的 4.95%,在厄瓜多尔是人均 GDP 的 0.91%,在肯尼亚是人均 GDP 的 1.16%,在尼日利亚则是人均 GDP 的 2.7%。这些进口障碍同多个经济产出高度相关,包括经济增长率以及发展水平。

无论如何,这种相关类型并还不能说明拥有较差制度国家的贫困原因在于其制度。毕竟,美国和多米尼加共和国、厄瓜多尔、肯尼亚和尼日利亚在社会、地理、文化和经济基础方面都存在差异,所以这也可能是导致后者经济表现不佳的原因。事实上,这些不同或许就是导致制度差异的原因。因此,基于相关的证据还不能明确制度是不是经济产出的重要决定因素。

为了获得进一步的研究成果,我们需要将外源性的制度差异单独分出来,因此我们最终得到的近似情况是,许多相同的社会最终由不同制度构成。欧洲对其他国家的殖民统治为我们提供了研究这些问题的实验室。从15世纪晚期开始，欧洲人对世界上大多数地区实行殖民统治。与欧洲人统治相伴随的是世界上不同地区间差异巨大的制度和社会权力结构。

Acemoglu, Johnson和Robinson（2001）证明在大量的殖民国家，特别是在非洲、中美洲、加勒比和南亚地区，殖民者建立起榨取性制度。这些制度（此处仍使用广义解释）并未对私有财产提供太多保护，也没有对政府进行太多监督和制衡。欧洲人在这些殖民地的目标十分明确，那就是榨取各种形式的资源。这种殖民战略以及相关的制度与欧洲人在另外一些殖民地（特别是有大量欧洲移民的殖民地，例如澳大利亚、加拿大、新西兰和美国）中建立的制度大相径庭。在后面这些殖民地中，欧洲人的重心放在实现社会广大群众的财产权上，特别是小农、商人以及企业家。我们在此处强调"广大群众"，这是由于即便在制度最不济的社会中，精英们的财产权通常也能得到保障，但大多数人民群众则无法享有这种权力，并且在参与许多经济活动时都面临相当大的阻力。尽管由精英们主导的研究可以在一段有限的时间内产生经济增长，但广大人民群众的财产权对可持续增长似乎更为重要（Acemoglu, 2008）。

欧洲人是否选择了榨取性制度的其中一个重要决定因素是他们在该殖民地是否有大量移民。在有大量欧洲移民的殖民地，欧洲人为了其未来的利益而建立相应制度。而在没有大量欧洲移民定居的殖民地，他们的目的是建立一个高度集权的国家机器以及其他相关的制度，从而压迫当地居民以利于其在短期内攫取资源。基于这一观点，Acemoglu, Johnson和Robinson（2001）认为在环境有利于欧洲人定居的地区，其制度发展路径应与欧洲人死亡率较高的地区有所区别。

事实上，殖民时期的欧洲人在不同殖民地死亡率差异极大，这是由于疟疾和黄热病的流行。因此，它们为体制内外生变异的来源提供了一个可能的解释。这些死亡率的差异应该不会直接影响当今的产出，但是通过影响欧洲人殖民的模式，它们可能对制度发展有一些影响。因此，殖民者死亡率可以被当作在工具变量估计策略中不同国家间的广义制度差异工具来使用。

对于一个工具的关键要求是它对利益相关者的产出不应该有直接影响（除了通过内生解释变量产生的效应）。我们可以确认殖民者死亡率对当前经济产出渠道的影响，或者与其他影响这些产出的因素间的联系。尽管如此，作为初步的粗略估计，对于为何这些死亡率不应有直接影响，我们有很好的理由。疟疾和黄热病对于没有免疫力的欧洲人而言是致命的，因此对殖民模式有关键性影响，但这些疾病对于在几个世纪中已逐步发展出多种免疫力的本地居民作用有限。本地人口死亡率（同一地区欧洲人死亡率与本地人死亡率间存在较大差异）同样支持了这种排除理论（Curtin，1964）。

数据同时表明，在死亡率高和死亡率低的殖民地间存在制度发展差异。此外，与Acemoglu，Johnson和Robinson（2001）核心观点一致，对于广义制度的多种测量，例如防止被征用的测量，与100多年前欧洲人面对的死亡率以及早期欧洲殖民模式高度相关。这些研究同样说明由死亡率和欧洲殖民模式导致的制度差异对人均收入有重要（且强大）的效应。例如，根据估计，改进尼日利亚的制度使其达到智利的水平将可以在长期内使尼日利亚人均收入增长到现在的七倍，这种增长其实是占了各国间数量上差异的优势。这一证据表明，当我们关注可能存在的外生变异源时，数据将指向广义制度差异对经济发展的巨大影响。

当然，死亡率并不是决定欧洲人所采用的殖民战略的唯一因素。Acemoglu，Johnson和Robinson（2002）还考察了另一个重要方面：在被殖民前这些地区人口密度如何？他们发现在人口密度较高的地区，欧洲人更倾向于采用榨取性制度，因为他们可以更便捷地榨取本地居民从而获益，这种榨取要么是通过让当地居民在种植园或者矿区工作，要么是维持已有系统而通过收税和收取贡品来获益。这提出了维持到现在的制度变异的另一种可能来源，Acemoglu，Johnson和Robinson（2002）说明这种变异来源有相似的重大影响。

还有一个可以说明制度差异后果的例子是韩国和朝鲜之间的对比。苏联和美国在第二次世界大战后的地缘政治平衡导致韩国和朝鲜沿着北纬38度划分。在金日成的统治下，朝鲜几乎没有私人财产存在的空间。同时，韩国实行的是生产私有化，并对生产者，特别是在大集团公司（主宰韩国经济的家族式联合大财团）庇护下的生产者提供保护。尽管在早期韩国并非民主制国家，但该国总体上实现了快速发展，相信且鼓励投资和快速增长。

在这两种差异巨大的政治体制领导下，韩国和朝鲜的经济呈现出截然不同的结果。韩国在其体制和政策下发展迅速，朝鲜在其体制和政策领导下，自1950年以来经济增长极慢。

总之，相当多的证据表明，国家间广义制度差异对其经济发展有重大影响。这些证据说明，要理解为何有些国家贫穷，我们就需要理解为何其制度功能失调。然而这只是寻找答案第一步的一部分。下一个问题可能更难回答：如果制度对经济富有程度有如此巨大的影响，为何有些国家最终选择并维持这些功能失调的制度？

对制度差异建模

作为制度建模的第一步，我们需要考察三个制度特征之间的差异：（1）经济制度，（2）政治权力，（3）政治制度。

正如上文中已经提及的，由于经济制度塑造了社会经济发展的关键诱因，因此对经济增长起到作用。特别是，其影响了对物质、人力资本和技术的投资，以及生产组织。经济制度不仅决定一个经济体的总体经济增长潜力，而且决定社会中资源的分布，这里可以体现出问题的一部分：不同的制度不仅与不同程度的效率和经济增长潜力相关，而且与收益在不同社会群体和个体间的分配差异相关。

经济制度是如何决定的？尽管有相当多的因素都在其间起作用（包括历史和机遇），不过最终经济制度是社会集体决策的结果。由于其对经济收益分配的影响，不同的个体和群体对经济制度会有不同的偏好。这将导致不同群体和个人在进行经济制度选择时产生利益冲突，因而不同群体的政治权力就成为决定因素之一。

社会中政治权力的分布同样是内生性的。为了更进一步说明这一点，我们此处需要对政治权力的两个组成部分进行区分——法理政治权力和事实政治权力（Acemoglu 和 Robinson，2006a）。法理政治权力指源自社会政治制度的权力。政治制度与经济制度相似，决定了对关键参与者的限制和激励，只不过是在政治层面上。政治制度的例子包括政府形式，例如民主制和独裁制或专制政府，以及对政治家和政治精英限制的程度。

即便一群人的权力并非由政治制度分配而来，他们仍可能获取政治权力。例如，他们可以通过反叛、使用武力、聘用雇佣兵、同军方合作或游行，从而向社会表明其愿望。这种类型的事实政治权力源于这一群体解决集体行动问题的能力，以及其可以使用的经济资源（这决定了他们运用各种势力对抗其他群体的能力）。

这个讨论显示出我们可以将政治制度和社会中经济资源的分配视作两个状态变量，它们影响了政治权力如何分配以及如何选择经济制度。

一个关键概念是"持续性"。相对而言,资源分配和政治制度的变化缓慢且相对稳定。这是因为,如同经济制度,政治制度是集体决策的结果,政治权力在社会中的分配是其演化的关键性决定因素。这创建了持续性的核心机制:政治制度安置了法理政治权力,那些享有政治权力的人影响了政治制度的演进,并且他们会倾向于保持赋予其政治权力的政治制度。持续性的另一个机制来自资源的分配:当一个特定的群体相对其他群体更富有时,这将增加其事实政治权力,并迫使经济制度和政治制度满足其利益,从而重构最初的不公正。我们稍后会看到,这些观点在发展改革为何如此困难的看法方面十分有力。改革伴随着陷阱,因为即便其他事物可能发生变化,但无论是事实政治权力还是法理政治权力都可能维持下去。

除了这些持续性的趋势外,该框架还强调了变化的潜在性。特别是,对事实政治权力平衡的"冲击",包括技术变革和国际环境变化,都有可能在政治制度方面产生大的影响,从而在经济制度和经济增长方面带来改变。

Acemoglu,Johnson 和 Robinson(2005b)对这个框架进行了提纲挈领的总结,可见图 5-1。

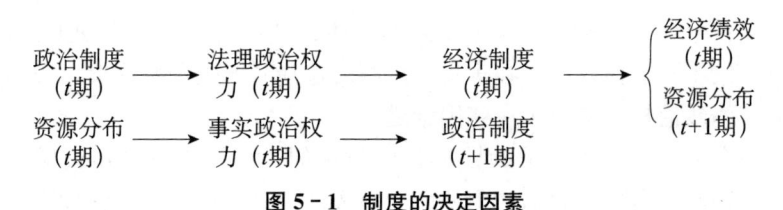

政治制度（t期）→ 法理政治权力（t期）→ 经济制度（t期）→ 经济绩效（t期）／资源分布（t+1期）

资源分布（t期）→ 事实政治权力（t期）→ 政治制度（t+1期）

图 5-1 制度的决定因素

资料来源:Acemoglu,Johnson 和 Robinson(2005b)。

一个简单的历史案例

我们可以将中世纪晚期和现代早期欧洲的产权发展作为一个简单的历史案例。在这一时期,土地所有者、商人和实业家对产权意识的缺乏不利于经济增长。在当时的政治制度下,政治权力掌握在国王和各类世袭君主的手中,因此有关财产的权利在很大程度上由这些君主决定。而君主又常常利用自己的权力剥削生产者、增加赋税、债务违约,并且通过将社会生产资源分配给他们的盟友以换取经济利益或政治上的支持。因此,中世纪的经济制度不利于激励人们投资于土地、实物、人力资本

第 5 章 制度在增长和发展中的角色

或技术，也未能促进经济增长。这些经济制度也确保君主控制了社会上大部分的经济资源，巩固了其政治权力，同时确保了政治制度的延续。

然而，17 世纪见证了经济和政治制度中的重大变革，为发展产权和限制君主权力铺平了道路，尤其是在 17 世纪 40 年代的内战和 1688 年的光荣革命之后的英国，以及 1568 年至 1648 年间反对哈布斯堡王朝之后的荷兰。这些制度方面的重大变化是如何发生的？在英国，直到 16 世纪国王仍旧把持着大量的事实政治权力，而将与皇位继承相关的内战放在一边，没有其他任何一个社会群体可以积攒起足够的事实政治权力从而挑战国王的力量。但 16 世纪和 17 世纪英国土地市场的变化（Tawney，1941）以及大西洋贸易的扩张（Acemoglu，Johnson 和 Robinson，2005a）逐渐增加了反对国王专制主义的地主和商人的经济财富，并随之增加了其事实政治权力。

到了 17 世纪，通过国内和跨海（特别是大西洋）贸易而逐渐发展壮大起来的商人和士绅阶层变得日益富有，以致他们可以拥有足以抗衡国王的军事武装。这种事实政治力量在内战和光荣革命中击败了斯图亚特王朝的专制统治者，并且引发了政治制度的变革，剥夺了国王以前所拥有的大部分权力。这些政治权力分配的变化导致经济制度的重大变革，加强了土地和资本所有者的产权，推动了金融和商业扩张的进程。其结果是快速的经济增长，最终引发工业革命并且形成了完全不同于中世纪晚期的经济资源分配方式。

这个讨论给两个重要问题提供了找到答案的线索。其一，为什么有利益冲突的集团不同意采用可以使总增长最大化的经济制度呢？其二，为什么有政治力量的团体想要按照它们的想法来改变政治制度呢？在上面的例子中，为什么士绅和商人利用事实政治权力来改变政治制度，而不是简单地实施他们想要的政策呢？承诺是上述两个问题答案的根源。

由于经济制度和政治制度之间存在互补性，同时因为有政治权力的群体不能承诺不使用权力来改变对他们有利的资源分配，因此形成一系列有效率制度的协定往往不会最终得到落实。例如，只要君主垄断政治权力，在中世纪增加土地和资本所有者财产安全的经济体制就不会是可信的。中世纪众多国王的金融违约行为都证实了，他们能保证尊重产权，但是又会在某种程度上违背自己的诺言。可靠地确保财产权的安全，必须以削弱君主的政治权力为前提。虽然这种更安全的产权会促进经济增长，但这对于专制君主而言并没有吸引力，因为他们将会失去租金以及与其垄断政治权力有关的其他各种特权。这就是为什么英国光荣

147

革命带来的制度变革无法被斯图亚特王朝承认。为了变革成功，不得不剥夺詹姆士二世（James Ⅱ）的王位。

政治力量引发政治制度变革的原因与此相关。在一个动态的世界，个体不仅关心当前的经济产出，而且关心未来的经济产出。在上述例子中，士绅和商人对其利润十分关心，因此关心其当前和未来的产权安全性。因此，他们将愿意使用（事实）政治权力来确保其当前和未来的收益。然而，对未来配置（或经济制度）的承诺总体上是不可能实现的，因为未来的决策是由那些当时把持政治力量的人做出的。如果士绅和商人对其未来的事实政治权力有足够的自信，这将不是一个大问题。但事实政治权力往往是暂时性的，例如，由于为了积聚这种权力而已经解决的集体行动问题有可能在未来重新出现，或者其他群体，尤其是那些控制法理政治权力的群体在未来可能变得更加强大。因此，任何完全依赖事实政治权力引发的政策和经济制度方面的变化都有可能在未来被逆转。此外，很多革命都伴随着革命者之间的冲突。认识到这一点之后，英国的士绅和商人在打赢与斯图亚特王朝的战争后，不仅争取按照他们的想法改革经济制度，同时也对政治制度以及未来法理政治权力的分配进行变革。运用政治力量来改革政治制度继而产生了一种可以使得收益更持久的策略。政治制度以及政治制度的变化随之成为操纵未来政治力量的重要手段，从而间接塑造未来以及当前的经济制度和产出。

改革的陷阱

我们在上面勾画的框架在划定一系列功能失调的政治均衡和随之而来的经济制度时是有用的。我们也强调了理解这些保障功能失调的经济制度正常运行的政治力量和制度是多么重要，而且这些政治制度往往是与经济制度相互强化（互补）的。然而，目前我们对于政治失衡情况如何出现并维持自身运行的情况还没有一个满意的认识。一个自然的想法是把关注的重点放在诸如民主等具体的政治制度上。但我们知道，民主本身并不一定与更好的发展成果有关，大家都知道在韩国或中国台湾等国家或地区存在着"发展专政"这个著名的情况。但是，到目前为止，我们不明白为什么一些独裁政权获得了发展，其他的却没有，或者为什么在撒哈拉以南非洲地区和拉丁美洲从来没有发展专政。

虽然我们还不能说明在什么情况下会出现导致经济增长的政治均

衡，但我们可以通过考察制度改革问题来说明我们已经形成的观点的力度。如果一个经济制度不能为社会创造良好的激励机制，那么自然而然就应该直接尝试改革这一经济制度。如果财产权的安全在"盗贼"统治的国家是一个问题，那么为什么不引入（或迫使独裁者引入）更安全的财产权呢？这种方法面临的潜在问题凸显了第一个制度改革的陷阱。我们的框架强调，人们不应该在未考虑到创造或维持一个经济制度的政治力量的前提下去思考或操纵该经济制度。尽管公然无视产权是"盗贼"所统治的社会中强大的扭曲力量，但它并不是想要从社会其他部门中榨取资源的独裁者的唯一可用手段。

比较加纳和津巴布韦在20世纪60—70年代和今天的状况可以很好地阐明这些观点。在津巴布韦，农业用地的大规模征收和再分配导致经济崩溃（自2000年实行快速土地改革政策以来，人均国内生产总值明显下降了50%左右）。在加纳，农业政策也是出于收入再分配的愿望而制定的（Bates，1981），但农村生产者的产权从未受到挑战。相反，继任政府利用买家垄断市场委员会为可可等作物来设定非常低的价格。尽管手段差异极大，但其动机和经济效果是相似的。

这个论证表明，直接的体制改革不大可能有效，相反，把关注的重点放在理解并改革那些维持不良制度运行的因素上可能更有用。因此，在考虑可能的体制改革或制度建设时，把重点放在政治制度、政治权力的分配以及经济制度的性质上显得十分重要。这就提出了体制改革的潜在缺陷。尽管我们已经认识到政治制度的重要性，但我们仍然处在理解政治制度与政治均衡之间复杂关系的初级阶段。有时仅仅改变政治制度可能并不足以带来更好的经济成果，甚至可能适得其反。再次重申，使用理论框架来思考这些问题对学术研究和提供更好的政策建议都是有用的。

体制改革的陷阱与经济运行模式相对持久这一事实有关。事实上，我们的框架强调持久性。这并不是说变化不会发生：它确实发生了变化，有一些国家成功地使其在世界收入分配中的地位发生了巨大的变化。然而，我们可以举个例子，在美洲有一个引人注目的事实：至少从19世纪中叶开始，人均收入排名基本不变。这表明改变制度十分困难，而且有强大的力量在起作用从而强化现状。研究改革的陷阱是解决这个问题的一种方法。然后我们可以转而审视成功的变革。

我们最开始讨论时更关注于探讨改革某一具体的经济制度是否有效。我们认为，如果不改变政治平衡，那么这样的改革可能行不通。然后我们考察这些改革的陷阱是否可以通过改革政治制度来解决（从而改变法理政治权力在社会中的分配）。我们认为这恐怕也不起作用，因为事实政治权力可能会持续下去，并可能超越改革对政治制度的影响。由此似乎可以得出结论，成功的改革需要对法理政治权力和事实政治权力进行变革。然而我们也证明，同时改变两者可能也不会实现真正的改革，因为政治均衡可能存在路径依赖。

持续性的权力和激励——"跷跷板"效应

很多功能失调的经济制度都拥有一系列同这些制度相关的具体法律和法规体系的支持。19世纪的东欧国家（Acemoglu, Robinson, 2006b）或20世纪的萨尔瓦多和危地马拉的劳动压制型农业社会正是如此，法律制度使工人处于半奴役状态，并阻碍了他们的流动。对于工业结构非常集中的高度寡头统治的社会来说也是如此，例如现代的墨西哥，该国特定的进入壁垒阻碍了竞争。要进行改革，或许最明显的想法就是改变法律和法规。例如，如果拉丁美洲国家在第二次世界大战后由于对进口征收高额关税而导致经济增长缓慢，那么无论是什么力量使得这些关税政策得以实施，只要消除这些力量就都应该可以刺激经济增长。这种思路最终产生了著名的华盛顿共识。

体制改革的第一个陷阱就是：直接改革具体的经济制度（如贸易制度）可能是不够的，甚至可能适得其反。特定经济体制改革可能无效的原因是，采取了许多不同的方式和多种手段来实现特定的目标。在不改变社会权力平衡或者基本的政治平衡的情况下单纯撤走一种工具，只能导致这种工具被另一种工具替代。这一现象被Acemoglu等（2003）称为"跷跷板"效应。

案例研究：拉丁美洲改革及新庇护主义

一个突出的改革实例是20世纪80年代债务危机之后拉丁美洲国家的改革。作为偿还债务方案的一部分，拉丁美洲国家放弃了20世纪30年代和40年代以来许多流行的经济制度。20世纪80年代末和90年代发生的政策改革包括放松对贸易制度的管制、严格削减关税、私有化和放松金融管制。尽管早些时候智利曾经采取过这些举措，同时1976年之后阿根廷在军事政权中曾经进行过尝试，但现在这些做法已经在大多数拉丁美洲国家铺展开来。就算当时拉丁美洲出现了经济危机，阿根廷庇隆主义党（又称阿根廷正义党）等机关能够接受这些政策改革似乎也是一件很奇怪的事。长期的危机以及多轮的政策改革都没有导致太多非洲国家进行变革。当然，这两个洲之间存在的一个区别是，拉丁美洲国家比非洲国家更民主，这使其面临经济崩溃时更难维持现状。另一个重要的区别是，拉丁美洲政治家意识到新自由主义的政策可以被操纵用来实现自由主义。正如罗伯茨（Roberts，1995：114）在藤森改革的分析中所做出的有说服力的论断，"秘鲁的案例表明，有可能设计出能够补充新自由主义的民粹主义范式"。例如，私有化可以通过减少竞争和私有资产以满足政治支持者的利益，从而重新分配资源（Gibson，1997；Roberts，Arce，1998；Weyland，1998；Weyland，2002）。当然，这其中也存在不同之处。例如，在阿根廷，庇隆主义党与工人运动中的传统支持者保持距离。但这样的策略之所以可行，是因为劳工运动的政治权力已经在军队压制下遭到严重破坏。庇隆主义党因而能够重塑自身（Levitsky，2003），并像以往一样继续实行庇护主义。

"跷跷板"效应的运作方式如下。例如，庇隆主义党要想在阿根廷赢得权力，传统上应该对收入和地租进行重新分配。它用来做这件事的工具包括配给外汇或通过工业许可证分配地租。虽然20世纪90年代的政策改革意味着这些旧的方式不能继续使用。比如，货币委员会拿走了外汇配给的权力。但仍有其他工具可以用来达到同样的目的。例如，通过从私有化中受益，劳工运动得到了一些放松管制的补偿。虽然20世纪80年代出现了危机，阿根廷社会政治权力分配发生了变化（工会当时较弱），在追求庇护主义的过程中，可行手段也发生了变化，政治激励环境随着时间的推移也逐渐稳定，但阿根廷的经济激励环境并没有得到多大改善。

案例研究：非洲政治结构调整

"跷跷板"效应的另一个重要例子来自非洲的政治结构调整。试图让非洲国家进行诸如减少扭曲等体制改革的尝试并不成功（van de Walle，1993；2000），主要原因是国际金融机构没有考虑到它们改革过程中效率低下的政策背后的政治原因。Herbst（1990）和 Reno（1998）讨论了这个最戏剧化的例子。他们认为，国际金融机构试图通过关闭无利可图的半国营企业来缩小公共部门的规模，在利比里亚和塞拉利昂内战中发挥了重要作用。这两个国家的当权者利用公共部门就业作为将地

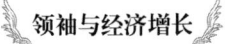

租重新分配给对手或政权的潜在反对者并购买政治支持的一种方法。一旦这些手段被结构调整所取代，就会出现更多反对政权的情况，当政者将从使用"胡萝卜"转为使用"大棒"。在这个故事中，政策改革导致当权者从一个低效率的工具——通过公共部门就业获得支持，转而使用更为低效的工具——镇压。这就是现实中的"跷跷板"效应。

经验教训

如果不改变潜在的政治平衡，那么单纯靠制定或实施具体的制度改革对经济制度总体结构或产出的影响甚微。当然，正如上面的框架所强调的，政治权力在一定程度上反映了经济制度，所以经济制度的变化有可能导致事实政治权力的变化，最终导致广泛的政治平衡的变化。不过，正如上面的例子所表明的，最终结果如何还远不能确定。零敲碎打的做法可能很危险。我们通常只看到症状，但这正可能是由更深层次原因所表现出来的。"头疼医头脚疼医脚"，而忽视背后的深层原因可能会适得其反。

例如，尽管阿根廷进行了华盛顿共识中所有的改革，但政治运作的方式没有什么变化。1989年以后的梅内姆政权和庇隆主义党中的政治天才们认识到，华盛顿共识中的政策可以被定位为"同以往一样的政治"。因此，尽管在1989年之后，庇隆主义党使用了不同的手段和方法，但是潜在的政治平衡几乎没有发生变化。当然，这种观点与声称华盛顿共识改革失败的观点截然不同（Rodrik，2006）。我们的看法是：他们并没有失败，但是他们有必要成功地改变阿根廷的政治平衡。尽管改革有可能改变政治平衡，但实际上这并没有发生。

这些观点与 Stigler（1971；1982）、Coate 和 Morris（2005）所讨论的收入再分配的政治经济学结论相关。施蒂格勒（Stigler）指出，正是政治激励导致收入再分配采取了一种社会效率低下的形式。例如，尽管给农民一次性的总量转移可以使他们获得更好的收入再分配，但农产品补贴可能在政治上更具吸引力，因为这可以不被其他选民视为收入再分配［参见 Coate 和 Morris（1995），可以更好地理解这一观点］。Coate 和 Morris（2005）认为，旨在禁止使用特定低效工具的政策改革可能会适得其反，因为理性的政治家们考虑到所面对的政治限制和激励措施，他们已经在使用成本最低的重新分配方式。

坚持事实政治权力

最后一部分表明，改革特定的经济制度而不影响潜在的政治平衡可能无法改善经济制度或产出。此外，我们现在要争论的是，即使改革法理政治权力（例如，给予过去的奴隶选举权）或引入民主概念，也不足以带来更广泛的制度变迁。法理政治权力的变化之所以不足以引发政治平衡的变化是因为政治制度和经济制度的稳定运行取决于法理政治权力和事实政治权力的共同作用。改变法理制度的外在或内在动力仍然可能使事实政治权力的来源完整无损，而丧失了法理政治权力的集团可能利用其事实政治权力来重建一个类似于过去已消亡的制度（Acemoglu，Robinson，2006c；2008）。而这个新体系可能和旧体系一样低效。

这并不是说法理制度的改革是无法实现的，或者无关紧要的。例如，19 世纪许多欧洲社会的民主化大大改变了其经济制度，包括导致教育系统的持续扩张（Acemoglu，Robinson，2000；Lindert，2004）。不过，这一节强调这种改革是有缺陷的。

案例研究：美国南方平衡的持久性

> 地主是地主，政客是地主，法官是地主，连皮屑都是地主的，什么都是地主的，我们一无所有。
> ——1936 年密西西比州一位佃农向农业调整管理部门官员作证时的证词（Schulman，1994：16）

说明我们论点的一个重要的例子是，美国内战带来的政治体制在发生重大变化之后，美国南方基于劳动压制、种植园、低工资、未受教育的劳动力的经济体系的延续。很明显，这些法理政治权力的变化包括剥夺奴隶的权利。

在南北战争之前，南方的人均 GDP 比美国全国的人均 GDP 要低 70% 左右。南方缺少工业（Bateman，Weiss，1981；Wright，1986：27，表 2-4），在 1860 年，南方的制造业总产量低于宾夕法尼亚州、纽约州或马萨诸塞州的产量（Cobb，1984：6）。南方的城市化率非常低（约为 9%，东北地区为 35%），基础设施投资相对较少。例如，北方州的铁路密度（英里数与陆地面积的比值）是南方州的三倍。运河里程情况与之类似（Wright，1986：21，表 2-1）。或许更为重要的是，在未来经济增长和工业化充满潜力的背景下，南方州在其专长的领域内甚至都没有创新。

南方的相对落后是由于种植经济和奴隶制。Wright（1986）认为，由于奴隶属于流动资产，因此种植园主没有动机对基础设施这样的公共产品进行投资，因此南方的制造业没有得到发展。Bateman 和 Weiss

(1981)说明，即使工业的投资回报率高于农业，南方种植园主仍旧没有投资于工业。对于南方缺乏创新的合理解释是，奴隶制限制了其生产性投资的可能性。奴隶们被禁止在南方大部分州拥有财产或接受教育，大概是因为这使得他们更容易被控制。然而，这种劳动压制的模式也使得种植园经济陷入充满低技能劳动力的境地，并可能消除了种植园主创新的动力。

在南北战争之后，南方人均收入下降到美国平均水平的50%左右。如果说奴隶经济制度是1865年南方相对落后的原因，那么人们可能会想到，1865年废除奴隶制应该可以消除其对南方繁荣的阻碍。证据和历史解释都表明，废除奴隶制对南方经济的影响小得惊人。虽然种植园主最初试图重新引入由解放了的奴隶组成的帮派劳动制度，但他们失败了。内战的灰烬中生长出了一个基于对劳工进行压制的低工资、劳动激励的经济制度。与美国其他地区截然不同的是，南方人均收入一直保持在全国平均水平的一半左右，直到20世纪40年代才逐渐与其他地区趋于一致。就像内战之前一样，南方对教育系统投资不足（Margo，1990）。这么做似乎主要是为了阻止移民（Wright，1986：79）。在1900年，除了两个非南方州以外，所有的州都制定了义务教育法，而在南方州中，除了肯塔基州之外没有其他州制定这一法律（Woodward，1951：399）。尽管1865年以后南方工业发展的确开始变得更加系统化，但Cobb（1984：17）指出："在重建后的几十年里，增长最快的行业是典型的不发达行业，因为它们既利用廉价劳动力又拥有丰富的原材料……这些行业几乎没有承诺将该地区提升到与全国其他地区经济平等的地位。"

为什么南方州的经济体制在南北战争后变化不大，特别是在政治体制已经发生重大变化的前提下？这种经济制度的持续性似乎与内战后法理政治权力分配发生重大变化这一事实不符。关于法理政治权力的变化包括多个方面，例如，随着剥夺奴隶的公民权利的废除以及《密苏里妥协方案》（Missouri Compromise）的废除，这些曾经在联邦政府中巩固了南方政治权力的前提已经不复存在。

我们相信上面这个问题的答案与南方州的精英们通过行使事实政治权力来补偿法理政治权力的丧失有关。与我们的想法一致的是，政治精英们的身份和权力相当持久。例如Wiener（1978）研究了亚拉巴马州西部地区五个县的种植园精英们的持久性。通过跟踪美国人口普查中的家庭，并考虑那些至少拥有1万美元地产的人，他发现"1850年的236

名种植园精英中，有 101 名在 1870 年仍留在精英阶层"。有趣的是，这种持久性与战前的情况非常相似："在 1850 年最富有的 236 个种植园家庭中，10 年后只剩下 110 个仍留在精英阶层。然而，在 1870 年拥有土地面积最大的 25 个种植园精英中，有 18 人（72%）在 1860 年属于精英家族，16 个在 1850 年的精英集团中"（Wiener，1978：9）。

南北战争结束后，大概是同一批种植精英控制了土地，并用各种手段重新对劳动力进行控制。尽管奴隶制经济消亡了，但是证据显示南方经济体系仍旧是基于廉价劳动力的农业型经济。这个经济体系通过各种渠道加以维持，包括控制地方政治和行使潜在的暴力事实政治权力。其结果，用 W. E. B. Du Bois（1903：88）的话来说，"南方简直成了黑社会和恐怖组织的武装营"。

种植园精英们为监督被释放的奴隶的自由民局[*]（Freedmen's Bureau）配备或增选了其成员。1865 年，亚拉巴马州立法机关通过了《黑人法典》[**]（Black Code），这是镇压黑人劳动力的一个重要标志。Wiener（1978：58）对其做了如下描述："亚拉巴马州的《黑人法典》包括两项旨在保证种植者可靠的劳动供给的关键性法律——一项是流浪法，另一项是反对'诱惑'劳动者的法律"。这些法律旨在阻碍劳动力流动，从而减少劳动力市场的竞争。

除了设计对他们有利的法律制度，"种植园主用三 K 党的恐怖手段阻止黑人离开种植园，迫使他们回到种植园工作，并让他们一直在棉花田里劳作"（Wiener，1978：62）。在他有关第二次世界大战后南方政治的开创性研究中，Key（1949：9）将美国内战之前和之后南方制度延续性的模式总结为"一个在数量上相对较少的人取得的非凡成就——与大量的黑人人口相比，南方地区的白人人口数量较少。"

南北战争后能够始终坚持战前制度的关键是继续控制土地。例如对将 40 英亩土地重新分配给自由人［1865 年被安德鲁·约翰逊（Andrew Johnson）总统否决］的政策进行辩论时，国会议员乔治·华盛顿·朱利安（George Washington Julian）（Wiener，1978：6）指出："如果一个贵族政权的旧农业基础仍然存在，国会废除奴隶制的行为又有什么用处？"

对当地政治制度的控制与理论分析中对精英阶层拥有的事实政治权力的强调一致。内战之后，美国的重建时期一直持续到 1877 年。在此

---

　　[*] 即美国被解放黑奴事务管理局。——译者注
　　[**] 奴隶制取消前南部某些州的奴隶法。——译者注

期间，共和党的政治家在南方争夺权力，并在联邦军队的帮助下设计了一系列社会变革。结果却是以支持民主党和所谓"救世主"的姿态引起了系统性的反弹。1877年，在卢瑟福·海斯（Rutherford Hayes）总统和南方政治家之间滚木立法*的作用下，联邦士兵从南方撤出，南方地区开始依靠自身进行重建。1877年以后的一段时期标志着战前精英的真正复兴。南方的"救赎"是通过使用人头税和识字测试（Key，1949；Kousser，1974）以及建立一党民主政权来系统地剥夺黑人（和贫穷的白人）的权利。

Key（1949：309-310）在分析民主党的初选时已认识到南方社会高收入阶层的霸权主义和低收入阶层的政治边缘化。他详细论述了北卡罗来纳州的经济寡头对政治的控制，他指出，"寡头控制的有效性是通过人的升职达到的，从根本上说，这与寡头的观点是一致的"（Key，1949：211）。

Wright（1986：78）的分析也证实了这一点，他写道："甚至在20世纪30年代，华盛顿的南方代表也没有用他们强大的职位来推动新的联邦项目、医院、公共工程等的建设，也就是说，南方低工资区域经济的基础依然存在。"

除了剥夺公民权之外，南方还制定了一整套隔离主义立法，即所谓的吉姆·克劳（Jim Crow）法**［参见Woodward（1955）的经典分析］。这些法律将战后南方变成一个有效的"种族隔离"社会，南方的黑人和白人生活在不同的区域。和南非一样，这些法律是为了控制黑人和劳动力供给。

因此，南方作为一个农业社会进入了20世纪："它仍然是一个技术落后的农业社会，仍然使用手工劳动和骡子来完成工作，而几乎没有机械工具的帮助"（Ransom，Sutch，2001：175-176）。1900年，南部地区的城市化率为13.5%，而东北地区为60%（Cobb，1984：25）。

Ransom和Sutch（2001：186）对这一南方经济和政治体系对经济发展的影响进行了评估，其结论代表了华盛顿共识的观点："南方人建立了一个对黑人个人主动性不提供任何奖励的经济体系，因此这对于其

---

* 滚木立法指资产阶级政客间互相投赞成票以通过对彼此都有利的提案。——译者注
** 吉姆·克劳法指1876年至1965年间美国南部各州以及边境各州对有色人种（主要针对非洲裔美国人，但同时也包含其他族群）实行种族隔离制度的相关法律。这类种族隔离法律强制公共设施必须依照种族的不同而隔离使用，在隔离但平等的原则下，种族隔离被解释为不违反宪法保障的同等保护权，因此得以持续存在。在民权运动开始后，吉姆·克劳法终于走入历史。——译者注

经济发展没有什么好处。其结果是，原来奴隶制中存在的不平等并未消除，同时这种种族压迫还产生了副产品，这一制度倾向于削弱一切可能的经济增长。"南方仍然相对贫穷，因为

> 当白人使用暴力威胁并阻止黑人接受教育、从事贸易或购买土地时，他们相当有条不紊地阻止黑人遵循其他美国人最常用的三条寻求自我提升路线中的任意一条来进行自我能力开发。由于半数以上的人口无知，被迫从事农业劳动，因此也就不奇怪为何南方贫穷、不发达，且没有经济发展的迹象（Ransom，Sutch，2001：177）。

总而言之，基于种植园农业、低工资、未受教育的劳动力以及地主精英们行使的事实政治权力，南方这种政治经济均衡一直延续到20世纪，直到第二次世界大战后才开始瓦解。有趣的是，在南方这种平衡消失之后，他们才真正开始了向北方快速融合的过程。

案例研究：重塑柬埔寨人民党

1978年，韩桑林（Heng Samrin）、谢辛（Chea Sim）和洪森（Hun Sen）在与波尔布特（Pol Pot）闹翻后逃往越南。1979年，他们被越南军队安置在金边，并组建了自己的党派。柏林墙倒塌之后，洪森和他的同事将其所在党派命名为柬埔寨人民党（Cambodian People's Party，CPP），从而成为民主党派人士，并且就政治制度的开放进行了谈判（Hughes，2003）。虽然这涉及流亡国王诺罗敦·西哈努克（Norodom Sihanouk）的回归，并迫使洪森分享其权力，但是柬埔寨人民党设法将自己重塑为一个民主的政治机器。例如，2002年，该国为过去接受任命的公民领袖进行了选举。最终，柬埔寨人民党赢得了1 621个席位中的1 591个。柬埔寨人民党主要通过对政府机构和军队的领导来赢得每一次选举。此外，尽管法制机构发生了变化，但柬埔寨人民党所拥有的巨大的事实政治权力意味着它可以通过高度的组织和大量的资源来获得民主政治。

经验教训

正如在不改变政治均衡的情况下单独改革经济制度并不能在整体上改善制度均衡一样，仅改变法理政治权力而不触碰事实政治权力的来源对经济产出的影响有限。在美国南方，内战后重新建立起与战前一样的基于镇压廉价劳动力的经济制度。即使解放奴隶的权利意味着法理政治

权力的变化,而内战之后黑人也确实行使了这种权力,如大量地参与投票,但南方精英能够利用事实政治权力重新控制劳动力,并最终在19世纪90年代剥夺了黑人的权利。事实政治权力的持续源于内战后白人精英们保住了土地,在内战期间避免被杀害,在集体行动能力方面仍然具有比黑人更强大的比较优势等事实。南方精英通过强迫、私刑和其他非法手段行使控制权,最终通过控制州立法机关使之制度化。

在柬埔寨,1989年后开始的社会转型,以及1993年以后政治制度的开放和法理上的民主创造都不足以改变其政治均衡。以洪森、谢辛等人为首的柬埔寨人民党能够利用对官僚和军队的领导,从而赢得选举。尽管特定的经济体制已经发生了巨大的变化,同时法律政治体制也发生了变化,但该国社会仍然为了那些牺牲更广泛社会利益而为自己谋求私利的小众精英服务。

我们从中可以吸取的经验教训是,影响法理政治权力分配的制度变化需要辅之以精英阶层事实政治权力来源的变化,并减少政治上在位者利用其事实政治权力获取更多利益的行为(例如,使用准军事人员、贿赂以及腐败)。

寡头政治的铁律

从上一部分中我们可以得出的结论是,要想改变政治平衡,就必须在法理政治权力和事实政治权力上进行双重变化。例如,如果一个精英阶层正在为了个人利益构建有不良影响的制度,那么为了实现更好的均衡转变,必须同时对其法理政治权力和事实政治权力进行改良。以一个当代的例子进行说明,要改革伊拉克,这意味着仅仅引入民主是不够的,因为复兴党(Ba'ath Party)还是拥有相当大的事实政治权力,从而能够影响新的政治制度。要实现真正的改革,就必须削弱复兴党的事实政治权力,在这一点上美国政府明显取得了成功。

不幸的是,事情并不如我们想象的那么简单,因为即使法理政治权力和事实政治权力都发生了变化,在新的政治平衡中获得权力的人也有可能没有获得恰当的激励。更重要的是,他们使用权力的激励机制以及他们所创建的,他们认为最适合的制度,可能从根本上就是根据他们所取代的旧制度而塑造出来的——这中间可能存在路径依赖。如果最初一个拥有权力的精英通过构建经济制度以便从社会中抽取租金,那么这样做的结果可能会促使一个新的精英也遵循同样的路径。因此一位精英替代另一位精英可能对提高经济业绩并没有多大作用。这个陷阱让人回想起社会学中的经典概念：寡头政治的铁律。这可以追溯到 Mosca（1939）、Michels（1962）和 Pareto（1968）的著作。这个概念指出，社会上永远不可能有真正的变化，因为当新的群体在社会经济变革的过程中被动员或被创造出来时，他们只是取代原有的精英和群体，并且会出现相似的行为和表现（Acemoglu 和 Robinson，2007）。很多情况下可能会出现铁律类型的行为，有许多机制可能会产生这样的行为。我们关注两个例子。第一个是 1952 年玻利维亚革命后的例子。第二个是经历过一连串不良领袖的非洲国家的例子。

玻利维亚革命与铁律

在考虑美洲国家比较发展情况时，玻利维亚的特点是集中制。它位于印加帝国的核心地带，拥有高度密集的土著居民。在殖民时期，旨在提取地租的经济制度——包括委托监护制*、征调制**和波托西米塔（为银矿强征劳动力）——都是集中制的。虽然波托西米塔在独立时已经被废除，但一个高度不平等的权威型社会仍然存在。例如，1950 年，6％的土地所有者拥有全部土地的 92％，有 60％的土地所有者总共拥有 0.2％的土地。构成出口经济基础的锡矿由三个家族所有。只有 31％的成年人识字，4％的劳动力从事工业相关工作。印第安人仍然受雇于土地所有者，并为他们提供无偿的个人服务。

国民革命运动（Movimiento Nacionalista Revolucionario，MNR）是 20 世纪 40 年代在城市地区形成的争取传统精英权力的运动。1952 年，由国民革命党策划的玻利维亚革命将这个制度的残垣扫荡一空。革命后，国民革命党组成政府，实行土地改革，征收大片土地，并将其重新分配给劳动者和印第安社区。该党还通过取消投票的识字要求来实行普选，并将锡矿的矿山国有化。

革命后的玻利维亚似乎做出了巨大的、激进的制度变革。特别是在法理政治权力和事实政治权力分配方面发生了变化。当然，玻利维亚肯

---

* 委托监护制是指西班牙国王将某一地区一定数量的土著"委托"给监护人（地主）监护。监护人负有保护被监护人并使之皈依天主教的义务，同时有征调他们从事耕种的权利。——译者注

** 在征调制中，政府规定：凡 18~50 岁的土著居民都有义务应征到矿山劳动；在轮流征调过程中，每期劳动 6 个月或 12 个月。——译者注

定也在制度和经济发展方面探索着新的路径。至少人们预期不平等状况会得到持续改善。不幸的是，这些好的结果一个都没有出现。在革命之后，20世纪50年代，国民革命党进行了一次失败的尝试——他们试图建立一党制国家，并在此过程中重建1952年被解除武装的军队。该党同时利用庇护主义获得多数土著的支持。事实上，1952年以前存在的传统庇护主义和后来在国民革命党建立政权过程中出现的庇护主义之间存在着鲜明的对比。在一项开创性的研究中，Heath（1972）指出，尽管1952年制度改革之后的支持者身份以及庇护主义的手段都发生了变化，但政治均衡的基本结构存在着非常相似之处。Kelley 和 Klein（1981）估计，革命发生的15年后，玻利维亚不平等状况就已经回到了1952年的水平。

应该如何理解这样的结果呢？我们认为，即使在法理政治权力和事实政治权力发生变化的情况下，仍然存在着可以在政治平衡中产生持久性的机制，继而产生寡头政治的铁律。这个想法很简单。最初在玻利维亚，制度是为传统精英的利益建立的。由国民革命党带头产生了新的精英。国民革命党需要赢得农民和其他城市群体的支持。要做到这一点，国民革命党必须制定一个政治战略，但该战略所采取的形式在很大程度上受传统精英战略的影响。传统的精英阶层是庇护主义者，因此采用庇护主义和他们竞争是最好的选择。同样，传统的精英分子经营着一个制衡不多的政治体系。国民革命党是否会发现创建一个有制衡的政治制度是最佳的选择？不一定。毕竟，尽管这可能会吸引公民并获得更多的支持，但一旦国民革命党掌权，这种制度对他们而言也是不利的。因此这中间存在一个明确的权衡。事实上，国民革命党在当时能够获得权力，并创建之后可以加以破坏的极不完善的政治制度。

经验教训

从我们对美国南方的讨论中可以得出结论，真正的问题是精英及其资源的持续存在。如果是北方进行了土地改革，并给被释放的奴隶40英亩的土地和一头骡子，那么一切都会是不一样的。玻利维亚革命的例子所表明的情况比这更复杂。在玻利维亚，以前的精英阶层被剥夺了权力，而新出现的精英阶层（MNR）所使用的战略与老精英阶层非常相似，其对经济制度的影响也一样。因此即使法理政治权力和事实政治权力从一个利益集团转移到另一个利益集团手中，政治均衡中仍旧可能存在巨大的路径依赖。这就意味着，对于改革者来说，一个改变政治制度，同时试图破坏当权者的事实政治权力的政策可能行不通。光靠推行民主，同时破坏复兴党的影响对于改革伊拉克是不够的。相反，改革者必须改变对新精英的激励，将他们的选择与以前的精英相脱离。

以其人之道，还治其人之身

非洲也出现了与玻利维亚类似的现象，其中尤其以撒哈拉以南地区为主，但这其中似乎涉及不同的机制。许多非洲国家的执政精英和利益集团的身份都发生了变化，但是新领袖似乎和过去的一样差劲。最令人震惊的是他们都是从殖民政府时期迁移过来的。在经历了国王利奥波德二世和比利时的殖民统治之后，刚果人将要面对的领袖是卢蒙巴、蒙博托和洛朗·卡比拉（Laurent Kabila）。这是不是一个巧合？许多非洲国家也出现了类似的情况。在加纳种植可可豆的农民抗议英国当局的政策之后，他们遭到了恩克鲁玛政府更加有力的剥削。其他英国殖民地的突出例子包括塞拉利昂的西亚卡·史蒂文斯*（Siaka Stevens），或许还包括津巴布韦从伊恩·史密斯（Ian Smith）到罗伯特·穆加贝（Robert Mugabe）的过渡。非洲其他地区的例子还包括埃塞俄比亚在20世纪70年代从海尔·塞拉西（Haile Selassia）到门格斯图·海尔·马里亚姆（Mengistu Haile Mariam）的过渡［参见 Meredith（2005），门格斯图·海尔·马里亚姆最终的表现同海尔·塞拉西毫无二致］。从一个不合格领袖过渡到另一个不合格领袖这种事不仅发生在去殖民化时期，之后仍会继续。例如，弗雷德里克·奇卢巴（Frederick Chiluba）及多党民主运动（Movement for Multiparty Democracy，MMD）为了使赞比亚从肯尼思·卡翁达（Kenneth Kaunda）和由他领导的联合民族独立党（United National Independence Party）权力中解放出来而进行了长期斗争。在联合民族独立党执政27年后，奇卢巴于1991年当选总统。尽管奇卢巴引入了经济改革，但他也参与了大规模的腐败。

不合格领袖的延续似乎是寡头政治的铁律的另一个例子。表面上看变化似乎正在发生，同时国际金融机构和外国政府往往急于向新政权提供援助和支持，但最终它们会对缺乏真正改变而感到失望。但是这种现象存在的原因可以有很好的解释（Acemoglu，Robinson，2007）。假设一个情境：某一社会存在一个非常具有掠夺性的统治者或统治集团，为

---

* 西亚卡·史蒂文斯（Siaka Stevens），塞拉利昂政治家、外交家，塞拉利昂共和国的缔造者，非洲民族解放运动的元老。1968年4月26日—1971年4月21日任塞拉利昂第三任总理；1971年4月21日—1985年11月28日任塞拉利昂第一任总统。——译者注

161

了保证一直掌权，它们愿意使用任何镇压和暴力手段，并违背所有规则。公民应如何做才能摆脱这样的统治者？为了摆脱这一政权，人们可能有必要"以其人之道，还治其人之身"，他们需要支持一个可以像现任当权者一样不择手段的挑战者。也许我们可以想想支持圣雄甘地或纳尔逊·曼德拉之间的区别。甘地显然是一个具有高度原则性的领袖，如果他掌握权力，他会把人民的权益放在第一位。事实证明，纳尔逊·曼德拉也是如此，但是在他上任之前的这段时间里，这一点就不那么清楚了。在20世纪60年代，曼德拉已经准备好变得强硬，他在非洲国会的武装派别民族之矛（Umkhonto we Sizwe）的组建过程中发挥了重要的作用。公民会选择支持谁？甘地还是曼德拉？曼德拉更具有吸引力，因为他有更大的可能来消除种族隔离政权，但是当他获胜时，他会变得同其他人一样糟糕吗？甘地显然比英国的殖民主义好，但他获胜的机会小得多。因此这里有一个明确的权衡。在缺少相互制衡的非洲国家中，公民选择"以眼还眼"可能相对更有吸引力。但这样做的结果有可能是将一个不合格领袖换成另一个不合格领袖，同时国家的经济环境没有得到任何改善。

经验教训

当公民决定用"以其人之道，还治其人之身"的方法时，改革者能做什么？这其中的工作机制与我们为玻利维亚所假设的机制不同，玻利维亚现任精英的初始战略影响了新精英的战略。然而在非洲，公民做出了最重要的决定，这产生了不同的含义。另外，经济制度的直接改革有可能是无用的，这种机制适用于政治制度可能对政治家的行为几乎没有任何限制的环境。然而，在这种情况下，由外部实施干预以推翻不合格统治者可能意味着公民不再需要支持肆无忌惮的反对者来产生变革。因此，可以从塞拉利昂最近的经验中汲取潜在的教训，2 000名英国士兵的有力干预似乎发挥了重要作用，他们破坏了各种反叛运动的力量，促使该国恢复了民主和某种稳定。现在，塞拉利昂的公民可能不再需要选择"以其人之道，还治其人之身"了，或许他们在1967年选举西亚卡·史蒂文斯（Siaka Stevens）当政的时候也是如此。然而，塞拉利昂的情况表明，我们对功能失调的政治均衡的理解是不完整的。在2007年9月的总统选举中，人民投票使得全国人民大会党（All People's Congress Party）重新掌权，在内战爆发前，统治集团曾在20年里用它作为统治和掠夺国家的工具。

成功的改革

在最后一节中,我们将用本章的分析框架来解释为什么改革如此困难,为什么经济表现的模式如此持久。尽管如此,各国仍在改革制度,并走上了不同的发展道路。第二次世界大战后最显著的发展经验包括:20世纪60年代的博茨瓦纳、韩国和新加坡,以及20世纪70年代的智利、中国和毛里求斯等。同时,重要的历史改革也发生了。正如我们前面提到的那样,英国在17世纪经历了一个重要的制度变迁过程,在19世纪扩大了其民主权利,并开始更系统地投资于教育。显然,在这些制度变迁中,有些发生在民主制度之下,如博茨瓦纳和毛里求斯;有些发生在专制政权之下。像西班牙这样的国家,在20世纪60年代经历了专制制度下的体制改革,在20世纪80年代又经历了民主制度下的改革。

之前,我们描述了在英国推动这个变化的过程。特别地,我们认为经济机会的变化改变了社会利益和事实政治权力的平衡,反过来使最初的专制主义平衡变得不稳定。这导致了政治和经济制度的累积变化。这并未随着光荣革命的完成而结束,而是延续到19世纪的改革法案和许多其他经济制度的变化。所有其他这些成功改革的例子都可以用我们的分析框架加以描述。让我们再考虑一个例子——博茨瓦纳。

众所周知,博茨瓦纳是撒哈拉以南非洲的一个小的、部分地处热带的内陆国家,在过去35年里,它的平均经济增长率是世界上最快的。博茨瓦纳成功的原因是什么?博茨瓦纳得益于大量的钻石资源,但一般而言,自然资源与非洲成功的经济成果无关。博茨瓦纳同时也拥有良好的宏观经济和微观经济政策,在治理和腐败指标方面与西欧国家处于同一水平(Parsons和Robinson,2006)。Acemoglu,Johnson和Robinson(2003)以及Parsons和Robinson(2006)的论点为:博茨瓦纳的成功正是得益于它的经济和政治制度。博茨瓦纳极大地受益于土著政治体制对茨瓦纳(Tswana)酋长和政治精英的限制,在19世纪,茨瓦纳部落进行了相当成功的防卫现代化进程,强化了这些制度。很显然,这些制度并没有遭到已经被国家边缘化的殖民主义影响的破坏。因此在独立时,博茨瓦纳就出现了一些对政治精英进行制衡的政治制度。这对于产权和治理的安全是非常重要的,这在非洲是一个几乎独一无二的现象。其结果是经济制度也表现良好。这主要是因为茨瓦纳酋长和精英阶层在主要经济部门投入了大量资金，并独立经营。因此，正如在光荣革命之后的英国人那样，政治精英对社会所希望的经济制度拥有既得利益。此外，其他历史因素当然也很重要，例如，当今的博茨瓦纳具有其他非洲国家所缺乏的某种一致性，尽管博茨瓦纳的明显同质化实际上是国家形成过程的结果，而不是它的先决条件（Leith，2005）。

博茨瓦纳做得很好，因为它的政治平衡在某种程度上促进了良好的经济制度，类似于17世纪末英国的情况。事实上，我们甚至可以从法律上的制约因素和经济利益的相互作用的角度来理解这一点。今后的议程是要更好地了解如何在非洲其他地方创造这种平衡。

结论

我们相信从这个分析中可以得出几个关键的结论。不同国家间人均收入差异的主要决定因素是经济制度的差异。制度往往可以存在很长一段时间，并产生意想不到的结果，各国制度的差异主要反映了不同集体选择的结果。不同的集体选择反映了政治制度的差异和政治权力的不同分配。因此，理解不发达，则意味着要理解为什么不同国家陷入政治平衡，从而导致糟糕的经济制度。要解决发展问题，就必须了解什么手段可以用来推动一个社会从一个坏的政治平衡走向一个良好的政治平衡。

不幸的是，这远远超出了我们目前所了解的程度，至今我们对导致政治平衡好坏的力量还没有深刻的理解。人们或许可以注意到不同国家间一些固定的模式，并说一些显而易见的事。以非洲为例，推行民主、问责制以及制衡几乎肯定会导致更好的经济政策和制度。发展中的独裁政权在撒哈拉以南的非洲地区从来没有站稳过脚跟，因此，从政治自由和经济增长的角度来看，创造一个政权似乎是一个不错的选择。尽管如此，在促进良好的经济和政治制度发展的人们面前却存在着明显的陷阱，例如，我们不能说，改善问责制将推动非洲国家走上更好的增长道路。在这一章中，我们把重点放在这些陷阱上，表明在推动改革时人们必须要十分谨慎。例如，不能通过引入民主来改变政治平衡。这些缺陷也说明，为什么这么多拉美人对华盛顿共识的实施效果感到失望。这不是说，其他方面都一样，只有这些改革是错误的；事实上，其他方面也都不一样。一个领域的改革导致其他领域没有得到改革。我们的分析对那些希望解决发展和贫困问题的人提出了挑战。然而，经验表明，解决这些问题是困难的，我们认为其中的主要原因是我们在本章中所说的力量。只有当我们认识到这一点，并更好地理解这些力量时，才会有更好的发展政策。

不管怎么说，各国的确在改革制度中，并从停滞不前的状态转向快速增长。我们认为这是因为政治平衡的变化。不能否认的是，1978年以后中国经济的快速增长是政策和体制改革的结果。增长并没有因为中国的文化发生了变化，或者因为某种地理上的限制被解除就随即产生，也没有因为中国人意识到先前他们对于正确的政策形式的理解有误而产生。中国人并不是突然发现他们应该做什么。相反，增长是因为政治平衡的改变，这给那些想推动改革的人赋予了更多的权力。这样说来，我们的分析是乐观的。制度性的方法开启了这样的承诺：如果我们能够理解政治平衡的决定因素，那么我们就可以设计干预措施，使贫穷的社会繁荣起来。

参考文献

Acemoglu, Daron. 2008. "The Form of Property Rights: Oligarchic versus Democratic Societies." *Journal of the European Economic Association* 6: 1-44.

Acemoglu, Daron, Simon Johnson, and James A. Robinson. 2001. "The Colonial Origins of Comparative Development: An Empirical Investigation." *American Economic Review* 91 (Dec.): 1369-1401.

——. 2002. "Reversal of Fortune: Geography and Institutions in the Making of the Modern World Income Distribution." *Quarterly Journal of Economics* 118: 1231-1294.

——. 2003. "An African Success: Botswana." In Dani Rodrik, ed., *In Search of Prosperity: Analytic Narratives on Economic Growth*. Princeton, NJ: Princeton University Press.

——. 2005a. "The Rise of Europe: Atlantic Trade, Institutional Change and Economic Growth." *American Economic Review* 95: 546-579.

——. 2005b. "Institutions as the Fundamental Cause of Long-Run Growth." In Philippe Aghion and Steve Durlauf, eds., *Handbook of Economic Growth*. Amsterdam: North-Holland.

Acemoglu, Daron, Simon Johnson, James A. Robinson, and Yunyong Thaicharoen. 2003. "Institutional Causes, Macroeconomic Symptoms." *Journal of Monetary Economics* 50: 49-123.

Acemoglu, Daron, and James A. Robinson. 2000. "Why Did the West Extend the Franchise? Democracy, Inequality and Growth in Historical Perspective." *Quarterly Journal of Economics* 115: 1167-1199.

——. 2006a. *Economic Origins of Dictatorship and Democracy*. New York: Cambridge University Press.

——. 2006b. "Economic Backwardness in Political Perspective." *American Political Science Review* 100: 115–131.

——. 2006c. "De Facto Political Power and Institutional Persistence." *American Economic Review* 96: 325–330.

——. 2007. "A Model of the Iron Law of Oligarchy." Work in Progress.

——. 2008. "Persistence of Power, Elites and Institutions." *American Economic Review* 75: 282–299.

Bateman, Fred, and Thomas Weiss. 1981. *A Deplorable Scarcity: The Failure of Industrialization in the Slave Economy*. Chapel Hill: University of North Carolina Press.

Bates, Robert H. 1981. *Markets and States in Tropical Africa*. Berkeley: University of California Press.

Coate, Stephen T., and Stephen E. Morris. 1995. "On the Design of Transfers to Special Interests." *Journal of Political Economy* 103: 1210–1235.

——. 2005. "Policy Conditionality." In Gustav Ranis and James R. Vreeland, eds., *Globalization and the Nation State: The Impact of the IMF and World Bank*. New York: Routledge.

Cobb, James C. 1984. *Industrialization and Southern Society, 1877—1984*. Lexington: University Press of Kentucky.

Curtin, Philip D. 1964. *The Image of Africa*. Madison: University of Wisconsin Press.

Djankov, Simeon, Rafael LaPorta, Florencio Lopez-de-Silanes, and Andrei Shleifer. 2002. "The Regulation of Entry." *Quarterly Journal of Economics* 117: 1–37.

Du Bois, W. E. B. 1903. *The Souls of Black Folk*. New York: A. C. McClurg & Company.

Gibson, Edward L. 1997. "The Populist Road to Market Reform: Policy and Electoral Coalitions in Mexico and Argentina." *World Politics* 49: 339–370.

Heath, Dwight. 1972. "New Patrons for Old: Changing Patron-Client Relationships in the Bolivian Yungas." In Arnold Strickton and Sidney Greenfield, eds., *Structure and Process in Latin America*. Albuquerque: University of New Mexico Press.

Herbst, Jeffrey I. 1990. "The Structural Adjustment of Politics in Africa." *World Development* 18: 949–958.

Hughes, Caroline. 2003. *The Political Economy of Canbodia's Transition, 1991—2001*. New York: Routledge.

Kelley, Jonathan, and Herbert S. Klein. 1981. *Revolution and the Rebirth of In-*

equality: *A Theory Applied to the National Revolution in Bolivia*. Berkeley: University of California Press.

Key, V. O., Jr. 1949. *Southern Politics: In State and Nation*. New York: Vintage Books.

Knack, Steven, and Philip Keefer. 1995. "Institutions and Economic Performance: Cross-Country Tests Using Alternative Measures." *Economics and Politics* 7: 207–227.

Kousser, J. Morgan. 1974. *The Shaping of Southern Politics: Suffrage Restriction and the Establishment of the One-Party South, 1880—1910*. New Haven, CT: Yale University Press.

Leith, J. Clark. 2005. *Why Botswana Prospered*. Montreal: McGrill-Queen's University Press.

Levitsky, Steven. 2003. *Transforming Labor-Based Parties in Latin America: Argentine Peronism in Comparative Perspective*. New York: Cambridge University Press.

Lindert, Peter H. 2004. *Growing Public: Social Spending and Economic Growth since the 18th Century*. New York: Cambridge University Press.

Margo, Robert A. 1990. *Race and Schooling in the South, 1880—1950: An Economic History*. Chicago: University of Chicago Press.

Mauro, Paulo. 1995. "Corruption and Growth." *Quarterly Journal of Economics* 110: 681–712.

Meredith, Martin. 2005. *The Fate of Africa: From the Hopes of Freedom to the Heart of Despair: A History of Fifty Years of Independence*. New York: Public Affairs.

Michels, Robert. 1962. *Political Parties*. New York: Free Press.

Mosca, Gaetano. 1939. *The Ruling Class*. New York: McGraw-Hill.

North, Douglass C. 1981. *Structure and Change in Economic History*. New York: W. W. Norton.

——. 1990. *Institutions, Institutional Change, and Economic Performance*. New York: Cambridge University Press.

Pareto, Vilfredo. 1968. *The Rise and Fall of the Elites*. New York: Arno Press.

Parsons, Q. Neil, and James A. Robinson. 2006. "State Formation and Governance in Botswana." *Journal of African Economies* 15: 100–140.

Ransom, Roger L., and Richard Sutch. 2001. *One Kind of Freedom: The Economic Consequences of Emancipation*. 2nd ed. New York: Cambridge University Press.

Reno, William. 1998. *Warlord Politics and African States*. Boulder, CO: Lynne

Rienner.

Roberts, Kenneth M. 1995. "Neoliberalism and the Transformation of Populism in Latin America." *World Politics* 48: 82–116.

Roberts, Kenneth M., and Moisés Arce. 1998. "Neoliberalism and Lower Class Voting Behavior in Peru." *Comparative Political Studies* 31: 217—246.

Rodrik, Dani. 2006. "Goodbye Washington Consensus, Hello Washington Confusion? A Review of the World Band's Economic Growth in the 1990s: Learning from a Decade of Reform." *Journal of Economic Literature* 44 (4): 973–987.

Schulman, Bruce J. 1994. *From Cotton Belt to Sunbelt: Federal Policy, Economic Development and the Transformation of the South, 1938—1980*. Durham, NC: Duke University Press.

Stigler, George. 1971. "The Economic Theory of Regulation." *Bell Journal of Economics and Management Science* 2: 3–21.

——. 1982. "Economist and Public Policy." *Regulation* 6: 13–17.

Tawney, R. H. 1941. "The Rise of the Gentry, 1558—1640." *Economic History Review* 11: 1–38.

Van de Walle, Nicolas. 1993. "The Politics of Nonreform in the Cameroon." In Thomas M. Callaghy and John Ravenhill, eds., *Hemmed In: Responses to Africa's Economic Decline*. New York: Columbia University Press.

——. 2000. *The Politics of Permanent Crisis: Managing African Economies, 1979—1999*. New York: Cambridge University Press.

Weyland, Kurt G. 1998. "Swallowing the Bitter Pill: Sources of Popular Support for Neoliberal Reform." *Comparative Political Studies* 31: 539–568.

——. 2002. *The Politics of Market Reform in Fragile Democracies: Argentina, Brazil, Peru, and Venezuela*. Princeton, NJ: Princeton University Press.

Wiener, Jonathan M. 1978. *Social Origins of the New South: Alabama, 1860—1885*. Baton Rouge: Lousisiana State University Press.

Woodward, C. Vann. 1951. *Origins of the New South, 1877—1913*. Baton Rouge: Louisiana State University Press.

——. 1955. *The Strange Career of Jim Crow*. New York: Oxford University Press.

Wright, Gavin. 1986. *Old South, New South*. New York: Basic Books.

第6章　非洲国家的领袖、政策制定及经济增长：一个尼日利亚的例子[①]

米尔顿·A. 伊约哈（Milton A. Iyoha）

尼日利亚自1960年独立以来的经济表现显然不够令人惊艳。据估计，尼日利亚从1981年到1999年的石油出口收入超过了2 280亿美元（Udeh，2000），但生活在赤贫之中的尼日利亚人——每天靠不足1美元来维持生计——在1970年至2000年间增加了一倍多，同一时期内，贫困人口的比例从36%上升到70%。按官方汇率计算，2000年尼日利亚的人均收入为260美元，恰好是其1980年水平的三分之一（World Bank，2005）。在此期间，尼日利亚的外债几乎从未停止上涨，其国内生产总值（GDP）每年所欠债息的份额也是如此。

尼日利亚的例子其实就是一个有关错失机会的故事，或者更具体地说，是错失了自然资源租金。从根本上讲，尼日利亚未能克服依赖自然资源发展的经济体普遍面临的两个基本挑战：

● 解决因"容易"获得石油租金而导致的腐败和寻租文化，这种文化减少了人们通过生产性工作创造财富的动机。

● 在面临大量石油收入流入的情况下，通过管理经济来建立和提高非石油部门的竞争力。

因此，腐败是这个故事的一个重要组成部分，就像在军事独裁统治下的国家普遍缺乏透明度和责任一样。最重要的是，尼日利亚宏观经济管理方面出现了严重的错误，特别是"荷兰病"综合征——政策制定者错误地将有利但短暂的石油冲击视为永久性的。

[①] 作者诚挚感谢苏珊·伊约哈（Susan Iyoha）在本章撰写和修改过程中提供的帮助。作者同时感谢增长与发展委员会为本章写作过程中提供的资金支持以及对前一稿提出的宝贵意见。

尼日利亚经济增长的政治经济因素

尼日利亚在 1960—2000 年之间糟糕的经济表现可以归咎于若干个政治经济因素，其中特别包括以下几点：

- 大多数时期国家治理由军队统治[①]（见表 6-1）。
- 激烈的地区竞争和民族宗教的分裂。
- 领导层（包括军事和民间）受到极端的区域偏见所驱使，造成了不良再分配综合征（Fosu，2008）。

表 6-1　政权转移情况

年份	领袖	任职模式
1960	阿布巴卡·塔法瓦·巴勒瓦（Abubakar Tafawa Balewa）	选举
1963	纳姆迪·阿奇基韦（Nnamdi Azikiwe）	以阿奇基韦为总统建立共和国
1966	约翰逊·T. U. 阿吉伊-伊龙西（Johnson T. U. Aguiyi-Ironsi）	1966 年 1 月政变
1966	雅库布·戈翁（Yakubu Gowon）	1966 年 7 月政变
1975	穆尔塔拉·穆罕默德（Murtala Muhammed）	政变
1976	奥卢塞贡·奥巴桑乔（Olusegun Obasanjo）	政变
1979	谢胡·沙加里（Shehu Shagari）	选举
1983	穆罕默杜·布哈里（Muhammadu Buhari）	政变
1985	易卜拉欣·巴班吉达（Ibrahim Babangida）	政变
1993	厄内斯特·肖内坎（Ernest Shonekan）	1993 年 8 月任临时国家政府部长
1993	萨尼·阿巴查（Sani Abacha）	在联邦高等法院宣布临时国家政府违宪之后，于 1993 年 11 月发动政变
1998	阿布杜萨拉米·阿布巴卡尔（Abdulsalam Abubakar）	主要由于萨尼·阿巴查的意外死亡而当选
1999	奥卢塞贡·奥巴桑乔（Olusegun Obasanjo）	选举
2003	奥卢塞贡·奥巴桑乔	选举
2007	奥马鲁·穆萨·亚拉杜瓦（Umaru Musa Yar'Adua）	选举

资料来源：由作者综合整理。

[①] 对经济产出的详细研究表明，Desai，Olofsgard 和 Yousef（2007）提出的权威交易逻辑（The Logic of Authoritarian Bargains）结构模型并不适用于尼日利亚。在尼日利亚的案例中，军事独裁者若放弃其政治权利，则几乎无法获得其他经济收益。

第6章 非洲国家的领袖、政策制定及经济增长：一个尼日利亚的例子

这三个问题是相互关联的。本章提出，尼日利亚未能有效地控制并利用其资源租金，主要是由于种族-区域利益之间的分配斗争，特别是粗暴的宏观经济政策实质上是由北方政治领袖一心想要将南方的资源转移到该国北方而造成的（见表6-2）。

表6-2 石油财政收入分配的地区性偏见

领袖	有关石油收入分享方面的主要举措
哈吉·塔法瓦·巴勒瓦（Alhaji Tafawa Balewa）（1957—1966年）	支持壳牌公司建造第一个哈科特港炼油厂。1965年，在尼日利亚北方建立了几个工厂（丰图阿种子棉纺织厂、北纺织厂等）。
约翰逊·T.U. 阿吉伊-伊龙西（1966年）	没有明显的举措。
雅库布·戈翁（Yakubu Gowon）（1966—1975年）	在卡诺建立了雅库布·戈翁水坝。在拉各斯和卡杜纳建立了大众和标致工厂。负责全国双路网的建设。在拉各斯修建了国家体育场和国家艺术剧院。1967年，从原来的4个地区中划分出12个州。建立了总部设在北方的尼日利亚农业银行（Nigerian Agricultural Bank）。掌握了近海石油，并规定不管其位置如何都将作为联邦财产。
穆尔塔拉·穆罕默德（1975—1976年）	在现有的12个州基础上又增加了7个州，最终在1976年建立起19个州。为联邦将首都从拉各斯迁移到阿布贾建立起机制。完善了卡哈那的化肥厂。
奥卢塞贡·奥巴桑乔（1975—1979年）	启动了阿吉古塔（Ajaokuta）钢铁公司、三角洲钢铁公司的建设，并成立了奥索哥（Oshogbo）轧钢厂、尼日利亚机床有限公司、卡齐纳（Katsina）轧钢厂和乔斯（Jos）轧钢厂。确保1978年瓦里（Warri）炼油厂的腾飞。将原油产地的石油使用费和租金减少30%至50%。
谢胡·沙加里（1979—1983年）	1983年，在伊科特阿巴西成立了尼日利亚铝冶炼公司，以补足其政府在北方的一些工业，其中包括1980年开始运营的卡杜纳炼油厂。在阿贾库塔新建成一个钢厂和三个轧钢厂。将石油使用费和租金的份额从原来的30%降至2%。
穆罕默杜·布哈里（1984—1985年）	盘问并拘留了几名腐败的军队领袖以及部长。将石油使用费和租金的份额从原来的2%减少到1.5%。

续表

领袖	有关石油收入分享方面的主要举措
易卜拉欣·巴班吉达 （1985—1993 年）	石油使用费和租金占原产地的份额从 1.5% 增加到 3%。1992 年成立了石油矿产区开发委员会（Oil Mineral Producing Area Development Commission）。1985 年成立了联邦环境保护局（Federal Environmental Protection Agency），总部设在阿布贾。又新建了另外两个州（阿瓦伊博姆和卡齐纳）以及几个地方政府委员会。在凯比建造了图亚（Toja）桥梁，在卡诺建立了吉比亚（Jibia）水处理厂和查拉瓦·曾加（Challawa Cenga）水坝。1991 年 12 月 12 日将联邦政府所在地转移到阿布贾，并于 1991 年 6 月 12 日撤销选举结果。1986 年实行结构调整计划。建立了另外 11 个偏向北方的州。
厄内斯特·肖内坎 （1993 年 8 月—1993 年 11 月）	没有明显的举措。
萨尼·阿巴查 （1993—1998 年）	1996 年 12 月 5 日，新建了 6 个严重偏向北方的州以及 181 个地方政府委员会。洗劫了尼日利亚财政部；发布尼日利亚愿景 2010 经济蓝皮书。1994 年，颁布了第 18 号法令，支持对破产银行高管的审判。
阿布杜萨拉米·阿布巴卡尔（1998—1999 年）	授权尼日利亚中央银行在制定和实施货币政策方面拥有自主权。成立了独立选举委员会（Independent Electoral Commission），并促成了 1999 年将权力移交给文人政府。
奥卢塞贡·奥巴桑乔 （1999—2007 年）	成立了尼日尔三角洲发展委员会（Niger Delta Development Commission），并将联邦账户中石油生产国可获得的 3% 的收益提高到 13%，以加强发展并解决生态问题。推出普及基础教育计划（Universal Basic Education Program），以提高尼日利亚人的文化水平。引入独立反贪腐委员会（Independent Corrupt Practices Commission），以监督检查尼日利亚人的欺诈性金融活动。恢复了卡杜纳和哈科特港的国家化肥公司。

资料来源：Iyoha 和 Oriakhi（2008）。

需要注意到在 20 世纪 60 年代，尼日利亚的经济极大程度上依赖于出口驱动型的原始农业、小型至中等规模的制造业，以及小额贸易。然而，随着原油成为尼日利亚的主要出口产品，政治精英及其所领导的行政机构没能利用石油收益来适当丰富经济出口基础，使其更多样化。与此相反的是，他们还涉及资本外逃（见表 6-3）并大量进口消费品，从

第6章 非洲国家的领袖、政策制定及经济增长：一个尼日利亚的例子

而损害了该国的国际收支状况。

表6-3 1972—1989年资本外逃情况

年份	资本外逃（百万美元）	年份	资本外逃（百万美元）
1972	106.4	1981	2 132.3
1973	636.1	1982	−3 805.8
1974	325.0	1983	2 016.1
1975	119.8	1984	−169.8
1976	124.8	1985	3 569.4
1977	2 490.0	1986	5 502.9
1978	508.4	1987	5 814.6
1979	−86.3	1988	1 043.8
1980	2 713.3	1989	−2 997.0
1972—1989	合计：32 801.3		

资料来源：Ajayi（2000：232）。

随着时间的推移，种族关系和裙带关系限制了尼日利亚的发展进程。在1960年至2000年间，大多数领袖把注意力放在国家资源——公共投资、基础设施改善、公共部门就业——向构成其政治基础的地区的转移上。这种现象自20世纪60年代以来在尼日利亚成为永久性的特征，是政治不稳定的核心所在，同时造成了可怕的后果，包括不鼓励外国投资、促进资本外流和人才流失。

石油租金在尼日利亚经济中持续占据重要地位，这反映了其作为政治冲突闪点的重要性。尼日利亚是Sachs和Warner（2001）称为"自然资源诅咒"的最佳例子。相较于出口产品多样化的国家，那些系统性地专精于某一领域，以某一类主要商品为出口产品的国家的增长要缓慢得多。如果尼日利亚的自然资源租金不能作为生产性国内投资以支持其经济增长，又将会归于何处？其中一个回答是资本外逃。实际上所有前军队领袖都在国外银行中拥有大量财富。我们确实可以说军队统治的政治环境鼓励寻租活动、贿赂和腐败。

还有一个答案是国内投资，其中尤其是公共部门进行的投资通常十分低效。种族对立使得北方的政治精英忽视南方的需求，而北方发展所依赖的石油资源恰恰产自南方。为了追求这一目标，当考虑到投资项目的地理位置时，可能会犯许多成本高昂的错误。领袖似乎过度关注资源的重新分配，而这当然有利于增长——特别是可以减少对立。然而，若其效果是增加了对立，那将是不恰当的。特别是当政府官员将资源的重新分配作为惠及自己密友或按照种族确立的地方议会的机制时，这种作

用更明显。后一种逆向再分配也可以是垂直的。

  这就是 1960 年到 2000 年间尼日利亚的情况。当时执政政府采用逆向再分配作为强化各自权力基础的机制，而这通常是基于种族的。因而可以假定尼日利亚完美地说明了在事前种族-区域对立条件下自然资源管理所面临的挑战。正如 Iyoha 和 Oriakhi（2008）所强调的，尼日利亚在匆忙中独立，当时的情况是：政府是由军队领导的不稳定联盟，内部经济衰弱（北方），拥有两个小的沿海区域，每个区域都是一个主要种族群体的大本营。[①] 石油强化了区域政治认同，将北方发展议程替换为某一个持续的政治统治，并将财政收入分配问题放在了政治竞争的核心。Suberu（2001）也曾提到过类似的观点。在尼日利亚联邦制全国主要会议公报中，Suberu（2001：9）将尼日利亚联邦体系总结为"危如累卵"，因为其生产基础薄弱，因此当务之急是对国家正在缩水的"蛋糕"按照地方、宗教和种族-区域利益进行分配，而不是创造一个更大的"蛋糕"。根据 Suberu（2001）的说法，种族-区域的冲突继续以各种各样的方式表达，包括正在进行的关于政府间财政收入共享规则的争论，在 36 个州的结构基础上进一步细分的要求（或融合），频繁否认明显有利于国家某个地区的人口财产普查，以及关于"联邦性原则"——宪法规定的国家在联邦公共服务和机构中的公平代表权——的争论。

  这些斗争的一个共同特点是，它们在出于政治动机的再分配和经济效率之间产生了紧张关系。因此可以举出若干理由，例如，要求在一些重要政治职位，以及在联邦公务员高级职位招聘时保持各州代表比例大致相等。其中一个主要原因是尼日利亚北方的教育相对落后。然而，尽管这种不平衡为北方教育投资提供了公平理论，但是有鉴于其对尼日利亚整体官僚机构效率和教育投资存在潜在的负激励效应，按比例招聘的争论似乎明显较弱。正如这个例子所表明的，分配冲突随着时间的延续，降低了尼日利亚经济增长和发展的驱动力，这其中既有通过对现有资源错误配置的直接作用（以及通过法院的判例、停工，以及种族冲突造成的损失），又有通过破坏新投资中生产性激励的间接作用。

[①] 尼日利亚由超过 250 个种族群体组成。以下几个是人口最多且在政治上具有较高影响力的：豪萨和富拉尼，占 29%；约鲁巴，占 21%；伊博，占 18%；伊加，占 10%；卡努里，占 4%；伊比比欧，占 3.5%；提夫，占 2.5%。有三个主要的民族语言群体：豪萨和富拉尼、约鲁巴以及伊博，这三者加起来占总人口的 68%。在地理位置方面，豪萨和富拉尼在北方，约鲁巴以及伊博在南方（其中约鲁巴主要占据西南方，而伊博主要占据东南沿海地区）。在宗教冲突方面，穆斯林占总人口的 50%，基督徒占 40%，其余占 10%。豪萨和富拉尼人主要是穆斯林，而约鲁巴和伊博人主要是基督徒。

第 6 章 非洲国家的领袖、政策制定及经济增长：一个尼日利亚的例子

经济产出

尼日利亚长期增长表现特别糟糕。在 1960 年到 2000 年之间，按照国内价格常量，实际人均收入年均增长率仅为 0.43%（见图 6-1）。经济增长对于减贫的重要性已经被大量的实证研究证明，同时近年来中国及其他东亚和太平洋地区国家的现象级发展再次强调了这一点。在尼日利亚，人均收入长期停滞的后果是无论其绝对数量还是占总人口中的比例，贫困人口的规模都急剧扩张。

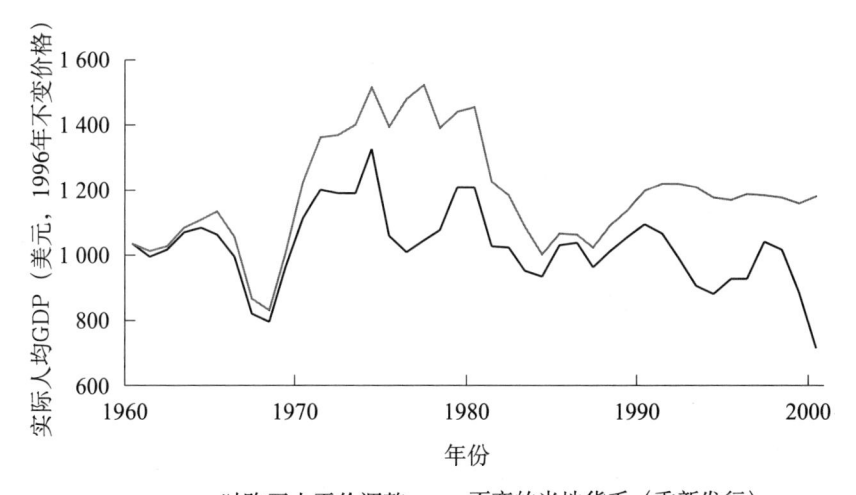

图 6-1 1960—2000 年实际人均收入

资料来源：World Bank（2006c）。

如图 6-1 和表 6-4 所示，尼日利亚长期停滞出现的背景是中短期经济严重失常。在 1960 年独立时，尼日利亚是一个贫穷的国家，按照 2000 年的美元和官方汇率计算，尼日利亚在 1960 年独立时是一个人均收入少于 250 美元的贫困国家（按照购买力平价约为 1 000 美元）。1960 年到 20 世纪 70 年代中期，实际人均收入大幅增长，只在 1967—1970 年内战前后立即出现了短暂但剧烈的中断。在 20 世纪 70 年代中期，收入总体趋势波动不大，但在 1981 年随着经济危机的出现而暴跌。1981 年至 1984 年间，每年实际人均收入增长率大跌。1986 年实行的结构调整计划（Structural Adjustment Program，SAP）带来了暂时的缓解——1988 年到 1990 年之间每年实际增长率平均超过 5%。然而，20 世纪 90 年代，发展几乎完全停滞，每年实际增长率平均低于 0.5%。

表 6-4　实际人均收入及其增长率

前独立时期			经济独立时期			民主时期		
年份	实际人均收入（美元）	增长率（%）	年份	实际人均收入（美元）	增长率（%）	年份	实际人均收入（美元）	增长率（%）
1965	318.60	—	1987	287.70	−3.59	2001	338.0	1.9
1966	297.00	−6.78	1988	307.20	6.78	2002	359.0	1.8
1967	243.60	−17.98	1989	320.02	4.17	2003	438.0	6.8
1968	234.20	−3.86	1990	336.50	5.15	2004	528.0	3.8
1969	283.05	20.86	1991	342.64	1.82	2005	653.0	3.4
1970	344.30	21.64	1992	342.60	−0.01	2006	808.0	3.3
1971	382.60	11.12	1993	340.10	−0.73			
1972	384.70	0.55	1994	330.60	−2.79			
1973	394.20	2.47	1995	328.90	−0.51			
1974	425.95	8.05	1996	333.40	1.37			
1975	392.20	−7.92	1997	333.20	−0.06			
1976	415.45	5.93	1998	330.60	−0.78			
1977	427.67	2.94	1999	325.90	−1.42			
1978	391.10	−8.55	2000	331.60	1.75			
1979	404.99	3.55						
1980	409.18	1.03						
1981	344.51	−15.80						
1982	332.96	−3.35						
1983	305.50	−8.25						
1984	281.83	−7.75						
1985	299.90	6.41						
1986	298.40	−0.50						

资料来源：World Bank（2005）。

尽管实际人均收入增长率在 1960 年到 2000 年之间每年平均为 0.43%，在 2001 年到 2006 年之间却能维持在年均 3.4%，在 2003 年到 2006 年，实际人均收入的年均增长率更是达到了亮眼的 4.2%。因而，尼日利亚在 21 世纪的第一个 10 年间经历了前所未有的井喷式增长。因此本章会对这些年份进行仔细研究，以确定领袖、政策制定以及经济政策质量和制度所扮演的角色。

下面一部分将讨论尼日利亚 1960 年到 2000 年之间的经济增长表现，特别将重点讨论其经济表现惨淡的原因。接下来一部分将探讨 2001 年至 2006 年之间快速增长的原因，我们将特别关注该时期政府的经济改革项目，也会讨论其实行的具体政策。当然，我们会强调领袖的

第6章 非洲国家的领袖、政策制定及经济增长：一个尼日利亚的例子

关键性角色。之后，我们将会对整个时期内领袖、政策制定、政策质量、学习和制度在经济产出中所扮演的角色进行进一步研究。最后一部分对本章的重点进行概括和总结。

1960—2000年间尼日利亚的经济增长表现

要说明这一内容，首先需要对1960—2000年间投资对收入增长的影响进行检验。

总投资

图6-2展示了1960—2000年间尼日利亚的投资占国内生产总值的比重。通过比较图6-1和图6-2可以看出，实际人均GDP（或实际人均收入）与总投资比重之间存在独特的联动关系。两个变量都在内战期间剧减，并在经历持久的繁荣后在20世纪80年代早期的经济危机时期再次出现骤减。与公共部门在总投资份额中占主导地位相一致，石油出口带来的财政收入似乎对总投资率而言是一个极强的驱动。由于投资中有一部分来自国内生产，投资份额的变化将在需求和供给两方面影响增长。短期内石油金融投资的总需求效应在图6-1中有明显体现。与此相对应的是，其对生产能力的持续影响不那么显而易见，如同国内投资的严重低效配置。

图6-2 投资占国内生产总值的比重

资料来源：World Bank（2006c）。

为了充分解释1960—2000年间的经济事件，我们发现把这个时期再进一步划分成两个子时期将有助于问题的研究。以1986年结构调整项目的实施为标志，其后开始进行的重大经济改革可以作为我们划定的界限。这两个子时期将被称为前自由化时代（1960—1986年）和自由化时代（1987—2000年）。

尼日利亚结构调整项目的核心目标是调整并使经济生产基础多样化，以减少对石油部门和进口的依赖。结构调整项目的主要措施包括取消对汇率的管制、贸易自由化、金融部门管制的放松、公共部门企业的合理化和私有化，以及对产品特别是石油产品采取适当的国内定价政策（通过取消补贴来实现）(Federal Government of Nigeria, 1986)。

结构调整项目原本计划只进行两年（1986年7月至1988年6月），但是实际上已经延长了若干次，其目的是分阶段实施必要的政策改革，并在这一时期内得到丰硕的成果。因此，在政策分析中，结构调整项目时代现在一般被用来涵盖从1987年到1992年这一时期。不幸的是，结构调整项目没有达到其承诺的所有目标。放松管制和自由化改善了农业的条件，促进了金融部门的积极发展，并使得结构调整项目实施的前几年经济急剧增长。但是到了20世纪90年代初，基本上没有证据表明改革改变了尼日利亚国内总体增长的环境。实际上，这两个时期的经济总体增长差距不大，在经济控制时期为0.18%，在自由化时期为0.80%。另外，公共部门就业人数急剧下降，这最终降低了公民的福利。然而，应该指出的是，如图6-1和表6-4所示，不同时期内增长模式存在着显著差异——第一阶段以大规模的繁荣和萧条周期为特征，第二阶段在最初表现为一次性增长，之后出现长期停滞。然而，虽然1986—1987年是尼日利亚经济政策实质性调整的开端，但早期的遗留问题以及持续不变的政治冲突实际上阻碍了20世纪末发展环境的根本转变。

如前所述，石油租金在尼日利亚经济中持续占据重要地位反映了其作为政治、种族和地区冲突的焦点的重要性。尼日利亚确实是如Sachs和Warner（2001）所称的"自然资源诅咒"的一个典型的例子，即存在高度依赖于单一初级商品出口的系统性趋势的国家的增长速度要远低于其他多元化出口的国家。鉴于尼日利亚的特殊情况，该国的自然资源租金中有相当一部分以资本外逃为结果[1]，因为几乎所有前军事领袖都在外国银行账户中储存了巨额财富。而且，国内投资特别是公共部门的

---

[1] Ajayi（2000）提供的数据显示，在1972年到1989年间尼日利亚资本外逃数量达到328亿美元。每年的数据情况可见表6-3。

第 6 章　非洲国家的领袖、政策制定及经济增长：一个尼日利亚的例子

投资往往效率很低。种族之间的竞争鼓励北方的政治精英们忽视作为该国石油资源来源的南方的利益，以便在北方发展其选民——尽管这样做效率低下。因此，为了追求种族-区域化的目标，在选择投资项目的地点方面，尼日利亚犯了很多代价高昂的错误，例如阿吉古塔钢厂和卡杜纳炼油厂的选址。

时期划分

这一部分分别对 1960—1986 年的前自由化时代和 1987—2000 年的自由化时代的经济增长表现的决定因素进行了详细研究，其中的重点是经济政策和宏观经济及部门层面的结果、主要市场机构组织的变化、微观经济主体对政策环境的反应以及政策和治理的政治经济因素。

尼日利亚的增长表现：1960—1986 年

前自由化时代的特点被 Collier 和 O'Connell（2006）称为"软控制"，这反映了政府对价格的直接干预，而且在整个经济的关键市场中往往数量巨大。国家计划处于优势地位，如通过一系列定期的国家发展计划带动经济快速发展。内战之前，在农业出口（主要是可可、花生、棕榈油和橡胶）的推动下，人均收入增长缓慢，在 20 世纪 50 年代朝鲜战争期间的农业出口热潮下，外汇储备和盈余大幅下降。内战结束后，经济增长大幅提速，主要由石油出口带动，但正如我们所看到的，在 20 世纪 80 年代前半期油价下跌的压力下，增长速度下降了。

1970 年，石油占出口总额的 57.5%，但到了 1977 年，石油占出口总额的 93.3%（Iyoha，1995）。在经济繁荣时期，国际收支盈余和政府财政收入大幅增加，导致政府支出（包括财政支出）大幅增加。值得赞扬的是，20 世纪 70 年代联邦政府的大部分经常性支出都用于教育扩张。西部和东部地区已经向南部地区普及初等教育，但在此期间，北部地区实行了免费的中小学教育，甚至采取了向海外颁发奖学金的方案。20 世纪 70 年代，联邦政府用于教育的预算的百分比在 5% 到 10% 之间，而殖民政府不到 1%（Central Bank of Nigeria，2002）。在此期间，联邦政府所拥有的大学数量从一个扩大到六个。

投资特别是公共投资在这一时期急剧上升。1976 年，总投资收入比例高达 31.5%，公共投资收入比例高达 24.4%。尼日利亚经济没有持续增长，尽管这些投资率高，但公共部门的投资效率低下。正如 Bevan，Collier 和 Gunning（1992：2）所观察到的，公共投资在其最终规

模和国内投资方面都是跨期效率低下的。对出口价格上涨的理想反应是将收益投资于海外以赚取收益，只有在发展国内投资项目时，才将收益汇回国内，其社会回报率至少与国内海外投资组合的回报率相当。尼日利亚政策制定者最初是在积累国际储备方面取得成功的，但是随后公共投资方案被迅速推高，对效率却缺乏关注。政策制定者们陷入了一种在当时已经失去信誉的以进口取代工业化的愿景，将巨额资金用于公共部门的大型项目（包括两家耗资约 110 亿美元建造的钢铁厂），这些项目在世界市场上永远无法参与竞争。

尽管这个时期是由军事统治（从内战之前）主导的，但 1979 年到 1983 年之间短暂的文官统治时期并没有使尼日利亚的经济政策更加一致。相反，虽然军方行政长官严重依赖于公务员制定并执行经济政策，但总统谢胡·沙加里的权力急剧减少，寻租活动也增加了。通过赞助实现政治支持的最大化已成为当今的秩序。通过增加州的数量且不执行反腐败法律制度，使政治赞助变得更容易了。回扣似乎大大增加了投资项目的成本。例如，由军政府以 1.2 亿美元结算的大坝建设合同，在文官政府时期又重新以 6 亿美元进行谈判（Bevan，Collier 和 Gunning，1992：8）。

在石油繁荣的整个过程中，过度和效率极低的公共投资反应与历届政府将这一繁荣视为永久性的相一致。Bevan，Collier 和 Gunning（1992）观察到，直到 1980—1981 年石油收入下降，尼日利亚政府才认识到石油繁荣的短暂性。然而，在军政府时期，公共投资战略除了反映了公务员的资本积累教条主义外，还反映了文官政府时期公共投资成为政治赞助和腐败的焦点。因此，在整个时期，石油投资热潮对经济的潜在增长过程没有什么贡献。

尼日利亚的增长表现：1987—2000 年

在结构调整及其后这一时期的特点是放松管制和经济自由化。然而，市场自由化的成功始终受到以下因素的制约：随意执行、频繁的政策逆转、薄弱的体制和区域再分配综合征。因此，尽管尝试进行放松管制并放开经济的实体和金融部门，但平均经济增长率几乎没有超过开放之前的水平。

在这一时期内，制造业的表现尤其差。虽然国内总需求增长乏力可能起了一定的作用，但更为根本的问题似乎是在后自由化政策所提供的较温和的保护水平下，始终无法满足进口产品的价格和质量竞争。国内

第6章 非洲国家的领袖、政策制定及经济增长：一个尼日利亚的例子

制造业的高价格反映了能源成本过高、设备效率低下和设备老化、基础设施不完善等。已被确定为妨碍产出增长的其他限制因素包括在该国一些地区发生的公民和宗教骚乱事件以及土匪和武装抢劫所造成的生命和财产安全普遍受到威胁（Central Bank of Nigeria，2002）。然而，基础设施薄弱的问题需要特别予以强调。电力供应不稳定、不可靠，经常出现停电、降低负荷和电力配给。电力供应的不稳定迫使高收入家庭和企业以高昂的初始和运营成本购买发电机。基础设施服务的失败延伸到供水和电信领域。所有这些都对制成品的生产成本和国内工业的竞争力产生了影响。

1986年引入的结构调整项目构成了1987—2000年期间大部分时间内设计及应用的贸易和商业政策制度框架。政府取消了商品委员会（Commodity Boards），取消了对农产品的定价和营销。还取消了进出口许可证制度，减少了禁止进口物品的数量。1988年，提供更加稳定和可预测的关税制度的愿望促成了关税制度改革的实施。并因此启动了一个预期能够持续七年的关税结构。同时推出了各种鼓励措施，包括税收和税收优惠，以促进非石油产品的出口和外国直接投资。

到20世纪80年代末期，经济持续陷入困境，导致了一套新的改革措施的出台，其中一些直接颠覆了结构调整项目所采取的措施，如选定的作物及其衍生品被列入禁止出口名单、降低粮价、刺激农产品出口。1988年的关税改革在七年期满前通过1989年、1990年和1991年修正案的实施而被推翻。1994年，阿巴查政府将汇率定在22奈拉兑1美元，这直接逆转了缓慢向市场汇率确定机制的转变（可能是由既得利益集团施加的政治压力引发的，这些利益集团已经无法在控制权制度下通过寻租来获得暴利）。随着时间的推移，这种逆转会削弱对经济改革的供给反应。

从20世纪80年代初到1986年结构调整项目成立之初，农业就已经显然跟不上国内对食品和原材料的需求。除了在1986年设立食品、道路和农村基础设施管理局之外，政府还制定了一项农业政策，作为截至2005年的农业部门远景计划（Perspective Plan）的一部分。这一计划强调了要采取财政政策措施以改善信贷分配，并且为了实现这一目标，要建立新的金融机构，包括社区银行和尼日利亚人民银行。然而，消除结构调整项目下的价格扭曲可能要对1986年以后农业生产的复兴承担最大的责任。1986年至1996年期间，农业部门的总产出每年增长7.5%，这一比率大大高于前结构调整项目时期。

为了纠正农业部门的政府失灵,结构调整项目的政策和措施显然不太注意市场失灵的可能性。因此尽管结构调整项目改革大大降低了尼日利亚农民面临的产出价格扭曲,但该项目改革也取消了政府对该部门的投入补贴。作为鼓励采用并推广能够增加收益的技术的一种手段(例如使种子出芽率更高的肥料),这些补贴可能是合理的。

结构调整项目在金融领域推行了基础广泛的监管和体制改革,旨在放松监管制度,为发展金融机构、市场和工具以及增长和发展创造公平的竞争环境。1992年,银行逐一取消银行信贷上限,取而代之的是将公开的市场操作作为货币管理的主要手段。之前由政府行政手段决定的利率,由于取消了对银行存贷款利率的所有控制,转而由市场机制决定。尽管1991年和1994年至1996年期间重新实行了利率控制,但1996年10月再次取消了存贷款利率控制。1997年,尼日利亚中央银行(CBN)获得了对所有商业银行和社区银行、尼日利亚人民银行、财务公司、贴现银行、主要按揭机构、辅币办事处和所有开发银行的控制和监督。1988年,尼日利亚存款保险公司(Nigerian Deposit Insurance Corporation)成立,以补充尼日利亚中央银行的监管和监督作用。该公司为银行提供存款保险和相关服务,以提升银行业信心。证券交易委员会(Securities and Exchange Commission,SEC)于1979年成立,并因1988年证券交易委员会法令而得到强化,以发挥有效促进有序和积极的资本市场的作用。

1987—2000年期间,尼日利亚金融体系的其他重大变化包括发布了破产银行(追讨债务)名单和1994年第18号银行法令中的金融违规行为。旨在起诉那些促成银行破产的人,并收回欠破产银行的债务。1994年,尼日利亚中央银行启动金融服务监管协调委员会,协调和规范所有金融机构的监管政策,以促进监管机构之间的合作。1995年颁布了进一步规范金融体系的法令:第3号反洗钱法令、尼日利亚投资促进委员会第16号法令和第17号外汇(监管和杂项规定)法令,并依此设立了自主外汇市场。

这一时期的金融部门改革导致了银行和金融机构数量的扩大,也大大减少了政府对资本市场的控制,提高了资本化水平。新证券发行价值稳步上升,从1988年的3.999亿奈拉上升到1997年的108.14亿奈拉,名义上年均增长36.6%。然而,由于这一时期内年均通货膨胀率为36.9%,所以新增价值几乎没有增长。上市证券的数量也从1985年的180个增加到1997年的264个。尽管银行的数量有所增加,但是储蓄

第 6 章 非洲国家的领袖、政策制定及经济增长：一个尼日利亚的例子

占国内生产总值的比例在实现自由化的大部分时间里从 1988 年的 16.0% 降为 1997 年的 7.8%。至少到 20 世纪 90 年代初（见图 6-2），投资仍然低于 20 世纪 70 年代初期的水平。由于商业银行继续主导制度化储蓄，金融体系的基本结构变化很小，约占总储蓄的 80%。尽管取得了一些进展，但尼日利亚金融体系的总体表现并不令人印象深刻，尤其是在 1989 年至 1996 年间报告的许多银行遭遇困境的案例中，遭受困扰的银行数量从 8 个增加到 52 个，5 家银行被撤销。尼日利亚中央银行还在 1995 年接管了 17 家不良银行，1996 年又接管了 1 家。

由于许多寻求自谋职业的公民没有获得信贷的机会，联邦政府推行了一项放宽信贷获取条件的政策。为此，尼日利亚人民银行于 1989 年 10 月成立，1990 年成立了社区银行。其他促进就业的计划包括 1993 年在联邦 7 个州建立国家就业和大规模农业项目局。家庭经济发展计划于 1997 年被引入，旨在通过提供贷款和培训，以及对相关人员进行技能培训，从而推动当地的商品和服务生产者以及家庭企业的发展。

随着结构调整项目的推广，外汇市场完全放开，汇率决定机制在很大程度上交给了市场力量。为了促进外汇市场的顺利运行，尼日利亚于 1989 年开始实行变革，用非官方资金处理小额外汇交易。可能因为屈服于既得利益集团寻租机会被改革所阻碍的压力，阿巴查政府推翻了汇率改革，并从 1994 年开始允许奈拉参与广泛交易。1995 年，政府采取了放松管制政策，使其逆转正规化。考虑到尼日利亚持续的通货膨胀，以固定汇率计算的外汇越来越被高估，黑市溢价飙升。汇率在 1998 年之前一直保持有效挂钩，尽管在 1999 年的贬值之前，对外支付的限制已经取消。

巴班吉达（Babangida）政府于 1986 年引入结构调整项目，并负责其初步实施。石油收入不断下降，外债增加以及对无休止的政治过渡方案的承诺，使得这一行政工作的努力受到阻碍。经济政策管理的质量和一致性急剧下降。政府屈从于国内的政治压力，尽管官方一再表示将继续进行改革，却无法维持结构调整项目的原有目标。临时政策的执行取而代之，以满足短期的利益。最严重的问题是不负责任的财政行为，主要表现为过度支出，以支撑日益减少的政治支持并安抚政府的选民。20 世纪 90 年代初，财政赤字加剧，贫困加剧，不满情绪高涨，导致了几次反对结构调整项目的抗议、骚乱和罢工。结构调整项目导致社会部门支出大幅下降，创造了一个新的贫困阶层。它迫使工业产能利用率从 1981 年至 1985 年的 53.1% 下降到 1986 年至 1993 年的 39.8%，导致了

银行系统的普遍困境，破坏了公众对金融体系的信心，并给银行客户造成了困难（Iyoha，1996）。

第三共和国时期的经济表现：1999—2006 年

在1999年恢复民主统治后的头两年，尼日利亚经济持续表现不佳，这与尼日利亚人、捐助伙伴和整个国际社会的期望相反。人们普遍认为，随着尼日利亚民主复兴出现曙光，经济增长将会恢复和加速，贫困也会急剧减少。不幸的是，这些并没有立即发生，经济增长的表现依然乏善可陈。事实上，在奥巴桑乔（Obasanjo）总统第一届任期的头两年，尼日利亚经济增长表现不佳，表明需要进行根本性的经济改革。另外，在新千年中，有必要共同努力实现联合国千年发展目标。从2001年起，政府开始推行经济改革。在2003年，奥巴桑乔的政治地位已经得到巩固，并热衷于实现"民主的红利"，总统决定实行正式化、系统化和深化的改革方案。因此他的政府开始实施一个被称为国家经济赋权与发展战略（National Economic Empowerment and Development Strategy，NEEDS）的全面改革计划。

尼日利亚的增长表现：2001—2006 年

根据尼日利亚政府发布的文件，国家经济赋权与发展战略是与国家、地方政府和其他利益相关方合作，共同减少贫困的国家协调框架。国家经济赋权与发展战略确实是尼日利亚本土版的世界银行减贫战略。实际上，各州的经济赋权与发展战略将与国家整体的经济赋权与发展战略相协调，作为减少贫困和打击发展乏力的武器。除了州和地方政府之外，国家经济赋权与发展战略的实施将取决于联邦政府与捐助机构、私营部门、公民社会和非政府组织之间的密切合作与协调。正如尼日利亚当局所阐明的那样，减贫是国家经济赋权与发展战略的核心目标。因此，需求包括旨在减贫的干预性措施和政策，这些政策的目的在于惠及尼日利亚社会的所有阶层。

国家经济赋权与发展战略还包括旨在提高公共部门政策及制度透明度和问责制的重要结构性改革。在这个过程中，预计将会出现相当一部分深入的宏观经济和结构性挑战以恢复宏观经济稳定，促进经济的快速和可持续增长。国家经济赋权与发展战略文件宣称，要通过创造有利的

第 6 章　非洲国家的领袖、政策制定及经济增长：一个尼日利亚的例子

商业和外国投资环境来实施该战略，以确保公、私营部门之间的伙伴关系，从而促进增长。特别是政府的注意力将集中于提供基本服务和赋予尼日利亚人民权力，使他们获得新的谋生机会，同时鼓励私营部门成为经济增长的引擎。人民群众的权力将特别集中在卫生、教育、环境、农村综合发展、住房、就业、性别平等和青年发展等主流化领域。

国家经济赋权与发展战略还成为奥巴桑乔行政当局自 1999 年开始实施的各种消除贫穷方案的总括性战略。这些方案主要包括 1999 年发布的国家消除贫穷方案（National Poverty Eradication Program，NAPEP）。这一方案的目标包括以下几个方面：

- 消除贫困。
- 增强公民，特别是妇女的经济权力。
- 强化青年人技能水平并减少青年人的失业。
- 为所有尼日利亚人提供普及的基础教育。
- 振兴农业，以作为提高农村居民收入的手段。
- 在农村地区开辟道路，加强产品向市场的流通。

总之，总体性的改革项目已经在四大领域内铺开：宏观经济改革、结构改革、治理与制度改革、公共部门改革。根据宏观经济改革纲要，政府采取审慎的基于石油价格的财政规则，出台了中期财政支出框架和中期部门战略，加强中央银行货币政策执行力度，开展银行合并工作，强化金融部门，采取贸易自由化政策，并承担一些政府企业的私有化工作。在结构改革纲要下，尼日利亚进行了一些银行合并工作，以加强金融部门，实行贸易自由化改革，鼓励放松经济管制，促进一些政府企业私有化。在制度和治理改革方面，政府在公共采购中引入了正当裁决机制，通过了采掘业透明度行动计划，成立了经济与金融犯罪委员会和独立反贪腐委员会，以解决公共部门的腐败问题。在公共部门改革框架之下，一些政府机构进行了重组，改善其提供的服务，反腐倡廉，并进行公务员制度改革。关于所采取的经济和结构改革方面的更详细的讨论，见 Okonjo-Iweala 和 Osafo-Kwaako（2007）。

应当指出，改善石油收入管理和货币政策的执行，是以更好的债务管理战略做辅助的。该举措成功解决了昔日棘手的外部债务问题。在 2003—2006 年期间，尼日利亚的外债存量大幅减少。

这在很大程度上得益于与巴黎债权人俱乐部达成的债务减免协议，在 304 亿美元巴黎俱乐部债务全面减免后，尼日利亚的外债存量急剧下降，从 2004 年的 359 亿美元下降到 2005 年的将近 55 亿美元。正如

Okonjo-Iweala 和 Osafo-Kwaako（2007：11）所解释的那样，支付未清欠款 64 亿美元，注销债务 160 亿美元，以及以 60 亿美元的价格回购剩余的 80 亿美元（折扣为 25%）。

2003 年以后，宏观经济政策的改善已经开始产生明显的红利。实际国内生产总值增长有所改善，自 2003 年以来平均每年增长 7.1%。同样，通货膨胀率也有所降低，从 2003 年的 23.8% 跌至 2006 年的 10% 以下。外汇储备从 2002 年的 70 亿美元猛增到 2006 年的大约 450 亿美元，外债总额从 2003 年的 350 亿美元下降到 2006 年的 50 亿美元以下（表 6-5）。自 2003 年以来，为大多数尼日利亚人提供生计的非石油部门的年增长率为 5.2%，2004 年上升到 7.8%，2005 年达到 8.2%。2006 年，非石油部门的增长率达到了 8.9%。非石油部门的增长主要是受农业增长和全球商品繁荣的驱动。2005 年，外商直接投资的国内流入量已经超过了 51.6 亿美元（表 6-6）。石油和天然气以及电信、交通运输和银行业的外国投资已经出现。可以令人信服地指出，巴黎债务减免措施所带来的外债限制放宽有助于外商直接投资流入量和资产组合流量的增加。

表 6-5 经济表现指标：2001—2006 年

指标	2001年	2002年	2003年	2004年	2005年	2006年
实际国内生产总值增长率（%）	4.7	4.6	9.9	6.6	6.2	5.6
石油部门增长率（%）	5.2	(5.7)	23.9	3.3	0.5	4.7
非石油部门增长率（%）	4.5	8.3	5.2	7.8	8.2	8.9
石油产品增长率（%）	2.2	2.1	2.3	2.5	2.5	2.5
国民总储蓄占国内生产总值的比例（%）	5.3	3.5	7.2	18.4	19.4	20.6
通货膨胀率（%，从 12 月到下一年 12 月）	16.5	12.2	23.8	10.0	11.6	8.5
人均 GDP（美元）	530.7	539.1	620.7	673.0	847.1	1 114.0
人口（百万人）	118.8	122.4	126.2	129.9	133.5	140.0
人口增长率（%）	2.8	2.8	2.8	2.8	2.8	2.3
出生时的预期寿命（岁）	54.0	54.0	54.0	54.0	54.0	55.0
成人识字率（%）	57.0	57.0	57.0	62.0	62.0	67.0

资料来源：Central Bank of Nigeria (2007)。

注：每年数据截至当年 12 月 31 日。

第6章 非洲国家的领袖、政策制定及经济增长：一个尼日利亚的例子

表6-6 尼日利亚外商直接投资流入情况：2001—2006年

年份	外商直接投资（10亿美元）	证券投资（10亿美元）
2001	1.18	0.827
2002	1.87	0.134
2003	2.00	0.147
2004	1.87	0.350
2005	2.30	2.860
2006	4.40	—

资料来源：Economic Associates（2007）；World Bank（2006a）。
注："—"表示该数据不可获取。

领袖、政策制定及经济增长：1960—2006年

现在越来越多有关发展问题的文献接受了以下观点：领袖、政策制定、经济政策质量和良好制度在促进发展中国家快速增长方面发挥了重要作用。本节将分析1960—2000年期间和2001—2006年期间领袖、制度和政策制定对经济增长的不同影响。结果表明，在2001—2006年期间，良好的政策制定和高质量的经济政策在很大程度上是这一时期快速增长的原因。反过来，良好的领导力在很大程度上促进了这个时期有效而持续的良好经济政策的实施。

领袖和宏观经济政策：1960—2000年

尼日利亚在独立后的头40年中，有30年是在军事独裁者和暴君的严厉统治下度过的。政策的失败和发展的缺乏，在很大程度上是由于不正常情况的存在：国家被剥夺民主和法治，被迫遭受军事上的混乱。不幸的是，由于军队往往是由受教育程度低下且没有经过正规训练的士兵建立并组成的，因此军事政府的领袖素质低下。在这一时期的大部分时间里，都存在民族宗教暴力和资源控制恶性斗争的问题。虽然石油资源位于南方，但领袖（军方和文官）通常来自北方。这些北方领袖一心要把石油资源转移到北方去发展。区域再分配综合征在这个时期的大部分时间里导致了无休止的部落和宗教冲突。许多军事统治者腐败的事实加剧了发展难题。因此，当国家的石油资源被用在北方"华而不实"的项目上时，实际上就相当于被偷了。

经济决策的质量也差。鉴于工业化是经济高速增长的先决条件，政府的目标是通过进口替代来促进工业和制造业的发展。从1962年到

1985年，该国采用了固定的中期计划，通过并实施了四项发展计划：
- 第一个国家发展计划，1962—1968年。
- 第二个国家发展计划，1970—1974年。
- 第三个国家发展计划，1975—1980年。
- 第四个国家发展计划，1981—1985年。

在发展计划时代，宏观经济政策被当作实现规划目标的关键性工具。但最后，进口替代工业化政策失败了。石油的发现及其在1974年以后的主导地位很快导致了对农业的相对忽视，但石油的繁荣仅仅持续到1982年。

随着1982年石油繁荣的结束，尼日利亚陷入了经济问题的泥潭。内部问题包括经济衰退、通货膨胀、高失业率和财政赤字上升，而外部问题包括经常账户赤字和国际收支赤字，外债增加且债务负担沉重，有充分的证据表明农业部门遭到破坏，工业部门发展不平衡。对石油部门的纵深依赖，以及对金融部门的压制都表现出了部门失衡。1982年至1986年间，政府采取了各种紧缩措施，特别是1982年《经济稳定法》（Economic Stabilization Act）和1985年《国家经济紧急法》（National Economic Emergency Act）的发布展现出了政府应对经济危机的勇敢尝试。然而，由于经济和金融不平衡的根本性质，政府发现，仅仅进行紧缩而不进行结构调整，就不足以应对经济危机。1986年年初，当世界石油市场崩溃，石油价格下跌超过50%时，这个问题就出现了。尼日利亚石油出口收益从1980年的约250亿美元下降到1986年的64亿美元，贸易拖欠增加，国际信贷紧缩，国家濒临经济崩溃的边缘。

因此，1986年7月，政府通过了结构调整项目，准备对经济进行根本性的调整，以确保其长期发展。不幸的是，经济自由化和放松管制的结构调整项目政策没有成功，这主要是由执行不力及其与政策不一致导致的。在制造业方面，私营部门公司对结构调整项目政策所提供的激励措施反应不佳。这种有限的回应已经被归因于几个因素，其中最主要的因素是基础设施落后。基础设施的不足，特别是在电力和运输部门对私营部门的生产产生了强烈的冲击。表6-7给出了尼日利亚、南非和其他撒哈拉以南非洲国家基础设施的比较数据。数据分析显示尼日利亚（人均82千瓦）和南非（人均3 793千瓦）（Okonjo-Iweala和Osafo-Kwaako，2007）的电力供应之间存在较大差距。贫穷和缺乏方向的领导问题也在继续。因此，最后，自由化时期的经济增长表现与上一时期的经济调控只有略微的不同。表6-8显示了1960—2006年行业产出份

第6章 非洲国家的领袖、政策制定及经济增长：一个尼日利亚的例子

额数据。表6-9展示了1960—2006年行业年增长率数据。表6-10提供了1965—2006年汇率数据。表6-11提供了1980—2005年进出口交换比率数据。

表6-7 选定的基础设施数据

基础设施	尼日利亚	南非	撒哈拉以南非洲国家	低收入国家	高收入国家
电力消耗（2001年，千瓦/人）	82	3 793	456	317	8 421
道路与人口比例（1995—2001年，百万米/百万人）	1.1	8.5	2.6	—	—
铺设好的主道路/全部道路（1995—2001年，%）	30.9	20.3	13.5	1 692.9*	—
电话线路（2002年，条/千人）	6	107	15	28	585
可获得卫生服务的人数占总人口比例（2000年，%）	54	87	54	43	—
可获取安全饮用水的人数占总人口比例（2000年，%）	62	86	58	76	—

资料来源：世界银行的世界发展指数，多个年份数据。
* 原书中数据如此。——译者注

表6-8 1960—2006年行业产出份额（%）

年份	农业	工业	制造业	服务业
1960	63.85	7.68	3.81	28.47
1961	61.83	8.29	4.10	29.88
1962	61.92	8.76	4.41	29.32
1963	61.20	9.03	4.66	29.73
1964	57.88	9.67	4.69	32.45
1965	54.90	12.47	5.43	32.64
1966	54.94	12.32	5.38	32.74
1967	55.40	11.78	5.50	32.81
1968	51.65	10.79	5.65	37.56
1969	49.49	15.56	6.35	34.95
1960—1969年平均数	57.31	10.64	5.00	32.06
1970	41.28	13.76	3.67	44.95
1971	40.04	17.34	3.38	42.61
1972	38.27	19.94	3.90	41.79
1973	35.14	25.09	4.04	39.78
1974	31.83	35.24	3.33	32.93
1975	31.73	28.50	5.03	39.77
1976	29.12	32.27	5.06	38.60

189

续表

年份	农业	工业	制造业	服务业
1977	29.57	31.42	4.57	39.01
1978	30.48	33.33	6.53	36.18
1979	28.65	37.82	8.79	33.52
1970—1979 年平均数	33.61	27.47	4.83	38.91
1980	20.63	45.57	8.38	33.80
1981	26.91	37.58	9.18	35.51
1982	30.84	33.33	9.55	35.82
1983	33.22	29.73	9.90	37.05
1984	37.77	27.78	7.82	34.45
1985	37.31	29.18	8.74	33.51
1986	38.66	26.00	8.73	35.34
1987	36.68	33.31	6.76	30.01
1988	40.60	30.83	7.52	28.57
1989	31.34	43.19	5.29	25.47
1980—1989 年平均数	33.40	33.65	8.19	32.95
1990	32.71	41.37	5.54	25.92
1991	30.43	45.57	5.90	24.00
1992	23.80	58.26	4.32	17.94
1993	24.16	58.65	4.00	17.18
1994	28.57	50.24	4.94	21.19
1995	31.61	46.68	5.36	21.71
1996	30.70	49.17	4.84	20.12
1997	33.63	44.79	5.08	21.57
1998	38.98	33.43	5.24	27.58
1999	36.56	35.24	4.89	28.20
1990—1999 年平均数	31.11	46.34	5.01	22.54
2000	28.81	43.55	4.01	27.63
2001	30.60	47.78	3.89	21.62
2002	31.18	43.80	4.58	25.02
2003	26.41	49.37	3.99	24.21
2004	16.61	56.93	3.68	26.45
2005	16.9	56.2	3.79	26.9
2006	17.5	54.0	3.79	28.4
2000—2006 年平均数	24.0	50.2	4.12	25.75

资料来源：World Bank（1999；2006c），Economist Conferences（2007）。

注：因四舍五入，份额总数可能不等于100%。

第6章 非洲国家的领袖、政策制定及经济增长：一个尼日利亚的例子

表6-9 1960—2006年行业年增长率（%）

年份	农业	工业	制造业	服务业
1960	—	—	—	—
1961	−3.0	29.6	18.8	−1.9
1962	3.6	18.3	12.4	0.9
1963	8.3	14.5	29.1	8.6
1964	−0.4	18.8	−4.2	5.8
1965	0.6	49.6	−28.3	−4.7
1966	−7.0	9.1	70.6	−4.6
1967	−15.5	−20.0	−14.3	−12.1
1968	−1.5	−19.9	5.5	9.2
1969	15.0	79.3	31.5	7.9
1970	17.5	54.4	27.9	20.8
1971	5.2	32.9	−3.1	8.5
1972	−7.3	19.3	23.9	3.3
1973	8.9	−1.2	11.3	13.5
1974	10.4	17.2	−3.3	8.2
1975	−10.4	−13.7	23.6	20.6
1976	−1.6	23.5	23.4	5.4
1977	6.8	5.0	−49.6	7.0
1978	−8.6	−3.7	13.7	−5.7
1979	−3.0	18.9	46.9	2.4
1980	4.9	−2.2	28.1	5.1
1981	−16.5	−10.1	15.1	−5.7
1982	2.5	−4.2	12.9	2.5
1983	−0.3	−14.7	−29.4	2.8
1984	−4.8	−0.5	−11.2	−11.1
1985	16.8	5.3	19.9	6.2
1986	9.2	−5.7	−3.9	7.3
1987	−3.2	−2.9	5.1	6.1
1988	9.8	9.9	12.8	10.0
1989	4.9	9.0	1.6	8.6
1990	4.2	6.3	7.6	15.0
1991	3.5	8.6	9.3	2.1
1992	2.1	0.3	−4.8	6.9
1993	1.4	−0.8	1.2	5.4
1994	2.4	−2.8	1.6	0.5
1995	3.7	1.2	4.6	2.3
1996	4.1	6.0	2.4	3.0

191

续表

年份	农业	工业	制造业	服务业
1997	4.2	1.5	0.9	4.9
1998	4.0	−1.7	−5.4	1.8
1999	5.2	−2.5	2.1	0.7
2000	2.9	6.1	3.5	4.0
2001	3.8	2.6	5.2	3.3
2002	4.2	−8.0	13.7	6.6
2003	6.5	22.4	6.2	6.9
2004	6.5	4.6	3.7	6.9
2005	8.2	4.8	3.9	6.5
2006	8.0	0.1	−1.4	10.5

资料来源：World Bank（1999；2006c），Economist Conferences（2007）。

表 6-10　1965—2006 年汇率

年份	汇率	年份	汇率	年份	汇率
1965	0.714 2	1979	0.604 0	1993	22.065 4
1966	0.714 2	1980	0.546 8	1994	21.996 0
1967	0.714 2	1981	0.617 7	1995	21.895 3
1968	0.714 2	1982	0.673 5	1996	21.884 4
1969	0.714 2	1983	0.724 4	1997	21.886 1
1970	0.714 2	1984	0.766 5	1998	21.886 1
1971	0.714 2	1985	0.893 8	1999	92.338 1
1972	0.657 9	1986	1.754 5	2000	101.697 3
1973	0.657 9	1987	4.016 0	2001	111.231 2
1974	0.630 2	1988	4.537 0	2002	120.578 2
1975	0.615 5	1989	7.364 7	2003	129.222 4
1976	0.626 6	1990	8.038 3	2004	132.888
1977	0.644 7	1991	9.909 4	2005	131.300
1978	0.635 3	1992	17.298 4	2006	127.400

资料来源：World Bank（1999；2006c），Economist Conferences（2007）。

表 6-11　1980—2005 年进出口交换比率

年份	进出口交换比率	年份	进出口交换比率
1980	181.25	1987	72.60
1981	192.00	1988	60.94
1982	163.63	1989	75.71
1983	155.17	1990	88.51
1984	154.54	1991	74.39
1985	143.48	1992	65.04
1986	70.27	1993	59.41

续表

年份	进出口交换比率	年份	进出口交换比率
1994	56.12	2000	100.00
1995	55.56	2001	88.90
1996	86.90	2002	89.92
1997	65.09	2003	101.94
1998	43.88	2004	122.35
1999	59.60	2005	125.00

资料来源：World Bank（2006a；2006c）。

领袖、政策制定及制度：2001—2006 年

除了新千年持续的商品出口繁荣（例如石油价格飞涨）外，尼日利亚经济增长堪称典范的主要原因是领导力。与改善的领导力齐头并进的是采纳和实施良好的经济政策（如国家经济赋权与发展战略所举例说明的）。一些分析师质疑尼日利亚的经济改革是否真的像其"改革建筑师"所声称的那样"本土化"。这个问题是没有实际意义的，因为虽然改革方案的部分内容是规范的——符合 Williamson（2003）的华盛顿共识——但是该方案在没有国际货币基金组织或世界银行的支持下就获得了通过，也没有受到华盛顿共识中任何一个机构的贷款。尽管国家经济赋权与发展战略既有国家层面，又有地方政府层面的组成部分，但它在国家以下各级单位尚未得到如同在国家层面那样的充分认可。似乎事情很清楚，如果经济改革在地方层面也得到了积极实施，那么经济改革将更有可能促进可持续增长。因此，未来政府任何一个优先事项都应该是使这些经济改革向地方政府进行延伸。

善政和制度建设也是尼日利亚成功故事的一部分。奥巴桑乔政府出台了一个财政规则，将石油收入的公共支出与石油收入脱钩，从而有效地将国内经济与石油收入隔绝开来，进而有效地将国内经济与国际传播经济周期隔离开来。通过颁布《财政责任法》（Fiscal Responsibility Act），政府试图将其制度化。在这一领域进行的其他有益的改革包括建立公共采购的正当程序机制，将采掘业透明度倡议作为加强石油和天然气部门透明度的手段，设立两个反腐败机构——独立反腐败机构和其他相关犯罪委员会以及经济和金融犯罪委员会，以促进问责制和善政。如果没有善政，其他改革的影响可能是有限的，因为善政包括没有寻租行为、透明度、问责制、适当的财产权利和法治等问题。善政在吸引国家投资，提高生产力和竞争力，促进政治稳定，最终促进经济快速增长方

面发挥着关键作用。

重点内容的小结

本小结将简要介绍在增长表现的另一端的一个资源丰富的非洲国家的情况。博茨瓦纳相关报告显示，该国在1982—1989年的实际国内生产总值平均增长率为11%，1990—2000年为7.5%。尼日利亚在1960—2000年的增长率为3.7%，因此，20世纪80年代到20世纪90年代中期，尼日利亚的实际国内生产总值增长率是博茨瓦纳的三分之一。然而，尼日利亚在2003—2006年的平均增长率为7%，接近博茨瓦纳在1990—2000年这10年间的数据。这支持了许多人的看法：鉴于尼日利亚丰富的人力和自然资源，如果宏观经济政策能得到贯彻落实，那么其平均增长率可能接近博茨瓦纳的平均增长率。表6-12显示，尼日利亚在2003—2006年的人均国内生产总值平均增长率要好于2001—2005年的世界平均水平，但在1960—2000年远远低于1980—2000年的世界平均水平。表6-13提供的数据表明，2001—2005年期间，主要部门对国内生产总值增长的贡献率为50.6%，但预计在2006—2010年期间将为国内生产总值增长贡献64.9%。相比之下，在2001—2005年期间对国内生产总值增长贡献16%的第二产业在2006—2010年期间对国内生产总值增长的贡献只有6.5%。

表6-12 人均国内生产总值增长率的比较

地区	1980—2000年	2001—2005年
全球	2.2	3.1
发展中国家	2.4	5.1
新兴市场经济体	2.6	5.0
工业化国家	2.1	1.4
尼日利亚	0.4[1]	4.2[2]

资料来源：IMF World Economic Outlook Database (2006)；作者计算。
1. 1960—2000年。
2. 2003—2006年。

表6-13 各经济部门对国内生产总值增长的贡献（%）

经济部门	2001—2005年	2006—2010年
第一产业	50.6	64.9
农作物	35.5	39.8
石油和天然气	11.1	21.7

第6章 非洲国家的领袖、政策制定及经济增长：一个尼日利亚的例子

续表

经济部门	2001—2005 年	2006—2010 年
家畜	2.4	2.1
渔业	1.6	1.3
第二产业	**16.0**	**6.5**
电力	8.5	3.2
制造业	5.2	2.9
建筑业	2.3	0.4
第三产业	**33.7**	**22.4**
批发和零售业	16.3	10.5
金融业	7.6	4.0
电信业	4.4	4.5
道路运输	3.9	2.1
房地产	1.5	1.3

资料来源：2001—2005 年数据来自国民统计局（Bureau for National Statistics）；2006—2010 年数据根据 Economic Associates（2007）预测得到。

必须指出的是，尼日利亚的制造业仍然非常薄弱。尽管在 2001—2005 年期间它对国内生产总值的增长贡献了 5.2%，但在 2006—2010 年期间，其对国内生产总值增长的贡献只有 2.9%。显然，决策者仍有许多工作要做，以大幅增加制造业对尼日利亚国内生产总值的贡献。

那么，为什么尼日利亚尽管从 20 世纪 70 年代初就开始拥有大量的石油美元，但在 1960 年到 2000 年之间没有发展起来？简单的答案是尼日利亚的石油美元被滥用，或用在了错误的地方。作为这些结果的直接原因，本章特别强调了在 1960—2000 年期间，糟糕的领导和治理以及宏观经济政策效率低下的问题。同样重要的是政治上严重的地区性民族宗教竞争。领导不力和管理的问题不应该被低估，因为在独立后最开始的 40 年，尼日利亚的领袖出于过分狭隘的族裔和部门忠诚，缺乏必要的才智，无法在诸如尼日利亚这样的多元和多族裔国家制定可行的可持续增长和发展战略。总之，这个国家在其成立后的最初 40 年间没有出现一个有利于国家发展的领袖。但正如有人所认为的，自 2000 年以来，该国局势发生了改善。如果这种情况能够持续下去，那么尼日利亚最终将有机会在世界迅速发展的国家中取得成功。

现在正统的发展观点认为，政策对发展成果的影响可能是深远的。本章认为，1960—2000 年期间，尼日利亚的政策选择很差，从 20 世纪 80 年代中期开始，试图纠正这些政策的改革受到了矛盾、逆转和普遍缺乏政策连贯性的困扰。相比之下，2003 年通过的改革是一致的，并试图以一致的方式实施改革。其中主要的区别是有重点和有决心的

领导。

在 20 世纪的最后几十年里,尼日利亚经济的不确定性同样源于社会和政治的不稳定以及宏观经济政策的失误。一个典型的例子是 20 世纪 90 年代初期,当时巴班吉达将军取消总统选举,其结果是带来了严重的政治危机,并成为重大政策逆转的先兆。更深层次的治理体制问题仍然存在,其中包括基层政治参与不足,正规政治体制不完善,民主结构不健全。解决这些顽固的社会和政治问题将大大减少对尼日利亚经济稳定的不确定性并增强信心。这将为外逃资本的回归和国内外投资的增加,以及未来几年经济快速增长的维持扫清道路。

参考文献

Ajayi, S. I. 2000. "Capital Flight and External Debt in Nigeria." In *External Debt and Capital Flight in Sub-Saharan Africa*, ed. S. I. Ajayi and M. S. Khan. Washington, DC: International Monetary Fund.

Bevan, D., P. Collier, and J. W. Gunning. 1992. "Nigeria: 1970—1990." International Center for Economic Growth, Budapest, Hungary.

Central Bank of Nigeria. 2000. *Annual Report and Statement of Accounts*. Abuja: Central Bank of Nigeria.

Collier, P., and S. A. O'Connell. 2006. "Opportunities and Choices." AERC Explaining African Economic Growth Project, June.

Desai, R. M., A. Olofsgard, and T. M. Yousef. 2007. "The Logic of Authoritarian Bargains: A Test of a Structural Model." Working Paper No. 3. Brookings Global Economy and Development. Washington, DC: Brookings Institution.

Economic Associates. 2007. *Economic Outlook in 2007*. Lagos: Economic Associates.

Economist Conferences. 2007. *Third Business Roundtable with the Government of Nigeria*. Abuja.

Federal Government of Nigeria. 1986. *Structural Adjustment Programme for Nigeria, July 1986—June 1988*. Lagos: Government of Nigeria.

Fosu, A. K. 2008. "Anti-Growth Syndromes in Africa: A Synthesis of the Case Studies." In *the Political Economy of Economic Growth in Africa, 1960—2000*, vol. 1, ed. Benno J. Ndulu and others. Cambridge: Cambridge University Press.

Iyoha, M. A. 1995. "Economic Liberalization and the External Sector." In *Macroeconomic Policy Issues in An Open Developing Economy*, ed. A. Iwayemi. Ibadan: NCEMA.

——. 1996. "Macroeconomic Policy Management of Nigeria's External Sector in the Post-SAP Period." *Nigerian Journal of Economic and Social Studies* 38 (1): 1-18.

Iyoha, M. A., and D. E. Oriakhi. 2008. "Explaining African Economic Growth

第6章 非洲国家的领袖、政策制定及经济增长：一个尼日利亚的例子

Performance: the Case of Nigeria." In *The Political Economy of Economic Growth in Africa, 1960—2000*. Vol. 2, *Country Case Studies*, ed. Benno J. Ndulu and others. Cambridge: Cambridge University Press.

Okonjo-Iweala, N., and P. Osafo-Kwaako. 2007. "Nigeria's Economic Reforms: Progress and Challenges." Working Paper No. 6 Brookings Global Economy and Development. Washington, DC: Brookings Institution.

Sachs, J., and A. Warner. 2001. "Natural Resources and Economic Development: the Curse of Natural Resources." *European Economic Review* 45: 827 - 838.

Suberu, R. T. 2001. *Federalism and Ethnic Conflict in Nigeria*. Washington, DC: United States Institute of Peace Press.

Udeh, J. 2000. "Petroleum Revenue Management: The Nigerian Perspective." Paper Presented at World Bank/IFC Petroleum Revenue Management Workshop, Washington, DC, October 23 - 24.

Williamson, J. 2003. "From Reform Agenda to Damaged Brand Name." *Finance and Development* 40 (3): 10 - 13.

World Bank. 1999. *World Development Indicators*. Washington, DC: World Bank.

——. 2005. *World Bank Africa Database CD-ROM 2004*. Washington, DC: World Bank.

——. 2006a. *The Little Data Book on Africa*. Washington, DC: World Bank.

——. 2006b. *Nigeria: Competitiveness and Growth*. Report No. 36483-NG. Washington, DC: World Bank.

——. 2006c. *World Development Indicators*. Washington, DC: World Bank.

第 7 章 政治领袖和经济改革：巴西在拉丁美洲的经验

费尔南多·恩里克·卡多佐（Fernando Henrique Cardoso）
爱德华多·格雷夫（Eduardo Graeff）

巴西在过去的 25 年时间里平均年增长率为 2.4%——这一数据略低于拉丁美洲平均水平，远远低于同期的亚洲新兴国家，甚至远低于巴西之前几十年的数据。如果说巴西最近有什么方面表现比较突出，那当然不是增长，而是稳定和经济开放，此外还应该增加政治方面的成就——民主化。自 1985 年军队撤离以来，民主是人民和团体得以统治国家的伟大事业的肇始。因此，在巴西的改革经验中强调的是民主，而不是经济的稳定和增长。当然，这些并不是相互排斥的目标，尽管专制政权有时可以促成国内生产总值（GDP）的更快增长。但对于巴西以及其他拉丁美洲国家而言，在这些目标之间不存在权衡取舍——在 20 世纪 90 年代初期，这三者是必须要一同解决的挑战。

假设当今世界的某一个政治领袖可以自由地决定一个国家经济发展的速度和方向，这与相信只有一个有灵感的军事领袖能够确保在战场上取得胜利一样值得怀疑。在《战争与和平》（War and Peace）中，托尔斯泰（Tolstoy）嘲笑了那些认为他们的态度、语言和决心决定了历史进程的王公和将军们。他最具有讽刺意味的辛辣语言是针对那些声称要从无数事件中总结出科学规律的军事理论家。正如托尔斯泰的观点，这其中的悖论是："高级士兵或政治家在权力金字塔当中的位置越高，他们离金字塔的基座就越远，而组成这个基座的是一些普通的男女，他们

第 7 章　政治领袖和经济改革：巴西在拉丁美洲的经验

的生活才是真实历史的组成部分。"[1]间谍卫星、智能炸弹、制导导弹以及其他技术上的奇迹可能已经消除了"战争迷雾"（尽管只是在某种程度上）。相比之下，信息技术和金融工程的进步已经在某些时候显示了增加市场不可预测性方面的巨大能力。任何在全球危机期间负责周边国家中央银行的外汇交易部门的人都知道，在这样的风浪中，保持冷静并保持稳定的进程是多么困难。

若不冒险进入由自然和历史界定的自由意志界限的哲学讨论，那我们必须承认，要区分哪些是由于地方政府的举措，哪些是由于巴西及其邻国的经济变革所施加的外部影响几乎是不可能的。第二次石油危机（1979年）和美国利率冲击（1982年）几乎使整个拉丁美洲陷入10年的停滞和通货膨胀，而工业化世界正在循环利用其经济。寻求解决危机的办法必然会对投资者、跨国公司、中央政府和多边经济机构采取的新的运作形式做出回应。

这并不意味着，正如一些市场经济理论家所设想的那样，如果各国准备"做好功课"，就会有完整的发展食谱，向所有国家敞开全球化之门。也不是说拉丁美洲应该永远被谴责为欠发达，或者仅仅是条件反射式的发展——这是过去庸俗的理论家所认为的，当然现在仍有一些人相信。各国都有其独特的历史进程，而不是说所有国家都要机械复制全球结构模式。

对这种复杂现实的历史和结构分析将从全球经济运行的规则开始——以马克思主义的术语来说是一般的抽象的决定——并重新构建它们在每一个相对同质的边缘国家群体中的经历、适应或转变方式。这将是揭露地方和国际社会力量之间动态关系的方式，也是了解各国或国家集团与全球经济之间联系的适应和创新如何产生不同结果的方式，尽管这些结果受相同的一般条件因素的制约。变革的框架是由全球化和信息经济建立起来的，但是每个国家都以不同的方式融入或者为之辩护。这种回应可以是创造性的；有些方式可能比其他国家更有优势，每种方式都将取决于该国的地理位置、人口、自然资源禀赋和政治决策等情况。国家社会有不同程度的经济和文化发展，为适应新的情况提供更好或更差的选择。[2]

本章的目的相对中立。它仅限于阐述我们对最近在巴西巩固民主，

---

[1] 有关托尔斯泰观点的引用来自 Berlin（1979：22-80）。
[2] 这是 Faletto 和 Cardoso（1979）在 20 世纪 60 年代用来分析拉丁美洲"依赖情况"的方法。

同时控制通货膨胀和恢复经济增长的努力的看法。同时，本章尽可能客观地提出一些关于政治领袖采取行动的局限性和相关性的想法，以确定一种方针，并避免对这一进程产生障碍。有时，本章提到其他拉丁美洲国家，特别是阿根廷、智利和墨西哥的经验，不在于提供一个全面的比较分析，只是希望读者注意到这些国家间的差异和相似之处，这可能有助于揭示巴西情况的特殊性，并提出更广泛的意见以交流我们的主题。①

从通货膨胀危机到巩固稳定：种族民主的预期

2006年10月，路易斯·伊纳西奥·卢拉·达席尔瓦（Luiz Inácio Lula da Silva）再次当选巴西总统，他赢得了所有投票中有效票数的60%，在第一轮投票中以49%的得票率领先第二名候选人10%。重新当选是一位具有非凡才华的政治家——一位来自东北地区的移民，同时是一个工会领袖，一个政党的创始人，一个共和国的总统——在民主象征的服务下作为大众传播者的最高成就。对确保他获胜的最不发达国家的选民来说，这也体现了他们对上届政府实施的减贫政策的承认，卢拉将这些政策延伸并转变为他与穷人间象征性关系的物质支柱。同时这也是恢复对他第一任期内经济政策的支持，当时人们对快速增长的预期受挫，但巴西的通货膨胀率一直保持在较低水平，且与全球贸易和金融流动的融合进一步加深。卢拉在第二任期内面临的挑战是将投票箱反映出的矛盾信息转化为政府的行动，这些行动不能仅仅是重申对象征的信念，而且要重申对民主制度的信仰，以及其在不放弃稳定的情况下促进新的社会和经济进步的能力。

与往常一样，前景也存在不确定性：人们对现行经济政策的长期可持续性、高利率、高税率以及实际情况产生了怀疑，尤其是在全球经济扩张的长期周期应该结束的情况下。通过增加税收负担、削减投资、增加债务，政府继续为社会项目和政府机器的不断上涨的成本提供资金。总统对私人投资者的诉求与执政联盟中许多人所倾向的国家主义倾向之间存在冲突，并对政客们在一系列涉及政府高级官员、所在政党和国会盟友的腐败丑闻后所陷入的恶名而感到担忧。

这似乎并没有打扰大多数巴西人对"国家行事好"的看法，用卢拉

---

① 这个关于巴西经济改革和稳定性经验的观点主要基于 Cardoso（2006）。

第7章 政治领袖和经济改革：巴西在拉丁美洲的经验

的一个竞选对手的话来说——巴西远不如其他发展中国家那么好，但"也还可以"。翻译一下就是：巴西拥有政治和经济上的稳定，将一部分收入分配给最穷的人，但其代价是中产阶级损失惨重。分析师和本地及外国投资者的评估也大都是正面的。银行和大公司在2006年投资不大，但收市时收益强劲。2007年年初预计通货膨胀率约为4%；国际储备接近1 000亿美元；进口为9 100万美元，外债为1 290亿美元；而国家风险溢价则跌至200个基点以下，为有统计数据以来的最低水平。

20世纪90年代初，巴西的情况远非如此。当时，巴西经济停滞不前，已宣布暂停外债，恶性通货膨胀近在咫尺，唤醒民主化的希望和预期正在让位于广泛的失望。政治学家、经济学家和观察家之间形成了一种共识，即过时的观念、有缺陷的机构和缺乏领导力的结合，使得巴西无法做出控制通货膨胀和恢复经济增长所需的变革。当学术界、国家技术官僚机构、工商界和媒体正在讨论改革的时候，1988年宪法中"经济秩序"的几项条款所激励的国家主义继续对大多数政客的意见产生了决定性影响。在政治活动的日常斗争中，旧的民粹主义的政治领袖们像杂草一样在民主的阴影下卷土重来。有关国家制度设计的重大决定削弱了各方，破坏了总统向国会提交的立法提案所能获得的支持，并威胁到可能使国家重蹈"1964年政变"（1964 Coup）覆辙的行政立法冲突模式。巴西当时的前景算不上完全崩溃，但是由于缺乏治理而导致民主缓慢恶化。①

政治文献用"doble minoria"一词来形容拉丁美洲一再出现的情况，即总统由少数选民选举产生，由于国会中没有多数席位而面临执政困境（Lins和Valenzuela，1994）。在巴西，由1988年宪法提出的两轮总统选举制度解决了第一个问题，但党派体制的分散化使第二个问题恶化。巴西民主运动党（Partido do Movimento Democrático Brasileiro，PMDB）一直是反对独裁政权的唯一党派，并在1986年制宪大会上获得了大多数席位，但随后在宪法辩论中的关键问题上，以及是支持何塞·萨尼（José Sarney）总统，还是站在其对立面等问题上出现了分歧。科洛尔·德梅洛（Collor de Mello）赢得了1989年的总统选举，尽管严格来讲，他属于一个实际上不存在的党，这进一步说明了引领国家向民主过渡的政党的过早衰败。在1990年的选举中，巴西民主运动党在下议

---

① 1991年年底，在由迈阿密大学和格图里奥·瓦尔加斯基金会（Fundação Getúlio Vargas）组织的一次会议上，巴西和美国专家发表的论文中可以找到关于这一观点的有代表性样本，见Marks（1993）。

院的份额下降到了第五位,表明其在众议院拥有席位的 19 个政党中占微弱优势。

在科洛尔担任总统的第一年里,在国会中缺乏多数席位并不是一个问题,因为他正处于受欢迎程度最高的时候,同时国会选举也即将到来。在他执政的第二年,他意识到自己将不得不与那些在新一届国会中获得席位的主要政党进行谈判,但为时已晚。由于反通货膨胀政策的失败以及大规模的腐败丑闻,他的声誉迅速受到破坏。在国会缺乏稳定的多数席位阻碍了他实施他所承诺的改革,并迫使他于 1992 年 12 月离任。

通货膨胀上升和政府治理水平的下降似乎已经使巴西陷入了一个能源消耗的陷阱。这激发了人们对民主获胜能力的悲观预测,或者至少将竞赛与民主本身引起的社会和经济进步的期望联系起来。

雷亚尔计划

在他被弹劾期间,反对科洛尔的和平示威群众和其对正当法律程序的遵守重新点燃了人们对民主的信心。经验丰富的政治家伊塔马尔·佛朗哥(Itamar Franco)副总统接任总统一职,任命一个以广泛的党派联盟为基础的内阁,以确保他在国会获得稳定的多数席位。

然而经济环境继续恶化。工资价格螺旋上升,在指数化的推动下加速,并剥夺了企业和政府任何可用于中长期决策参考的稳定价值依据。尽管公司的回报率和流动性总体上是正面的,但投资者仍然紧缩。1993 年 5 月,在伊塔马尔·佛朗哥总统任命他的第四任财政部部长时,通货膨胀率达到每月 30%。

好像这还不够,政治动荡又回来了,因为国会对腐败丑闻进行了严厉的调查,涉及预算资源分配中的回扣,导致几名国会议员,包括多数党领袖被驱逐出境。

在这种情况下,媒体、商界、大多数国会议员和公众对政府正面打击通胀的承诺持怀疑态度,当然这也是可以理解的。当时在巴西,总统还没有当选(在巴西,与美国不同,副总统只是总统候选人的竞选伙伴,大多数选民甚至不知道他是谁),而且国会陷入半死不活的境地,几乎没有人相信以当时的政治条件可以发动这场对抗通货膨胀的斗争。此外,时间不多了:大选原定于 1994 年 10 月举行,一项宪法修正案使

第 7 章　政治领袖和经济改革：巴西在拉丁美洲的经验

总统选举提前举行。还剩一年多的时间，国会议员就要去争取选民，想要通过复杂的立法在国会实际上占有多数，这几乎是不可能的。

国会、总统和人民实际上最欢迎的是以 1986 年克鲁扎多计划*（Cruzado Plan）的方式实行价格冻结，该计划实施后出现了短暂的令人欣喜的改善，直到今天，人们回忆起来仍是对该计划心怀感激。习惯于认为未来是对过去的再度重现的分析师预测，最初的财政紧缩措施最终将会像萨尼和科洛尔政府的类似提案一样，在国会或总统办公室某个书架上落灰。

后来众所周知的雷亚尔计划（Real Plan）的成功，以及该计划所引发的变革周期，驳斥了或至少相对强调了对巴西稳定经济和实施改革中政治障碍的诊断。

即使在选举日程所允许的如此短的时间内，也可以在财政部汇集一支经验丰富，富有创造力的技术队伍，为非经济学出身的部长提供不可或缺的支持，从而制定一种结合正统与非正统措施的创新稳定策略，并在政治上赢得胜利以支持其实施。在这种情况下，部长作为国会议员的经历就很有价值。

财政政策破坏了萨尼和科洛尔总统以前稳定方案的可信度。雷亚尔计划的第一阶段包括一系列旨在弥补这一侧面的措施：削减公共开支，取消一部分宪法中自动分配给特定支出事项的财政收入，征收银行在所有金融交易方面的新税，包括兑现支票在内的交易以及与各州的债务重新进行谈判——其中有一部分已经或接近违约。虽然不足以确保长期的财政均衡，但这些措施已经提交给总统、国会和政府，被作为解决结构性通货膨胀问题的第一步。① 在提出这些建议时，政府明确表示，它无意重复以往以非正统为核心的反通胀计划所采用的不可信的"休克疗法"策略，这也表明了该国解决通货膨胀和公共财政之间"联姻"问题的决心，这已经成为巴西财政体制的一个标志。国会在通过这些措施时表示，有可能就更广泛的改革计划达成共识，给经济主体一个关于稳定政策成功机会的积极信号。这种势头和由此产生的信誉在 1993 年 10 月得到了增强，当时巴西通过与债权国银行的直接谈判，以及仅从国际货币基金组织获得非正式支持，终止了暂停债务的做法。

---

① 其隐含的理由是，名义财政收入的增长，加上对实际预期支出的侵蚀，保证了后来的平衡预算，或者避免了政府和国会在事先就优先事项进行谈判和开支削减时的不适。

＊若泽·萨尔内总统时期在巴西推行的计划，通过实行紧缩政策，控制严重的通货膨胀。——译者注

我们认为，正统的财政措施是应对高水平通货膨胀的必要但不充分条件。在某些时候，将有必要破除工资和价格指数化机制，这些机制在20世纪80年代已经得到普遍化，并通过惯性反馈到通货膨胀，使过去的通货膨胀率成为未来通货膨胀的最低标准。应在一定程度上做到大胆创新。指数化这一举动在医学上被称为顺势疗法的第一准则。1994年2月，政府引入了一种每日指数化机制（实际价值单位），作为1994年7月1日新货币开始流通之前自发重新设定合同和价格的参考。这避免了私人代理人之间或他们与国家之间的诉讼，以便在稳定方案开始前后"使"合同权利和义务"脱钩"。以前的方案所引发的诉讼导致了国库的一大堆负债。就雷亚尔计划而言，只有一项条款被法院判决无效，其造成的后果相对较小。法制的"铠甲"是雷亚尔计划具有可信度的关键因素。

通货膨胀率在货币变化之前为每月47%，在30天后下降到每月不足3%，从此以后一直保持在个位数的水平。

1994年5月公布的第一批总统选举民意调查显示，卢拉明显领先对手40%。在1994年10月，卢拉团队在第一轮选举中赢得了全部选票，超过了所有有效票数的一半。这一结果主要是由于雷亚尔计划在民众中引起了乐观情绪，这种乐观情绪也巩固了由巴西社会民主党（Partido da Social Democracia Brasileira，PSDB）和两个中右派政党——巴西自由党（Partido da Frente Liberal，PFL）和巴西特拉巴里斯塔党（Partido Trabalhista Brasileiro，PTB）组成的党派联盟。在选举之后巴西民主运动党也加入了该联盟，从而在原先的基础上又扩大了该联盟。虽然目的绝不是仅仅局限于解决这个问题，但巩固稳定（俗话说"紧紧抓住现实问题"）成为巴西政府向国会和社会寻求支持的基本承诺，并将在任期结束时进行评估。

稳定及结构改革

控制通货膨胀不是目的，而是一个雄心勃勃的变革议程的开始，正如我们一直坚持的一样。我们对这个课题有一个清晰的认识。雷亚尔计划的原始文件中概述了这一议程的总体愿景以及若干具体措施。[1]然而，

---

[1] 见对1993年7月近期行动计划的解释性备忘录，以及1994年7月引入雷亚尔计划措施的情况。两者都可以在巴西财政部的网站上查阅。

第 7 章 政治领袖和经济改革：巴西在拉丁美洲的经验

路径是由双腿丈量出来的，许多意想不到的坎坷和曲折就在我们道路的前方。

在社会层面，可利用稳定物价总体上对工资和收入的初步影响来预期红利，并推迟巩固稳定所需的改革。新古典经济学家或许会建议我们做相反的事情，在预测责任的同时，刺激人们对红利的预期。回顾马基雅维利（Machiavelli）关于等待改革统治者的风险的教导，我们认为这种传统经济逻辑的倒置是一次政治机会，可以维持最终从改革中获益的无组织的多数人的支持，并抵消组织严密的富裕少数群体的反抗。我们并不是不知道"改革疲劳"的风险。然而，我们相信，大幅降低通胀将帮助巴西社会最终看到其由来已久的弊病是什么，并推动其在打击这些弊病方面取得更大进展。我们必须在这两种集体情绪之间做到在刀尖上跳舞：一方面对我们已经开始的变革产生更大更美好的愿望，另一方面对完成这些变革的速度和成本感到失望。

我们的出发点是，自 20 世纪 80 年代以来，一直拖延不止的恶性通货膨胀、财政不平衡、外债和经济停滞相结合，标志着巴西发展周期的结束，却没有为下一个发展周期奠定基础。这场危机有着众所周知的近因，从外部的石油危机和利率冲击到错误的连续政府纷争。其根本原因是由热图利奥·瓦加斯（Getúlio Vargas）所建立的独裁政权（1937—1945 年）及其后由军事政权（1964—1985 年）所加强的中央集权干涉主义国家的破产。在使巴西经历了 50 年的强劲增长后，尽管实现了收入集中化和社会边缘化，但这种国家模式已经耗尽了通过国有企业推动工业化、保护主义壁垒和对私营企业补贴的能力。

在我们看来，如果巴西仍然处于不断扩大的国际贸易、投资和技术交流之外，那么其经济的稳定就不会持久，更不用说要恢复持续增长了。尽管面临危机，尽管减少了其工厂和设备，许多巴西公司仍然设法实现了生产和管理方法的现代化。与公共部门相比，私营企业没有过度负债。尽管商业机构对科洛尔政府突然间推动的贸易自由化感到惊讶，但总的来说，它们表现出有能力面对更多的国际竞争。

为了使整个经济更具竞争力，巴西需要一个不同的国家模式。无论是像以往那样的大发展，还是新自由主义的简约形态，都不是必要的形态。我们希望的是：拥有更多的"大脑"和"肌肉"，而不是官僚机构的力量，以及时应对全球化资本主义的机遇和动荡。更加注重协调和调节民营企业，而不是直接干预经济。同样重要的是，有能力履行社会领域的民主承诺，而不让这些承诺的最大受益者——一般而言是工人、退休人员、最穷的人——通过通货膨胀税来支付这些承诺。

1988年的宪法不但卷帙浩繁，而且过于详细，同时还高度矛盾，在很大程度上目前依然如此。它体现了公民基本权利和保障方面的重大进展，以及对社会权利的慷慨规定，但同时也反映了与瓦尔加斯州结构相关的既得利益的巩固，以及典型的根深蒂固的巴西文化和政治制度的特权。

国有企业被纳入宪法中，包括它们已经在石油和天然气以及电信方面拥有的垄断。在采矿和航运方面，没有国家垄断，但是宪法为巴西国有公司确立了独占权。在这些情况下，结果都是投资不足或根本没有投资。国有电力公司投资也相对滞后。严重的财政危机意味着有必要消除或缓解已经写入宪法的这些制约因素，并确保促进这些领域扩张的努力可以与包括外资在内的私营企业共享。否则，基础设施瓶颈将使经济恢复增长的初期进程"流产"。

对于公共部门的工作人员和公务员来说，宪法保障了一个高度优惠的养老金计划，包括年龄、服务时间和缴款要求，以及涉及的现金价值。官方养老金计划所涵盖的私营部门雇员的优势相对要少得多，但是他们的利益得到了保证、延长，或者兼而有之。支出的增长速度快于创收能力，因此，这两种制度都开始显示出日益增长的赤字，这最终将给整个社会带来巨大负担，迫使税收增加、推高通货膨胀或对利率施加压力。另外，任何将增加私营部门工资税作为遏制赤字增长的缓和措施，都会导致非正规性的增加，使大部分劳动力没有任何社会保障。总之，与承诺的普遍享有权利相反，宪法规定了一种高度分层、不平衡且在长期来讲不可持续的社会保障和养老金制度。

公共部门的工作人员也从公务员队伍的扩大中受益，其中包括大量没有经过竞争性考试而被雇用的公务员，他们获得了终生工作保障和禁止减薪的福利，而这两者都是为大多数国家的法官保留的。这妨碍了政府机构雄心勃勃地实现现代化的进一步努力，并且在所有三级政府（联邦、州和市级）几乎不可避免地导致工资进一步增长。

出于效率和公平的原因，纠正这些扭曲现象是必要的。这是我们在一系列法案中提出的，以修正宪法中关于国家垄断、巴西国有公司的定义，以及社会保障和养老金、公共服务的规定。1995年1月，新政府上台后不久，这个方案就提交给了国会。委员会审议和对整个宪法修正案的投票持续了1995—1998年的整个总统任期。授权立法的通过花费了更长时间，养老金改革则延续到2002年第二个总统任期结束。

第 7 章　政治领袖和经济改革：巴西在拉丁美洲的经验

几个战线上的战斗

对于大众来说，关于改革的争论与围绕宪法修正案的游行和反诉基本上没有区别。这是八年来国家改革的一个重要组成，但这只是其中一部分。巩固稳定需要在几个方面做出努力。

在金融关系及其背后，联邦领域的力量进行了艰苦的重新谈判，直到就限制国家（以及一些大中城市）未来债务的法律框架达成协议，鼓励它们调整账户，并保证偿还联邦政府承担的债务的分期付款。在这个过程中，各级政府用于无控制的债务发行的几家国有银行被关闭或被私有化。

私人银行在不同程度上遭受了通胀收入的损失，而它们习惯于通过无报酬的存款获取收入。政府建立了一个重组和加强银行业的计划，这导致了陷入困境的机构所有权的改变，限制了储户的损失，最重要的是避免了系统性或层次性的银行破产，其后果将是毁灭性的。联邦金融机构也进行了重组和资本化。

科洛尔政府已经取消了大部分非关税壁垒，并降低了进口关税。货币对美元的稳定和升值使得贸易自由化行之有效。与广泛的预测相反，这并没有导致巴西工业遭到破坏。尽管在某些领域遇到困难，但整个行业对自由化的反应是积极的。它们利用有利的汇率进口高科技厂房和投入品，并且得益于国内市场的扩大，基本保持了分支机构的复杂性和一体化水平。

在经济开放的背景下，国家必须为实现经济增长所需的改革做出自己的贡献。

国家开发银行在 1994—1998 年期间的支出增加了五倍，达到每年 200 亿雷亚尔以上。这样一个大型开发银行的存在在新兴国家中是独一无二的，对于巴西私营部门的产能调整至关重要。

在促进出口、反托拉斯、保护农业、知识产权和创新支持等领域，政府不得不加强或创造封闭经济中根本不存在的政府机构。从 1999 年开始，组建这些机构帮助巴西铺平了商品和制造业出口增长强劲的道路。

私营企业进入基础设施部门需要一个新的法律框架，以授予其公共服务特许权，并在巴西政府的组织中建立一个迄今无人知晓的实体：拥有权力和政治独立性，能够保护消费者与服务提供者关联权利的监管机构。在通过了关于石油、电力和电信的宪法修正案之后，巴西政府设立了几个这样的监管机构。

雷亚尔与美元的比价很接近，但并不像阿根廷比索在1991年卡瓦洛计划（Cavallo Plan）中那样与美元挂钩。我们不坚持美元化，而是坚持例如打击公共赤字和平衡预算这类不那么有吸引力的问题。这对巩固巴西的稳定具有重要意义。20世纪90年代后期，随着外部金融危机的发生，连续试图重新调整对巴西出口更有利汇率的尝试宣告"流产"。1998年年底以前，雷亚尔兑美元逐步贬值，滞后于国内通货膨胀。调整最终发生在1999年1月，当时巴西的外汇储备即将因激烈的投机冲击而被耗尽，该风险迫使中央银行允许雷亚尔浮动。人们普遍担心的银行业危机和通货膨胀加速情况被证明是毫无根据的。已经发生的结构性变化，虽然从我们的角度来看是不完整的，但足以在没有"汇率锚"的情况下稳定经济。

随着1999年实行浮动汇率制度并制定通货膨胀目标，各州、各市和联邦在财政可持续性下的斗争加剧。最重要的是，2000年5月通过的《财政责任法》对所有三级政府实施了严格的债务、工资和其他长期开支的规定。

但同样重要的是，必须重新设计国家行动工具，以实现社会领域普遍享有权利的承诺。另外通过宪法修正案，联邦、州和市政府参与构建有关小学教育和医疗保健筹资的新规定，并建立了一个反贫穷基金。这些基金的投资标准代表了公共支出方面一个重要的公平性进步，因为它们优先考虑人口中最贫穷和最脆弱的阶层，这些人历来从社会方案中受益最少。政府对这些领域基本计划的设计和执行进行全面改革，特别是通过将联邦资金和活动转移到各州和各市镇，与民间社会建立伙伴关系，并对成果进行系统评估，从而提高了支出效率。

并不是所有的改革都像我们所希望的那样先进。我们缺乏必要的距离来判断改革取得了多大的成功，我们不能保证所有相关制度已经达到了不需要重新运行的程度。但不可否认的是，这些改革已经帮助巴西经济保持了12年以上的稳定。现在要说这样一个重大的长期变化是否已经有了坚实的基础，就像我们所期望的那样——创造一个新的发展模式，可能还为时过早。[①]

---

① Mauricio Font（2003）在提到"结构调整"时实际是指这一时期巴西变革的平衡。一些参与改革实施活动的巴西学者对改革进行了分析，见Giambiagi，Reis和Urani（2004）。

第7章 政治领袖和经济改革：巴西在拉丁美洲的经验

民主改良主义的弊端和力量

关于领袖的现代表述强调了其制度地位和使命。除此之外，领袖的动机和个人属性的讨论属于心理学甚至生物学上的概念（Petracca，2004）。关于领袖在改革过程中作用的讨论，我们可以从这两个维度开始。在民主政府首脑的角色中，其地位基本上是由权力分享和使命所界定的，即领袖需要三位一体地满足选民、舆论和有组织的社会成员的期望。

公民或合意民主

让我们从与国会和各方的关系开始，这对任何领导巴西和其他拉丁美洲总统制国家的总统而言都至关重要。

巴西的改革议程广泛而复杂，而且（需要再重复一遍）几年来一直占据着国会的大部分事务。1995年至2002年期间，巴西总共通过了35项宪法修正案——若包括为了使雷亚尔计划在1993年得以实施而进行的必要财政调整准备的修正案，则一共是36项修正案。[①] 每一项决议只能由两院的五分之三通过，众议院和参议院各有两项读数。由于下议院的规则允许（在一定限度内）任何一方要求就某一部分进行单独投票，因此法定人数的五分之三必须达到数百票。同一时期，巴西通过了500多部补充法、普通法和有关暂行办法。

改革进程不大可能与其他任何拉丁美洲国家的立法部门达成共识。这是否代表了劣势？考虑到政府的目标与实际取得的成就之间的差距，答案或许是肯定的：需要与国会和社会各界进行谈判，这在某种程度上导致了一定程度的进程缓慢和措施范围的狭窄。但是，正如本章开始所指出的，我们认为民主和经济效率并不是可以相互协商的对象。巴西也没有比那些以专制方式实施改革的邻国更坏。

在奥古斯托·皮诺切特（Augusto Pinochet）将军（1973—1990年）领导下的智利，一直被认为是在没有征求国会意见的情况下实施改革的一个成功例子，当时智利的国会已经关闭，社会或至少是工人阶级正被邪恶的力量所压制。据说独裁是一种必要的邪恶，它将智利经济从

---

① 巴西宪法及所有已通过的修正案全文可见巴西总统办公室网站。

自由主义的角度引向"正确的增长道路",包括放松管制、私有化、贸易自由化和财政平衡。这种观点低估了智利人民所付出的代价,不仅在自由和权利的丧失方面,而且在面临的物质困难方面。一项旨在解决通货膨胀的计划导致1975年该国的经济衰退超过了11%。1982年造成比索贬值的金融危机(皮诺切特的"芝加哥男孩"*也使用了汇率锚)引发了另一次经济衰退,失业率飙升至接近20%,在20世纪80年代后期才降至10%以下。① 1985年,生活在贫困线以下的人口比例达到45%;今天它已经回到了20世纪60年代末的普遍水平,大约是17%(Racynski和Serrano,2005:259-260)。

也不能说民主党派联盟在1990年使得一切走入正轨凭借的仅是运气。皮诺切特政府时期最后一年的通货膨胀率是17%,智利直到1995年才达到个位数水平。民主党派联盟保留了放松管制、私有化和经济开放的原则,还实行了更严格的财政政策,同时恢复了工人的权益,并大力投资于社会政策所支持的领域。②尽管智利的超级总统制使宪法授予了行政机关自由支配资源的权利(Siavelis,2000),但这是通过使国会和有组织的社会阶层达成共识来实现的。在民主党派联盟的领导下,智利的国民生产总值在1990—2004年间每年平均增长5.5%,而在1974—1989年间,这一数字仅为3.1%(Landerretche,2005)。

如果智利在拉丁美洲脱颖而出,成为融入全球经济的成功案例,那不是因为独裁留下的"遗产",而是得益于其民主领袖通过留下这一"遗产"所取得的成就。

在阿根廷,1976年夺取政权的军队政府试图通过同样的专制道路进行类似于智利的自由主义改革,但其结果是灾难性的。1983年,马尔维纳斯群岛战争使得政府移交给平民统治是不可避免的。劳尔·阿方辛(Raúl Alfonsín)总统执政时期(1983—1989年)经历了经济深度衰退的两年,其通货膨胀率超过300%。

与智利相比,阿根廷民主领袖难以就经济方向达成持久的共识。面

---

① 除特别说明外,所有拉丁美洲国家GDP、失业以及通货膨胀数据都来自世界银行,由国家银行重建和发展事务巴西利亚办事处的朱莉安娜·温塞斯劳(Juliana Wenceslau)为本章做汇编。

② 更为详细的民主党派联盟政府在社会和经济方面的方针和成就以及独裁时代的对比见Meller(2005)。

* 芝加哥男孩(Chicago Boys),是对一群拉丁美洲经济学家的非正式称呼,这些经济学家都是年轻男性,在芝加哥大学受教育,回国后,在智利天主教大学中创立了经济学系,因此得名。——译者注

第 7 章 政治领袖和经济改革：巴西在拉丁美洲的经验

对庇隆主义党的反对，以及激进公民联盟（Unión Cívica Radical，UCR）的支持，阿方辛的改革建议失败了。根据奥斯特拉尔计划（Austral Plan），价格冻结的结果是 1985 年的经济衰退和通货膨胀率超过了 600%，为庇隆主义党与卡洛斯·梅内姆（Carlos Menem）总统重返政府打开了大门。1991 年，由于恶性通货膨胀威胁即将爆发，梅内姆成功地从庇隆主义党和财政部部长多明戈·卡瓦洛（Domingo Cavallo）的稳定计划反对者手中夺取了支持。这个计划除了按照与美元相当的法律来确定比索外，还包括一个快速的私有化进程。1992 年，庇隆主义党与激进主义者之间的《奥利沃斯条约》（Olivos Pact）为召集制宪大会奠定了基础，制宪大会引入了阿方辛先前提出的一些改革。但是，梅内姆执行经济政策的首选工具包括私有化、放松管制以及缩小政府规模，且都是面向行政机关的立法授权，这使得总统无须与国会逐一进行谈判。[①]

阿根廷梅内姆的改革之路似乎没有停止民主化，同时有了明显的平民化的因素，通货膨胀危机使当事各方和社会接受"英雄式"的措施，把主动权集中在总统手中。相反，智利和巴西的经验明显落入"自愿民主"的阵营，行政当局必须与有权否决其提案的集团进行谈判和交易，并做出让步。[②]

乍一看，阿根廷实现稳定的捷径看上去可能更快，但在结构改革方面没有走这么远，并似乎最终导致了制度的削弱而不是强化，2001—2002 年的外汇和金融危机就是明证。对曲折的共识建设的偏爱导致智利和巴西从体制角度取得了更坚实的成果。这两个国家在这一方面有很大的区别：尽管协商大会最终采取的议程是在专制政权留下的焦土上集中重建民主社会和政治制度，但是巴西的改革满足了建立新制度的需要，并可能要付出更高的政治代价来消除瓦尔加斯州的遗留问题。

"政治先决条件"谬误

通货膨胀危机在巴西也起到了"历史的助产士"的作用。由于日常价格每月平均上涨幅度超过 20%，几乎没有哪个部门能免于超通胀的负担。每个人都受到某种程度的影响：通过加速腐蚀固定收益的购买力影响雇用工人、养老金领取者和退休人员；通过使其有限的现金资产贬值影响没有进入银行体系的个体户和小企业主；对于中上阶层和企业，

[①] 关于阿根廷稳定和改革的经验可见 Palermo（2004）。
[②] Lijphart（1984：177-207）探讨了多数民主和自愿民主之间的区别。

其困境在于在一个超级通货膨胀的环境下，即使获取了与指数挂钩的金融工具，也面临着计算、计划和投资方面的巨大困难。这推动了对任何看似合理的控制通胀提议的潜在支持，因为它削弱了做出必要牺牲的阻力。

因此，雷亚尔计划下的巴西和卡瓦洛计划下的阿根廷就是赫希曼（Hirschman）在20世纪80年代早期所发现的趋势的例子，当时他调查了拉丁美洲通货膨胀的社会和政治基础："超越宽容的门槛，通货膨胀无疑是一种紧迫的政策问题，它增加了政府采取行动的意愿。尽管有强大利益集团的反对，但如果有坚定的期望，这种行动将有助于抑制通货膨胀"（Hirschman，1981：206）。

在这种情况下，我们在分析由于严格的政治原因，传统的政治力量被削弱的例子中增加了通货膨胀的影响。我们早些时候提到了一些特殊的情况，这些情况证明了人们对科洛尔在被弹劾后正面阻击通货膨胀的成功可能性持怀疑态度的理由：其法律上的替代者缺乏直接的选举支持，腐败丑闻几乎使国会瘫痪，日益临近的选举日程也对此施加了压力。矛盾的是，正是这些特殊情况使得雷亚尔计划成为可能。分析师认为缺乏政治先决条件的结果反而打开了机会的窗户。在正常情况下，那些从通货膨胀和国家混乱中受益的群体，包括国会、私营部门和国家官僚机构本身，都会更有效地动员起来以捍卫自己的利益。只有当传统的政治力量感到混乱时，才能解释为什么他们会被领袖和他的一小群助手以及政府同情者打败或说服。我们的确获得了总统的支持，不过，除了巴西社会民主党之外，其他政党对于支持我们的政策都犹豫不决。

政治艺术包括创造条件来达到没有获得先决条件的目标。这就是为什么政治是艺术而不是技术。它在民主国家中的主要武器是说服力。说服力使得政府可以获得舆论支持，最终证明有可能在最困难也是最必要的地方建立最低限度的共识：在政府内部、国会和政党间，也就是说，在做出政治决定或阻止他们做出政治决定的行为者中。在许多疑问中，我们有一个肯定的事实，那就是基于民主教育的价值观：只有一个能够被普通人解释和理解的计划，才能对抗通货膨胀的长期失败，并启动巴西政府的重组。

在一个近年来连续的稳定方案失败的国家，信誉是一个关键的先决条件。我们从媒体、大多数商界领袖、其他社会组织部门以及国会本身的善意中获益匪浅。尽管对我们能够成功的机会持怀疑态度，但他们相信领袖对达成目标的严肃性以及其团队的能力。当意识到保持和扩大这

第 7 章　政治领袖和经济改革：巴西在拉丁美洲的经验

种信任基础的重要性时，我们认为不会有任何承诺是难以实现的：稳定战略的每一步都会事先进行公布，并且向公众解释，以明确这其中涉及的不是政府的单方面行动，而是一个过程，其结果取决于政府、国会、私营经济代理人和整个社会的持续努力融合。

我们曾多次差点失去这场信任之战。随着时间的推移，社会对通货膨胀的加速越来越焦虑，政府本身积累了采取果断行动的压力，越来越多的政党和领袖认为成功的稳定计划将会打败他们自己的政治计划。

将一种货币从流通中取消，并用一种新货币取而代之，从根本上强化了这场信任和可信度的战争：以雷亚尔为代表的象征，综合了整个社会对变革的期望。

甚至在新货币开始流通之前，政客们的"雷达"已经开始捕捉到公众的情绪变化。人们认为这可能会推动总统候选人竞争，并有助于我们获得国会对提案的支持。

这就是实现突破的方式：在"缺乏政治先决条件"的基础上发起的雷亚尔计划本身就成为有利于改革的政治力量调整的前提。

由于饱和，旧秩序让位于新秩序。总统选举的胜利提供了机会和责任，使这一新的局势扎根于国家机构的基石，推进广泛的改革议程，以"紧紧抓住现实"，并使寄托在其中的希望得以继续存在。

测试拉丁美洲总统制的局限性

雷亚尔计划的成功在很大程度上应归功于抓住机会。我们花费了八年时间不懈努力地去巩固稳定。在这段时间取得的进展能否持续下去，取决于一项具有两大支柱的政治战略：（1）通过与执政联盟中的各政党分享行政权力，在国会建立稳定的多数席位；（2）利用总统的领导能力，使政府和联合政党可以在舆论和组织部门的支持下，共同推动改革。

总统往往可以使用宪法文书，就算这不是法律，但至少可以将其意志转化为具有法律效力的法令或临时措施①，甚至有权通过承认其决定的合法性来确保其命令得以遵守。但是，要获得更多的支持，或者说要实现其提案，从而实现政治上的有效性，总统并没有充分行使这个虚拟的权力，而是要创造一个情境。在该情境中，虽然总统的意志不完全是专利品，但他要追求的目标和决策会有更大的胜算。

无独有偶，由总统及其内阁所代表的行政管理人员只是权力制度的

---

① 巴西宪法授权总统在紧急情况下可以法律的形式发布临时措施，但这些临时措施若未能在 90 天内获得国会批准，则其法律效力将会失效。

一部分（更不要说阶级和阶层在结构上的统治，这些阶级和阶层是在非正式的指挥结构中组织起来的，这使得他们每天都要承受压力，并在社会实践中拥有千百种形式的权力资源）。国会、各政党和法院只列举了政治游戏条件中指挥结构的正式组成部分。

导致20世纪60年代雅尼奥·奎德罗斯（Jânio Quadros）总统辞职和若昂·古拉特（João Goulart）总统下台的危机，以及科洛尔被弹劾，都给出了一个明确的教训：总统的主要问题不是他是否应该分享权力，而是他应该如何分享权力。总统所能犯的最大错误就是想象自己要单枪匹马地治理国家。为了实现他向选民承诺的事项，他需要国会。为了确保自己在国会中占大多数，他需要建立联盟，因为联邦的异质性和巴西比例代表制的特点产生了党派政治分裂，没有一个党派占据绝大多数。

考虑到这些历史教训，我们着手在总统选举中，在我们党、巴西社会民主党、自由党等党派之间建立联盟，后来在执政联盟中又吸纳了巴西民主运动党和巴西进步党（Partido Progressita Brasileiro，PPB）。大党之间的平衡使得我们党即便在1998年选举后赢得下议院的多数，也无法控制国会，但这对于确保政治稳定至关重要。

一位值得尊敬的政治学家认为拉丁美洲总统制是一个失败的事业。一方面是党派分裂，另一方面是总统和国会授权的独立和僵化会导致经常性的政治僵局。[1]巴西社会民主党受到这种论断的启发，在1988年的创始宣言中宣布自己是议员。议会制在1993年的公民投票中遭受了惨败。具有讽刺意味的是，我们失去了全民投票，一年后又赢得了总统选举，从而不得不承担保障我们认为注定要失败的制度的存在，而且确保其性能良好的任务。

最近的研究强调了这样的观点：在拉丁美洲，与其说是总统制，不如说"用复数形式表述总统制"更为恰当。陷入僵局的风险一直存在。根据行政立法关系、党组织的具体情况和议程上的决定内容，回避的方式和方法不尽相同。只有考虑到这些变数（除了对政府制度的概括），才有可能解释该区域一些国家民主取得的积极成果，尽管这些成果是有问题的。[2]

巴西在这方面的一个特点是，相对弱势的党派与象征谈判和决策力量的国会共存。巴西是多党政治的极端例子，在众议院中有20多个代

---

[1] Lins 和 Valenzuela（1994）是这类观点的代表。

[2] 尽管存在冲突，但本章仍强调对行政-立法合作可能性的相关分析，可以参见 Morgenstern 和 Nacif（2002）。

第 7 章 政治领袖和经济改革：巴西在拉丁美洲的经验

表，其中有 5 个或 6 个是有关联的党派，没有任何一方拥有超过 20% 的席位。相比之下，阿根廷、智利和墨西哥则属于中等集中的多元制度。

阿根廷和智利的独裁政府封闭了国会，禁止党派活动，却无法在事实上摧毁它们，至少无法摧毁最大的党派。自 1945 年以来，阿根廷政治极端分化的激进公民联盟和庇隆主义党就像智利可以追溯到 20 世纪 20 年代和 30 年代的基督教民主党（Partido Demócrata Cristiano，PDC）和社会主义党（Partido Socialista，PS）一样，在重新民主化之后再次担任领袖角色。它们的力量是源于选民和正式党员的长期忠诚，以及后座议员的纪律性。这一纪律性源于选举制度——阿根廷的封闭名单比例代表制，智利的两名成员（即二分制）地区——并从传统上得到了加强。对有计划地投票反对党派路线的国会议员来说，通常的惩罚是在下次选举中将其从名单中删除，或在这之前将其驱逐。鉴于传统的重要性和大党投票的相对集中，离开者或被驱逐者的连任机会渺茫。

巴西人常常想象，越来越多的联合政党将推动总统和国会之间的谈判，并确保更快、更一致的决策过程。而邻国的经验表明，事实并不总是如此。团结和好斗的党派可能是议会制下统治的代名词。在总统制下，它们有时会导致僵局。阿根廷激进公民联盟和庇隆主义党的两极分化，以及智利右翼、中间派和左翼之间加剧的对抗，为两国民主的崩溃奠定了基础。

在后独裁时期的阿根廷，两极分化依然存在，虽然没有达到临界点，但它严重阻碍了由民主共和联盟领导的两届政府。庇隆主义党的顽固不化以及通货膨胀的急剧上升导致阿方辛总统在任期结束前的几个月内辞职。接替梅内姆的费尔南多·德拉鲁阿（Fernando de la Rúa）总统也未能完成其任期。他的政府因无力阻止或管理比索与美元平价的信心危机而受阻。为了回应政治人物的普遍反对，激进公民联盟破裂且规模萎缩，而庇隆主义党尽管在选举时受到了损害，却强化了它的相对优势，从而其力量得以维持（Torre，2004）。因此，阿根廷似乎正在从一个虚拟的两党制转向一个拥有支配地位的多党制，根据总统是不是庇隆主义者，行政立法关系往往会在合作与对抗之间摇摆。

阿根廷军队政府的立场，没有留下任何人声称的政治"遗产"。而直到皮诺切特的生命结束时，其政治"遗产"才被右翼的独立民主联盟（Unión Demócrata Independiente，UDI）和民族革新党（Renovación Nacional，RN）所认可，这二者拥有一致的社会和选举基层。这导致了由基督教民主党和社会主义党所代表的中间派和左翼联盟。过去不稳

215

定的三角形因此被一个良性循环所取代，在这个循环中，联盟的政治一致性和经济上的成功相互促进，确保了对行政和国会的控制。

墨西哥向多元化民主的过渡就是这样一个例子：它有点像拉丁美洲的改革，在这个过程中，一个半独裁的政权从内部向外开放，自上而下，由政府首脑和几乎单一政党的领袖领导。权力的集中使得米格尔·德拉马德里（Miguel de la Madrid）总统（任期为 1982—1988 年）和卡洛斯·萨利纳斯（Carlos Salinas de Gortari）总统（任期为 1988—1994 年）能够克服革命制度党（Partido Revolucionario Institucional，PRI）根深蒂固的国家主义意识，实施经济改革，为墨西哥于 1994 年 1 月加入北美自由贸易协定铺平道路。1978 年以来的选举改革使得反对党在下议院的代表比例从 17% 增加到 1988 年的 48%，1997 年进一步增加为 52%。埃内斯托·塞迪略（Ernesto Zedillo）总统（任期为 1994—2000 年）在其任期的后半段只拥有国会少数席位。2000 年的总统选举带来了党派变更的民主程序，使得墨西哥成为少数党派总统俱乐部的一员。国家行动党（Partido Acción Nacional，PAN）候选人维森特·福克斯（Vicente Fox）当选总统（任期为 2000—2006 年），他虽拥有 48% 的选票，但未能赢得国会对其主要财政、能源和劳工改革的批准。

革命制度党 70 多年的霸权形成了由一个党派控制其代表的独特机制：禁止国会选举连任。由于不可能连任，国会议员会依靠该党获得其他选举职位或政治任命。在革命制度党失去的选区上成长起来的国家行动党和民主革命党（Partido de la Revolución Democrática，PRD）并没有质疑这一"遗产"，而是利用它来增加其领导国家的能力。人们不禁要问，这种党派是否会导致像今天智利那样的谈判和党派联盟实践，或者更像皮诺切特之前的智利那样的三方角力。

巴西特色：强国会、弱党派

在巴西被称为"联合政府主义"的铁律规定，为了在国会中保持稳定的多数席位，总统必须通过任命同盟党的代表担任内阁和其他职位，来分享行政领域的权力。①

权力分享能保护总统、其他政治行为者和国家免受由总统和国会之间的僵局所带来的无法预见的后果，但它本身并不能保证行政当局提出的立法措施得到国会多数人的支持。这必须通过投票、法案来赢得总统

---

① 1964 年之前的巴西制度被 Abranches（1988）命名为"联合总统制"。

第 7 章　政治领袖和经济改革：巴西在拉丁美洲的经验

及其核心圈子中的西西弗斯*劳工的支持——在这一过程中，政治协调员的职能通常由在总统府设有办公室的部长履行，这是一个具有高流动性的工作。

这里的关键问题是，除了所谓的左翼政党，巴西劳工党（Partido dos Trabalhadores，PT）对其当选议员在国会的投票方式几乎没有控制权。

尽管有些人坚持通过欧洲眼光看待我们的政党，但巴西的社会与欧洲完全不同。我们的社会等级较少，机动性更强，具有更少的稳定参考点，意识形态太弱，因此无法定义行为。在独裁统治下，有一个直截了当的选择：有的支持当前的政治制度，有的为民主斗争。在一个自由的国家可以有其他选择。然而同时，各党所提出的意识形态之间的差异较小。它们的平台非常相似，不幸的是，它们的做法也是如此。

与阿根廷和智利独裁政权不同的是，巴西军方分别于 1965 年和 1979 年两次在保持国会运行的情况下撤销了所有现有政党。1965 年，军方实行了两党制；1979 年，军方取消了这一制度。这有效地截断了政党制度的演变。巴西独裁政权本身并没有像智利一样，留下一个在选举上具有竞争力的右翼政党或集团，而这反过来又剥夺了民主力量的共同对手，从而阻止了它们的分裂。几位领袖和一些老党派重新出现，但是政治体制是在不同的基础上重组的：最初，短时间内围绕着巴西民主运动党进行重组；最近，它围绕着庇隆主义党和巴西社会民主党之间的两极分化进行重组。

此外，巴西的选举制度往往会把政党的不守纪律推向极端。大量政党的存在是比例代表制的一种典型效果，特别是在巴西这样一个庞大的异质联邦中更是如此。当选代表与其政党之间的联系薄弱，这是巴西采用的公开比例代表制的特点，在这种制度下，候选人在政党名单上的立场取决于他或她个人获得的票数。

20 世纪 40 年代，当巴西社会仍然主要是农村，具有强大的寡头特征时，这个体系早已显示出疲劳的迹象。在一个所有州都是选举区的民主大众社会中，有上百名候选人在下议院竞选议席，他们每一位都要争夺数万票，开放制度已经成为轮番赌局，"庄家"——有经济实力和影响力的企业已经嵌入国家机器、私营部门，或者更糟糕的是，处于两者之间的界面上——总是能够最终获胜。众议院连任率仍然低于百分之五十，但高更替并不意味着在任何可衡量的意义上的更新，更不用说质量的提高了。选举活动越来越昂贵。国会议员的连任机会越来越不取决于

---

* 古希腊神话人物，指一直在做徒劳无功工作的人。——译者注

217

他们是否作为立法者和政府行为的监督者履行职责，而越来越多依赖于他们能否很好地迎合地方或部门客户的需要。这使得典型的国会议员成为寻找新客户的代表，也就是说，他们通过修改预算、提供政府优惠或法律优势来迎合新的客户群。因此，巴西有一个代表性的制度，在这个制度中，"代议制"（如果有）是后选举的。

在实践中，这种国会议员、政党、选民和执政者之间的关系使我们难以精确地描绘巴西的政府体系。当利益和权力的分裂充斥着政党的渠道时，人们怎么才能恰当地谈论"联合政府主义"呢？这个概念很有用，但需要联系上下文。最好能够组织稳定的政党联盟和共同体。巴西总统制的"皇权"不是来自总统的意志，而是来自政治运作的有效条件。鉴于各方的相对弱势和国会的力量，无论总统想要什么，如果他缺乏实力，那么庇护主义和赞助（国会议员游说物质和政治公共资源的制度）将超过政府制定和实施国家变革议程的能力。

在这种代表制度的背景下，行政-立法关系变得更为动荡。这就是为什么在总统和各方之间建立"制度性"关系的尝试产生了不稳定的结果。出于同样的原因，政治谈判无论多么合法，都被公众视为"马匹交易"和"木料交易"：这些谈判几乎都是单独进行的，或就"议会战线"而言，是通过由多个不同党派的成员组成的核心小组进行的。例如，从巴西劳工党到巴西进步党，它们联合起来是为了努力追求一个具体目标，如减免农业债务、反对放宽对堕胎的限制或倡导议会制度。

尽管如此，国会仍有着各种拖延、特点和错综复杂的关系，代表了社会中的利益和愿景。政府（尤其是总统）必须要了解民主游戏的规则。总统必须保持足够的平衡，以认识到立法机构的阻挠、修改和假象往往创造了达成谅解的机会，从而产生了更好的结果。当然现实也并不总是这样，若出现这种情况，只要游戏规则允许，总统的责任就是放慢脚步。若即便如此，预期结果也没有出现，那么他必须回到舆论中，坚持为自己的观点辩护。这就是为什么在一个民主国家，争论是不断的，改进是渐进的。

总统作为全国大多数人的代表和议会多数党派的组织者之间的张力是不可避免的。没有联盟，总统就不能执政。然而，如果他向国会"投降"，那么他也无法在实施其议程的意义上实现执政。

联盟到底是什么？只是为了保持权力或实现更广泛的目标？这个问题在总统任期开始时就必须要被正确对待，当时各方——总统、他的同盟，以及（即使他们占了绝大多数席位也不能保证没有的）前敌手们——以极大的胃口坐下来讨论他们每一方将在权力这块"蛋糕"上拥有多少份额。总统还需要委任国会内阁及其领袖（控制和管理上、下两院，并领导联合核心小组）。更广泛的目标限制了总统可能对其盟友和他自己的党派做出的让步。如果他无法确定和维护那些对完成其项目至关重要的行政部门，他最终可能会指派错误的人担任重要的职位。在我们的例子中，经济领域如部委和联邦金融机构，以及社会领域最重要的卫生和教育机构，都没有包括在任何权力分享协议中。许多大型国有企业的私有化打破了传统上参与这些谈判的数十名高管间职位的平衡。在社会保障、土地改革、环境保护等方面采用正式的程序来选择区域和中层管理人员也具有同样的效果。否则，即使在联盟政党可以提名的职位上，也有可能使政治标准、技术能力与政府目标相一致。

反对派成员和政府的其他批评者指责我们把国会交给一个"压路机"，用工作岗位和预算分配来进行"润滑"。事实上，由于上述原因，政治任命的范围缩小了，1993年涉及预算委员会成员的丑闻之后所谓的有限范围修正案也是如此。如果以客户至上的方式来工作和使用资金是确保国会中多数成员支持政府的关键，那么我们无法解释如何在更长的时间内获得更广泛的支持，以通过一项更大和更复杂的改革议程，而且与前几届政府相比，我们能够用于谈判的资源要少得多。

在我们看来，获得大多数认同的关键不在于上述任何一点，而是项目本身的使命，即通过选举和民意合法化，政府将以谁的名义联合起来在国会寻求支持。一般常识告诉我们，政府就立法问题向国会提出的要求越多，它在与支持国会的议员进行"零售"谈判时必须付出的代价就越高。我们的经验表明情况恰恰相反：政府立法议程的一致性，以及"紧紧抓住现实"的总体承诺促进了任务（其本身始终是艰巨的）的实施，即在合理限度内满足各党派和联盟的具体要求。

来自民间的支持不能代替各党派的支持。如果没有稳定的政党联盟，政府就很难克服1999年的外汇危机，当时拯救雷亚尔的承诺似乎受到了威胁，总统的支持率大跌。在谈判和重新谈判议会多数席位时，战术上的灵活性和追求改革议程要点的战略相结合，使得人们能够在维持多数和政府支持方向的同时，克服总统支持率不可避免的起伏（Graeff，2000）。

转向国家民族主义

使总统行动合法化的"使命"几乎总是由人民用朴实的语言来表达，如控制通货膨胀、消除贫困、创造更多的就业机会、打击犯罪。领袖必须将这些分散的期望转化为一个项目，一系列的行动始终能够朝着所期望的共同利益前进。这取决于其愿景的范围——领袖对国家过去的理解和对未来的展望——以及领袖组建一个团队并按照这个愿景来制定和实施具体措施的能力。

我们把控制通货膨胀的任务变成一个更加雄心勃勃的改革项目的努力将不得不克服一个主要障碍：巴西文化和政治制度所渗透的国家主义观点以及与这一观点相关的一系列利益集团。

上面提到的是巴西政客们经常讨论的本国相对落后之处。在巴西，除了他们之外，也有其他人持相似观点。在巴西，和其他地方一样，相当多的知识分子仍然依附于一种基本上是中央集权主义的愿景——自我标记为左翼、社会主义、民族主义或进步——即使在苏联解体和资本主义全球化加速后也是如此。在这些人中间可以看到数量惊人的联盟。在关于财政调整的讨论中，那些主张"现在花钱，效益自现"的传统预算民粹主义者经常利用左派经济学家的假凯恩斯主义进行论证。

巴西民族国家主义的影响力与它在 20 世纪宣称的进步成正比。1930 年至 1980 年间，巴西的经济增长速度高于其他任何国家。通过进口替代实现工业化，巴西在拉丁美洲留下了无与伦比的工业基础，而且在经济开放后变得更加明显，具有相当的竞争力。在爆炸性的人口和城市发展时期，扩张的受保护的国内市场维持了就业水平。瓦尔加斯州的扩张导致大量涌入最近才刚刚进入城镇的群众，这是一张岌岌可危的社会保护网，但这也是一个前所未有的保护网，远远好过他们在农村所面临的不安全状况。

20 世纪 80 年代的经济衰退削弱了军方政权的力量，但依然没有损害人民对旧的国家形式和经济模式的信心。1987—1988 年，参加制宪会议的大多数代表都认为民主足以使国家机器重新回到发展的轨道上，仅仅需要在专制集权经济的支柱中增加对个人和社会权利的保障。（顺便提一下，阿方辛在他 1983 年充满活力的阿根廷总统就职演说中也表达了同样的信念："民主会给我们食物、教育和医疗保健"。）

除了对过去的依恋，加上在国家保护下能够获取的特殊利益，助长推动变革阻力的主要是缺乏明确的替代性选择——笼罩着意识形态的迷雾现在正与制定决策的制度性障碍相结合。事实上，替代方案并非显而易见。与墨西哥不同的是，巴西没有世界上最大的资本主义经济在其家门口，为贸易和工业一体化提供无限可能并为剩余劳动力提供出口。由于规模是智利的 10 倍以上，巴西也不能局限于使初级产品出口现代化

第 7 章 政治领袖和经济改革：巴西在拉丁美洲的经验

和多样化，以确保其人口的就业和收入。军事政权在制成品出口的投资方面取得了一些成功，但需要一段时间才能不将其视为一种相互排斥的替代办法，而将其视为对扩大国内市场的补充。

无论如何，从宪法颁布到雷亚尔计划实行的 5 年时间里，对国家统一愿景的批判变得成熟，柏林墙倒塌和认识到信息技术的进步和区域经济集团的形成为全球资本主义开辟了一个新的阶段。这最初是在政治体制之外进行的，一些大学的专家（主要是经济学家）属于联邦政府的智囊，他们与贸易协会相关的研究机构之间的争论逐渐引出了巴西的新愿景，同时提出了一个符合现实的发展战略的建议。科洛尔以一种模糊的"现代性"的名义接受了其中的一些建议。他的短文震撼了政界，为媒体的改革创造了更多的空间。通过使总统对政治和经济的干预达到最高水平，他实际上可能有助于说服公众让他们接受一位领袖，而这位领袖在没有回到过去愿景的情况下，能够恢复人们对创伤较小的改革议程的信心。

在科洛尔被弹劾后，日益加剧的通货膨胀危机跨越了社会容忍的门槛，降低了国会对改革的阻力，足够成熟的议程就可以呈现给全国了。

在制宪会议期间，我们对这个问题的看法有所进展。成立于 1988 年 7 月的巴西社会民主党是由一群从巴西民主运动党分裂出来的持不同政见者组成的，他们提出的宣言中纳入了我们在雷亚尔计划启动之后将尝试付诸实践的许多新想法：减少保护主义而加强技术开发；减少社团主义，使国家对基层需求和参与的渗透性更强。我们批评了那些主张国家垄断的人和那些认为任何国家干预都是对市场经济产生威胁的人。我们警告说，国有化与私有化实际上是一个错误的问题，因为它把问题简化为非黑即白的判断题，而没有考虑到国家和私人在每个部门采取行动的限度和可能性。

试图劝阻制宪会议不要屈服于社团主义者和国家中央集权主义者的压力为时已晚。然而，当雷亚尔计划打开了一扇机会的窗户时，与社会改革派的对话给了我们足够的智力和公众舆论的支持，使我们能够向前迈进。

先作为知识分子在财政部门扮演智囊和政治家的混合角色，后来又担任总统，一方面有助于在政府、党派和国会之间建立并维持一座桥梁，另一方面可以在大学中的改革派团体、技术官僚和商界之间建立并维持桥梁。

一旦确定了另一种方向，意识形态的迷雾被驱散，变革的阻力就浮出了水面，领导变革的是一个顽强的少数民族议会反对派，其核心是巴西劳工党，也是工人运动的重要组成部分，其主要选区是国有机构和国有企业中公共部门的工人。

关于改革的争论从未达到造成社会分裂的地步。当这种情况明显可能出现时，政府宁愿限制其目标，而不是加剧可能破坏民主本身的极化。然而，在某些情况下，就在国会艰难的投票之前，总统公开向倾向于政府提案的部门进行呼吁——这并不是为了迫使国会出手，而是为了平衡不利的压力，并使多数人投的赞成票合法化——尽管没有多少热情，就像养老金改革那样。

总统制领导层、国会和有组织的社会部门之间的相互作用，将会使绝大多数人无法参与进来，因此，如果不是当今世界另一个基本的政治因素——公众意见和由大众媒体传播的舆论的介入，结果则是有限的。

巴西是一个比其他大多数国家读者人数少的国家，但是有大量的人收看电视和收听广播——实际上是全体人民。从广播和电视这两个来源提供的信息是相当多元和独立的。在1984年的总统竞选中，电子媒体所提供的信息使人们第一次感受到了自己所拥有的政治力量，这预示着军事政权的结束。自1984年以来，所有重要的政治事态发展都证明了同样的现象——从坦克雷多·内维斯（Tancredo Neves）的间接选举到总统任职及对科洛尔的弹劾，从克鲁扎多计划到雷亚尔计划，包括在此期间的历次选举。

这种分散的行为者的存在深刻地改变了权力的民主行使方式。即使有数千万票，也不足以被投票入主总统府，也不足以被赋予法律权力。决策的合法化需要不懈的努力来解释原因并说服舆论。我们大力利用媒体来解释雷亚尔计划和改革的每一步，以维持舆论支持。

客观上的失误——1999年1月汇率的突然浮动抵消了通货膨胀的负面效应，但损害了社会对政府的信心。在公众辩论中维持政治议程的主观困难使我们在2002年总统选举中付出了代价。显然，即将离任的集团并不希望权力更替，但现任总统和当选总统之间平静地进行计划和交接，这不仅是对民主的严峻考验，也是对改革议程本身的严峻考验。

卢拉用激进的反对"新自由主义模式"的言论来换取一项直到今天仍然保持的对稳定和经济开放前提的明确承诺，这让外国投资者、国家和他自己的政党的大多数人大吃一惊。他还坚持政治稳定的基本前提——同时也反对巴西劳工党的霸权主义冲动——为包括中央各党派在内的广泛联盟以及在国会确保多数的权利。

这里不是为了强调巴西劳工党和巴西社会民主党所象征的两极之间存在的差异。事实是，政治进程已经在某种程度上减少了这些差异的力度。不再会有人主张破除一种国家形式，以便为另一种形式奠定基础。在实践中这个问题的答案已经确定，尽管在公开辩论中仍有所回应。最近，货币主义者和发展主义者在我们政府内部的激烈争论已引起人们的注意，但还没有引起诸如私有化、贸易自由化或财政责任等概念的疑问。这些领域具体变革的政治代价在今后几年将趋于减少。至少从理论上讲，这为其他进展甚微的议题腾出了空间，例如税收制度、司法和选举改革。

机会、激情和观点

在复杂的社会中，变化有时是通过"短路"来实现的。一个姿态、一次罢工、一次情绪冲击或者一个激动人心的提议，都会引发连锁反应，从而导致比最初想象或渴望的更深层次的转变。当然，这也取决于需求的历史、阶级冲突、意识形态的纷争和挫折，例如，这种需要事先已经存在。

这是在雷亚尔计划中所发生的事情。厌倦了通货膨胀及其负面影响，巴西社会认为雷亚尔计划是一种解决办法，并支持利用该计划去反对很多人的意见以及很多人的既得利益——在某些时候，反对大多数自以为是的人和声称"拥有"群众的领袖。

但是，"负责任的实用主义"并不能解释这种变化。如果没有领袖能够提出大多数人认为有效的观点，那么民主社会就不会发生重大的转变。这种接受并不是盲目的。必须有民主的教育、劝说，努力实现"共赢"；否则传统的秩序将胜过现代化和变革的力量。

通货膨胀危机使社会，包括有影响力的组织部门和无组织的选民，都听到了在其他情况下会被忽视或拒绝的改革建议。一个有能力抓住并利用这个机会的领袖最终只是一个幸运的意外。推进变革需要相当大的坚持和一些艺术。

实施政策是一个集体过程。"过程"这个词必须要被强调。新闻、舆论、国会和政府官员本身往往期待甚至乞求一种英勇的举动，能够迅速解决公民所面临的问题，或者迎合一个群体的利益。后者也许可以通过英雄的姿态赢得胜利，而不是整个国家的利益。这需要通过持续不断的行动来改变实践、思维和结构。

改革如此艰难,任何真正渴望变革的人都能感到孤独,这并非偶然。结构抵制变化。既得利益者反对改革。拥有梦想是政治艺术的一部分,在古代是形式化的意识形态,而在现代,更多的是由视觉而非确定性所激发的。在任何情况下,总是需要有目标,并努力实现这些目标,即使这些目标仅限于为了自身的利益而保持权力。另外,国家和国际结构(政党、教会、工会、公司、多边组织、文职和军事官僚机构以及媒体)与运动、提议和领袖之间也有着长期的相互作用。在不断寻找说服更多人的方法的同时,要积累更多的力量来实现自己的目标。

我们也可能忽略了一个方面,即不管是在既定的秩序(不管它是陈旧的还是全新而脆弱的)下,还是在能够导致变革的力量中,伴随着相关的提案以及朝着新的方向努力(尽管是建立在旧有的基础上),改革也都无法取得任何进展。我们有多少次急于寻求改变,却又要向对方做出让步呢?当一段新旅程开始时,我们对谁将赢得赌注是没有把握的。其结果将始终取决于许多人的行动、行动的影响以及掌权者的愿望。

例如,如果一个政府领袖和他的政府都不能控制经济生活的变数,那么他怎么能保证创造这样或那样的就业机会呢?技术、资本流动、公司战略以及大量因素的变化直接影响到就业水平,往往会大大减少很多部门的工作数量。领袖可以,也显然应该致力于贯彻思想、制定程序、采取措施,以改善经济状况、增加就业,但只保证数字的承诺是错误的。

有着明确目标的实用主义需要计算和赌注。这个计算关系到执行政府整体政策所需要的支持,即使这样做对具体的目标是不利的。领袖相信他有能力诱导(或必要时强迫)他的盟友,包括在最后一刻使盟友接受他所设定的目标与信念有关。

失去控制过程或政府背叛承诺的风险是永久性的。这是一次危险的冒险,因为即使是出于最好的意图,也可能做出错误的赌注。成功取决于客观条件,以及既不受更广泛的权力圈界定也不受其限制的配置。人们对于领袖的意志和动机漠不关心,在某些情况下,即使他们成功了,如果后者不够广泛和一致,则无法说服大多数人。

无论如何,政治不是战争的延续,也不是以屈服取代武力。这不是一个计算并把好的和坏的相分离的方法。这是一种劝说"坏"变成"好",或者至少表现得像是"好"的艺术,即使这样做只是因为害怕后果。这是把敌人变成对手,把对手变成盟友的艺术。当合作而不是说服(以不同的方式)发生时,政治被小利益之间的交换所取代。戏剧性的

第 7 章 政治领袖和经济改革：巴西在拉丁美洲的经验

是，伟大与灭亡之间的界限确实只有一线之隔。

为了实践这一困难的艺术，学术背景或者花费许多时间的阅读是不可缺少的。几位值得注意的领袖都没有做过。然而，对历史有一定的了解是很有帮助的。当一切都属于"世界"的时候，一切都是全球性的，就必须对整体有一个合理的看法，能够理解一个人的时代，才能有效地发挥领袖的作用，不要把别人做的事情当成空白的黑板，而是要给过去的事情指出一个更好的方向，为将来的事情打下基础。

借用简·奥斯汀（Jane Austen）用过的一个词语，这也有助于拥有"可以劝导他人"的气质。对于今天的民主进程，公民不仅希望通过投票或批准（例如，在全民投票中）的方式，而且想通过审议的方式参与。赫希曼违背了重视严谨和僵化的政治观点的传统，强调了在讨论和审议过程中而不是之前形成意见的重要性。因此，开放的思想、心理上更倾向于融合和妥协的精神——公民赞成双方领袖之间的对话——将更适合长期地进行民主游戏（Hirschman，1995）。

当今世界的这种变化使得西塞罗（Cicero）再次变得重要，他高度赞扬修辞学是君主教育的基础。对他而言，最高尚的生活方式是奉献于良性的公共服务。善良的人与人之间的友谊使得良好的政府能够以公民的自由合作为基础。要使这些价值观能够促进国家的发展，就必须通过法律，必须说服人民相信这些价值观的有效性，而这又要求政治家能够运用理性和情感。这两种特质的相互作用是通过所谓的"修辞"来形成的，这就是说服的基础。服从不是通过恐惧和胁迫，而是通过理性和爱建立在一种苏格拉底的对话之上，体现了领导的顶峰。[①]

这个词是我们这个时代所持有的"信息"，它的传播手段不再是讲坛或论坛，而是电子媒体。无线电和后来的电视的影响已经可以在"大众政治"中看到，这种"大众政治"是法西斯主义和威权主义动员的总体特征，也是第三世界民粹主义的基石。现在，民主政治本身吸引了媒体和互联网。所有事情都是实时发生的，不管物理距离有多远，但有一点不同：互联网本质上是互动性的。渐渐地，广播、电视甚至报纸和杂志都在为了人民的反应而在"另一边"创造民主空间。

当有符号帮助人们具象化变化时，一切都变得更加容易。政治涉及象征性的内容，尽管其内涵不尽相同，但领袖都在试图运用现代形式的文化霸权。这需要一个"演员"的品质，虽然这些都不能脱离个人以前

[①] 要理解西塞罗的时事性，见 Wegemer（1996，第 6 章）。

的经验。

在象征主义和实际成就之间的相互作用中，领袖必须能够通过直觉或知识来阐述和传达他们所面临的问题的"愿景"，即社会和国家的愿景。对于治理国家的政治家来说，鉴于全球化的框架，他们必须对世界事务有某种感觉。领袖的治国之才影响着国家的未来，要从世界的视角领导国家的发展。

在一个相互传递信息和增加参与的世界里，民主领袖虽然能够意识到阶级冲突和分歧，却必须提出可被大多数社会共享的价值观，否则他们会失去力量。因为他们与被领导者的关系并不是一成不变的，领袖总是试图说服被领导者，冒着失去一些时间的风险，而在其他时候赢得胜利。在获胜的时候，领袖要争取吸引越来越多的人、团体、运动和机构站到他们这一边。当他们失败时，他们必须找出原因，找出他们所犯的错误，并以他们的信念为基础，重建可能带来胜利的扩大的劝说圈。

在最底层，象征和传递信息的能力与向社会提出一种被领导者接受的方式（尽管是暂时的）是相同的。在一个互动的社会中，这不能被理解为一种理性或意志的行为，而应被视为某些人——领袖——更为完整的表达，并且象征着社会运动的一个集体建构。这必然受到价值观和文化模式的制约，而这些文化模式是与之相适应的。领袖要么指点道路，要么开辟道路，要么失去权力。

无论如何，新政治和旧政治一样，在行使领导力过程中至关重要的个人属性仍然是勇气，因为领袖总有一段时间不可避免地会做出让许多人感到不安的决定。领袖甚至有必要单独做出决定，而不管他人"劝导的能力"有多强。一个领袖，一旦确信一个重要的决定是正确的，就只接受他或她自己的一种态度：做决定。不管怎样，领袖都将走上一条路，一条前进的道路，即使是对抗别人，也要坚持到胜利为止——需要做的就是这一点，而不是其他事情。

马克斯·韦伯（Max Weber）鄙视那些轻松地保持自己良知和双手干净，而通过指责他人或世界的吝啬，对自己行为的后果不屑一顾的政客。韦伯对那些在特定情况下做出决定——我必须这样做，别无他法——并为其决定的后果承担责任的成熟的人（无论是年轻人还是老年人）给予尊重。他说："这是真正的人性化和动人的事情。"就这一点而言，终极目的伦理和责任伦理并不是绝对的对比，而是互为补充，这样才能共同构成一个真正的人——一个有"政治要求"的人（Weber，1958：127）。

韦伯提出的将实用主义与超越眼前环境的道德价值观和限制相调和的可能性，对于政府中的政治领袖来说是令人鼓舞的，我们经常感到奇怪，他是否有能力以必要的速度，通过"蜿蜒的公路"和民主的道路实现必要的变革。

让我们最后借用韦伯的话来提出我们的结论：

> 政治是一个强硬且缓慢无聊的硬纸板。它需要激情和洞察力。当然，所有的历史经验都证实了这个事实——若非人类一再追求不可能的事物，可能就永远不会实现。但要做到这一点，一个人必须是一个领袖，但他又不能仅仅是一个领袖，而且要是一个英雄，并且对世界有十分清醒的认识。即使是那些既不是领袖也不是英雄的人，也必须拿出坚定的心来武装自己，这种坚韧的心甚至可以使人勇敢地面对所有希望的破灭。

巴西的经验和拉丁美洲其他重要国家的经验一样，使我们有理由保持我们对民主改革的期望并更新政治议程。

参考文献

Abranches，Sérgio. 1988. "Presidencialismo de Coalizão：O Dilema Institucional Brasileiro." *Dados* 31（1）：5-33.

Berlin，Isaiah. 1979. "The Hedgehog and the Fox." In *Russian Thinkers*. London：Penguin Books.

Cardoso，Fernando Henrique. 2006. *A Arte da Política：A história que Vivi*. Rio de Janeiro：Civilização Brasileira.

Faletto，Enzo，and Fernando Henrique Cardoso. 1979. *Dependency and Development in Latin America*. Translated by Marjory Mattingly Urquidi. Berkeley：University of California Press.

Font，Mauricio. 2003. *Transforming Brazil：A Reform Era in Perspective*. Lanham，MD：Rowman and Littlefield.

Giambiagi，Fabio，José Guilherme Reis，and André Urani，eds. 2004. *Reformas no Brasil：Balanço e Agenda*. Rio de Janeiro：Nova Fronteira.

Graeff. Eduardo. 2000. "The Flight of the Beetle：Party Politics and the Decision-Making Process in the Cardoso Government." Paper presented to the V Congress of the Brazilian Studies Association，Recife，Brazil，June. Translated by Ted Goertzel.

Hirschman，Albert. 1981. "The Social and Political Matrix of Inflation：Elaborations on the Latin American Experience." In *Essays in Trespassing：Economics to Politics and Beyond*. Cambridge：Cambridge University Press.

——. 1995. "Opinionated Opinions and Democracy." In *A Propensity to Self-Subversion*. Cambridge, MA: Harvard University Press.

Landerretche M., Oscar. 2005. "Construyendo Solvencia Fiscal: el éxito Macroeconómico de la Concertación." In *La Paradoja Aparente. Equidad y Eficiencia: Resolviendo el Dilema*, ed. Patrício Meller. Santiago de Chile: Aguilar Chilena.

Lijphart, Arend. 1984. *Democracies: Patterns of Majoritarian and Consensus Government in Twenty-One Countries*. New Haven, CT: Yale University Press.

Lins, Juan, and Arturo Valenzuela, eds. 1994. *The Failure of Presidential Democracy: The Case of Latin America*. Volume 2. Baltimore, MD: Johns Hopkins University Press.

Marks, Siegfried, ed. 1993. *Political Constraints on Brazil's Economic Development: Rio de Janeiro Conference, Edited Proceedings and Papers*. Miami FL: North-South Center Press.

Meller, Patrício, ed. 2005. *La Paradoja Aparente. Equidad y Eficiencia: Resolviendo el Dilema*. Santiago de Chile: Aguilar Chilena.

Morgenstern, Scott, and Benito Nacif, eds. 2002. *Legislative Politics in Latin America*. Cambridge: Cambridge University Press.

Palermo, Vicente. 2004. "Melhorar Para Piorar? A Dinâmica Política das Retormas Estruturais e as Raízes do Colapso da Convertibilidade." In *Brasil e Argentina Hoje: Política e Economia*, ed. Brasílio Sallum Jr. Bauru, Brazil: EDUSC.

Petracca, Orazio M. 2004. "Liderança." In *Dicionário de Política*, ed. Norberto Bobbio and Others. São Paulo: Editora UnB e Imprensa Oficial do Estado de São paulo.

Racynski, Dagmar, and Claudia Serrano. 2005. "Las Políticas y Estrategias de Desarrollo Social Aportes de Los Años 90 y Desafios Futuros." In *La Paradoja Aparente. Equidad y Eficiencia: Resolviendo el Dilema*, ed. Patrício Meller. Santiago de Chile: Aguilar Chilena.

Siavelis, Peter M. 2000. *The President and Congress in Postauthoritarian Chile Institutional Constraints to Democratic Consolidation*. University Park: Pennsylvania State University Press.

Torre, Juan Carlos. 2004. "A Crise da Representação Partidária na Argentina." In *Brasil e Argentina Hoje: Política e Economia*, ed. Brasílio Sallum Jr. Bauru, Brazil. EDUSC.

Weber, Max. 1958. "Politics as a Vocation." In *From Max Weber: Essays in Sociology*, trans. and ed. H. Gerth and C. Wright Mills. Oxford: Oxford University Press.

Wegemer, Gerard B. 1996. *Thomas More on Statesmanship*. Washington, DC: Catholic University of America Press.

第8章 经济改革、增长和治理：孟加拉国惊人发展的政治经济方面[①]

瓦希杜丁·马哈穆德（Wahiduddin Mahmud）
萨迪克·艾哈迈德（Sadiq Ahmed）
桑德普·马哈扬（Sandeep Mahajan）

结束独立战争后的孟加拉国极度贫困、人口过剩，并且战争对其制度和物质资本造成了压倒性的破坏。直到1978—1979年，该国的人均收入才恢复到独立前水平。在早年间，该国的经济遭受了严重的粮食短缺和饥荒的困扰。根据一些作者的说法，孟加拉国被认定为发展的"判例案例"，亨利·基辛格（Henry Kissinger）称之为"一个国际性的因战争而致瘫痪的案例"（Faaland 和 Parkinson，1976）。

30多年过去了，怀疑和怀疑论者都已被证明是错误的。随着粮食生产的持续增长和灾害管理的良好记录，饥荒年代已成为过去。孟加拉国的人均国内生产总值自1975年以来翻了一番多。人均预期寿命从50岁上升到63岁，每年3%的人口增长率已经减半，婴儿死亡率从每千名出生婴儿死亡240人降低了70%，识字率提高了一倍以上，中小学校实现了性别平等。

这些成就大部分发生在20世纪90年代初期以后，当时孟加拉国引入了广泛的经济改革，同时开始向民主制度过渡。在20世纪80年代，

[①] 感谢霍米·卡拉斯（Homi Kharas）、T.N. 斯里尼瓦桑（T.N. Srinivasan）和罗伯托·扎哈（Roberto Zagha）对本章的评价和建议。同时，本章还从史蒂文·杜洛夫（Steven Durlauf）、拉维·坎伯（Ravi Kanbur）、穆斯塔法·纳布利（Mustapha Nabli）、戈宾德·南卡尼（Gobind Nankani）、克劳斯·施密特·赫贝尔（Klaus Schmidt-Hebbel）和迈克尔·斯彭斯的评论中获益良多。本章言论仅代表作者观点，与其所属组织无关。

孟加拉国人均国内生产总值增长缓慢，平均每年增长 1.6%，但到 20 世纪 90 年代则上升到 3%，21 世纪最初几年又上升到 4% 左右。增长加速的部分原因是人口增长放缓，同时由于 GDP 的持续增长——20 世纪 80 年代平均每年增长 3.7%，20 世纪 90 年代为 4.8%，此后为 5.4%。

孟加拉国人类发展指标的进展更令人印象深刻。由于在联合国开发计划署人类发展指标方面有大幅改善，孟加拉国在 20 世纪 90 年代跻身排名表现最好的国家之列，也是实现绝大多数千年发展目标的少数发展中国家之一（世界银行 2003b；2005a）。[①] 其结果是，孟加拉国在与人均国内生产总值相关的大多数社会发展指标上表现出色，而在 20 多年前，孟加拉国在同其人均收入水平相似的国家比较时处于落后状态。[②]

有鉴于该国令人绝望的初始情况和糟糕的治理记录对投资环境和公共服务质量所产生的不利影响，孟加拉国的成就看起来像是一个"发展的惊喜"（Ahluwalia 和 Mahmud，2004；Devarajan，2005；Mahmud，2008a）。根据大多数全球政治和经济治理指标，孟加拉国都处于极低水平。因此这就提出了许多问题：在普遍的治理失败且没有相应的体制发展的情况下，孟加拉国如何能够实现迄今为止所取得的进展？这一发展态势是否可持续下去？未来该国的风险和挑战是什么？当前的政治经济环境如何影响政策的制定、实施及其结果？本章试图回答这些问题。

政策转变、宏观经济趋势和增长表现

孟加拉国自 20 世纪 70 年代初以来的发展战略和相关的经济环境经历了连续的变化和改善，其变化往往与执政政权的变化有关。

在 1971 年解放战争初期，孟加拉国的经济管理主要目的是在一个广泛的国家控制整体框架和一个公认的社会主义思想体系下重振受战争摧残的经济（Ahmed，2005；Mahmud，2008b）。国家成了被巴基斯坦业主抛弃的大量企业的实际所有者。政府的改变和齐亚·拉赫曼（Ziaur Rahman）将军作为军事统治者的出现，使得孟加拉国在 1975 年谢

[①] 在所有可获取数据的国家中，在 1990 年至 2001 年之间人类发展指标的绝对增长值超越孟加拉国的仅有中国（UNDP，2003：241-244）。

[②] 国家间回归数据显示，孟加拉国当前大多数社会发展指标明显优于给定人均收入水平的预测值，见 Government of Bangladesh（2005：9，表 1）。

第 8 章 经济改革、增长和治理：孟加拉国惊人发展的政治经济方面

赫·穆吉布（Sheikh Mujib）被暗杀之后，出现了政策私有化，并促进了国家经济向私有化的转变以及私营部门的发展。[①] 20 世纪 80 年代，在埃尔斯哈德（Ershad）将军军事政府的第二轮撤资浪潮下，早期废弃企业的非国有化进程仍持续不断。[②]

从 20 世纪 70 年代末到 80 年代初期，曾在公共部门和私营部门出现过短暂的投资热潮，当时的实际年均增长率接近 15％（Mahmud，2001）。这一增长是通过依靠日益增长的外部援助，采取基于廉价信贷的大规模私有化战略，以及为国内产业提供高度的市场保护等其他激励措施来实现的。在很大程度上，后来所谓的"病态产业"和大规模的银行贷款违约问题都是源于这个依赖外部援助、国家资助的私人资本主义的实验。[③] 由于没能充分调动起国内的储蓄，投资热潮在 20 世纪 80 年代初期外部援助严重恶化时突然结束。

20 世纪 80 年代初，孟加拉国发生了重大变化，采取了以市场为导向的发展战略，在世界银行和国际货币基金组织的指导下进行了一系列自由化的政策改革，并在相当严格的条件下实施援助（Task Forces，1991）。这些改革是在宏观经济严重失衡的背景下发起的，其中部分原因是外部援助减少，还有一部分原因是贸易条件严重恶化。20 世纪 80 年代，该国的政策改革主要是取消粮食和农业补贴，实现国有企业金融自由化、私有化，取消量化的进口限制。尽管如此，许多的管制仍然伴随着沉重的贸易保护（Ahmed，2002）。

20 世纪 90 年代初，该国发起了一个更为全面的宏观经济改革计划，与从半官僚统治向议会民主过渡的制度改革同时进行。特别需要注意的是，这些改革的目标是走向一个开放的经济体系，包括使活期账户货币可兑换（并最终导致 2003 年的浮动汇率），将进口关税普遍降低到更低水平，促进外国私人资本的流动等措施。财政和货币纪律也在收紧。改革还包括进一步放宽对私人投资的限制，比如向私人投资开放电信和电力行业，放宽利率管制的金融自由化，以及实行增值税等财政改革（VAT；Ahmed，2005；World Bank，2007）。

[①] 齐亚·拉赫曼将军之后建立了孟加拉国国民党（Bangladesh Nationalist Party，BNP），该党发展壮大为孟加拉国两大主要政党之一（另一个是谢赫·穆吉布的人民联盟）。

[②] 如同齐亚·拉赫曼将军，埃尔斯哈德将军后来通过组建政党使他的政权展现了一副平民脸孔，然而其政权仍然以独裁的风格和缺乏合法性为特征。

[③] 发展融资机构与随后的经济下滑也与孟加拉国这轮私有化的缺陷密切相关（Mahmud，2001）。

宏观经济指标发展趋势

20世纪80年代启动的宏观经济稳定措施旨在将财政赤字和外部赤字降至可持续水平,其中部分原因是援助供应的减少。表8-1列出了1980—2005年各种宏观经济指标的变化趋势。20世纪80年代,虽然在减少财政赤字和对外经常性项目赤字方面取得了一些成绩,但是这些成绩的取得是要付出成本的,如通过提高政府收入、国内储蓄或出口,而不是通过挤压公共开发支出、私人投资和进口从而改善宏观经济平衡(表8-1)。因此,就像大多数其他早期的结构调整实验一样,20世纪80年代在孟加拉国实现宏观经济稳定的尝试是沿着紧缩的路线进行的。[①]

宏观经济调整并没有为经济增长和资源调动提供必要的推动力,其中原因之一是需要促进私营部门供应的部门改革非常有限。无数的投资控制和贸易保护妨碍了竞争,银行业改革也没有随之发生。[②] 事实上,缺乏储蓄反应和较弱的私人投资可能在很大程度上反映了银行业效率低下的问题。此外,赤字问题仍然严重,通货膨胀率达到两位数,经济仍旧不够稳定。

表8-1 1980/1981—2004/2005年的宏观经济平衡(%)

	1980/1981—1984/1985年	1985/1986—1989/1990年	1990/1991—1994/1995年	1995/1996—1999/2000年	2000/2001—2004/2005年
对外部门					
出口商品和服务	5.0	5.6	8.7	12.7	15.4
进口商品和服务	14.4	12.8	14.0	18.6	21.0
贸易逆差	9.4	7.2	5.6	5.9	5.7
工人汇款[1]	2.7	2.9	2.9	3.6	5.8
当前账户赤字[2]	6.7	4.7	2.1	1.9	1.5
投资和储蓄					

[①] 如表8-1所示,20世纪80年代宏观经济发展的一个补偿特征是公共投资的增加。然而,这一增长几乎无法弥补私人投资的下降,从而导致整体投资率略有下降。但是,在那10年间的实际投资情况可能要糟糕得多。表8-1中的数字是根据经修订的国民收入序列编制的,最初是从1990—1991年开始进行估计的,后来又将20世纪80年代的数据纳入其中。尽管修订后的系列中使用的估算方法有所改进,但投资估算存在很多弱点,而这些弱点通过落后的推断可能会变得更糟。事实上,修订前的20世纪80年代投资占GDP的比例大幅下降,资本品进口量的下降也证明了这一点,参见Task Forces (1991)。在公共开发支出减少的时期,公共投资增加的可能性也不大,尽管两者并不完全相同。

[②] 孟加拉国的银行业改革始于2000年以后。关于银行业改革和业绩的回顾,见Ahmed (2005)。

第8章 经济改革、增长和治理：孟加拉国惊人发展的政治经济方面

续表

	1980/1981—1984/1985年	1985/1986—1989/1990年	1990/1991—1994/1995年	1995/1996—1999/2000年	2000/2001—2004/2005年
总投资	16.9	16.6	17.9	21.5	23.6
公共	4.8	6.1	6.7	6.8	6.4
私人	12.1	10.4	11.3	14.7	17.2
国内总储蓄[3]	8.0	9.4	12.5	15.3	16.9
国民总储蓄[4]	10.2	11.9	15.8	19.6	22.1
政府预算					
财政总收入	6.3	6.7	8.6	9.0	10.0
税收	5.2	5.4	6.9	7.2	8.4
经常性支出	4.6	6.0	6.5	7.2	8.2
发展支出[5]	6.6	5.4	5.6	5.7	5.4
总支出[6]	12.9	12.2	13.4	13.4	14.0
财政赤字	6.6	5.6	4.8	4.4	4.0
国内借款[7]	1.0	0.5	0.8	1.9	2.2
国外融资[8]	5.6	5.0	4.0	2.5	1.8
备忘录项目					
货币政策					
年均实际GDP增长率	3.7	3.7	4.4	5.2	5.4
年均人口增长率	2.2	2.1	2.0	1.6	1.6
年均通货膨胀率	13.0	8.0	5.6	5.6	4.3

资料来源：孟加拉国统计局、孟加拉国银行、国际货币基金组织以及世界银行出版物。

注：除非另有说明，表中数据皆为按当前市场价格计算的指标值占GDP的百分比（五年平均值）。

1. 孟加拉国工人在国外的汇款。
2. 等于贸易赤字减去国外净要素收入。后者包括私人转移（主要是汇款）、对外债务的利息支付和其他投资收入。这一结果与官方估计不同，因为它不包括官方转移（作为赠款的国外援助），负值意味着盈余。
3. 等于总投资减去贸易赤字；也等于总国民储蓄减去国外净要素收入。
4. 等于总投资减去经常性账户赤字。
5. 年度发展计划的总支出。
6. 包括粮食账户余额和某些未列入发展预算的资本支出和净贷款。
7. 包括银行系统净借款和储蓄证券销售净额。
8. 包括赠款和减让性贷款（扣除摊销）。

在20世纪90年代开始的广泛的政策改革之后，孟加拉国经济开始向积极的方向发展。政府的预算状况有了明显的改善，特别是在20世纪90年代初期收入增加的情况下（表8-1）。自20世纪80年代后半期以来，GDP的增长速度一直在加快。尽管外资净流入进一步下降到当前GDP的2%以下，但投资和储蓄率稳步提高，为以后增长的上佳表

现铺平了道路。此外，投资占 GDP 的比例变化几乎完全是由私人投资的活跃所致，公共部门的投资占 GDP 的比例基本保持不变。同时，由于出口收入的持续强劲增长，伴随着进口增长，经济的贸易开放度（即进出口占 GDP 的比例）快速上升。

所有这一切都在控制通货膨胀方面取得了显著的成就。20 世纪 80 年代前半期，以消费者物价指数衡量的年均通货膨胀率相对较高，为 13%。当时的宏观调控只是起到了紧缩效应，使通货膨胀率在 20 世纪 80 年代后半期降至 8% 左右。20 世纪 90 年代，通货膨胀率进一步下降，降至 5.6% 甚至更低，这次通货膨胀率的下降伴随着经济相对于之前十年的相对上涨。20 世纪 90 年代初期以来，孟加拉国在几个方面取得了积极进展：向议会民主过渡，加强经济增长，巩固经济稳定，减少外国资本流入。宏观调控与经济稳定的结合，以及贸易、金融和国内放松管制的一系列结构性改革促进了私人投资的发展，并产生了强劲的供给增长。也就是说，宏观经济上的一些周期性失误，特别是与即将到来的全国选举有关的问题产生了所谓的政治商业周期性综合征。[1]

增长刺激的来源

自 20 世纪 90 年代初以来，所有宏观的经济部门——农业、工业和服务业——都为促进增长做出了贡献。农业国内生产总值年均增长率从 20 世纪 80 年代的 2.5% 上升到 20 世纪 90 年代的 3.2%，工业生产总值从 5.8% 上升到 7.0%，服务业生产总值从 3.7% 上升到 4.5%。[2]尽管农作物生产存在波动，但孟加拉国长期国内生产总值增长的波动在发展中国家显著偏低（World Bank, 2003a: 7-8）。

在制造业中，增长主要来自成衣业。20 世纪 90 年代以来，大中型制造业整体年均增长约 7%，但若刨除制衣业，则增长率仅为 4% 左右。[3]这意味着有组织的制造业的增长主要是以出口为导向，但也意味着经济的制造和出口基础变得更加集中而不是更多样化（表 8-2）。出口项目在"其他出口产品"项目中的增长表现出令人鼓舞的迹象，即出口激

---

[1] 在 1995—1996 年和 2000—2001 年间，政府国内借款和私营部门信贷快速扩张，贸易逆差大幅增加，外汇储备下降，见 Mahmud（2004）。

[2] 估计数据来自官方统计的国民收入。除制造业外，工业部门还包括建筑、采矿和公用事业。

[3] 这些是 1991—1992 年及 1999—2000 年间的年度复合增长率估计值，是根据孟加拉国统计局的《孟加拉国年度统计年鉴》（*Statistical Yearbook of Bangladesh*）中所报告的官方国民收入统计数字得出的。

第8章 经济改革、增长和治理：孟加拉国惊人发展的政治经济方面

励措施的持续改善可能会促进出口多样化。但是，这些出口产品的附加价值还是太低，因此我们无法得出多元化已经开始的明确结论。

表8-2 孟加拉国的出口增长　　　　（单位：百万美元）

出口项目	1990/1991年	2004/2005年
成衣和针织品	890	6 418
冷冻食品（主要是冻虾）	142	421
生黄麻和黄麻商品	395	404
皮革和皮革制品	137	221
其他出口产品	154	1 190
总出口	1 718	8 654
其中制造出口	1 411	8 006

资料来源：孟加拉国银行年报中出口促进局的官方出口数据；World Bank (2005b)。
注：以年出口收入衡量。

孟加拉国实现了出口收入强劲且持续的增长，20世纪90年代按名义美元核算其年均增长率为15%，2000年以来的年均增长率为11%，尽管2001—2002年由于全球经济衰退而下降了7.5%——这是该国自1985年以来首次出现大幅下降。实际上，孟加拉国似乎成功地经受了《多种纤维协议》（Multifibre Agreement）和《纺织品和服装协议》（Agreement on Textiles and Clothing）到期后，服装出口在全球市场参与竞争的初步影响。另一个积极因素是农民工汇款流入持续性增长——从20世纪90年代初的约2.5%到2005—2006年的近8%，每年约为48亿美元。

然而，出口只是孟加拉国经济增长的一部分。虽然经济结构正在发生变化，但有组织的经济部门规模仍然相对较小，目前不超过12%的国内生产总值来自大中型制造业企业。农业仍然占国内生产总值的20%左右，而占国内生产总值比重更大的部分来自农业以外的非正规部门：小规模加工制造业和各种非正规服务业。[1] 20世纪90年代，这些非正式活动的增长速度加快，大大促进了整体国内生产总值的增长（Osmani，等，2003）。许多这种劳动密集型的活动只需要非常少的资本投资。它们主要是由需求驱动的，是对收入增加的至少三大主要来源做出反应，按照重要性的顺序排列依次是作物生产、成衣服装出口和工人汇款。[2]

---

[1] 根据1999—2000年的劳动力调查，这些非正式的活动雇用了大约四分之三的非农业劳动力。

[2] 要了解对于这些增长刺激相对重要性的估算，参见Osmani等（2003）。

尽管这些非正式的活动在很大程度上是由于与经济的主要生产部门间的需求联系而导致的扩张，但它们也有其内部的增长动力。有证据表明，在20世纪90年代，该国倾向于相对规模扩大的活动，这些活动能够更有效率地使用劳动力，以及满足更多的收入弹性需求（Mahmud，2006）。进口自由化很可能在这方面发挥作用，如能够更好地获得进口投入品和技术。例如，在后自由化时期，小规模制造业（不包括手摇纺织业和家庭手工业）比大规模制造业发展得更好，在20世纪90年代平均每年增长9%以上。[1] 小型工业似乎从资本机械和原材料进口的自由化中受益，而它们的产品——主要是进口产品的远程替代品——比那些大型产品的优势更为明显，这是由于后者在进口方面面临更严峻的竞争。[2]

决策过程：经济原理和政治激励

独立后的几年时间内，出于实用主义思想，孟加拉国的政策开始向私营部门发展进行转变。包括在独立宣言中提到的国家政策也很少受到重视，并在厄尔谢尔（Ershad）政权时期正式从国家的宪法中删除。曾经被巴基斯坦业主抛弃的国有化工业的运作，是出于丰富一些有政治倾向的私人的目的。如前所述，拉赫曼将军政权所追求的私营部门发展的初始过程，被证明是现在所谓的"裙带资本主义"的早期版本。在国际货币基金组织和世界银行的支持下，面向市场的自由化政策改革始于20世纪80年代中期，并从那以后一直沿袭至各个发展阶段。尽管外部援助的条件确实具有重要的杠杆作用，但这些改革的顺序、设计和实施在很大程度上与这些政策的经济基础相关的政治激励因素有关系。

减少农业和粮食补贴

作为上文讨论的改革的一部分，早期强调农业投入销售的私有化和取消农业补贴是有意义的，其理由是务实主义。到20世纪70年代后期，全部发展预算的三分之一左右都被用于农业补贴。为了推广现代化的稻米技术，政府的政策强调公开分配肥料和大量补贴公共灌溉设备。

---

[1] 1991—1992年至1999—2000年间估计的年复合增长率。

[2] 小型工业的增长也可能是以家庭手工业为代价的，后者在同一时期的年增长率仅为2.8%。

第8章 经济改革、增长和治理：孟加拉国惊人发展的政治经济方面

这些政策在最初采用现代高产稻米技术方面确实起到了主要作用，但预算成本增长使其变得难以为继。一旦农民熟悉现代投入的使用，提供农业补贴的理由也就减弱了。

关于农业补贴的争论仍然不时出现。农业补贴案例中的部分原因来自普遍的民粹主义立场，部分原因还包括帮助贫困农民（他们可能无法获得贷款从而无法以最佳水平使用投入物）以及促进洪水等自然灾害后的农业恢复。确实，高补贴的取消使得稻米生产的利润降低，因为补贴的撤销并没有通过公共采购稻米这一公认的政策来支持水稻收获价格从而使农民得到补偿——这种政策几乎没有效果。尽管如此，价格支持的承诺，加上缺乏强大的农业游说团体，都有助于补贴退出政策的最终实施。根据后来进行的参与式研究结果来评估结构调整改革的影响，农民并不认为重新引入对农业的大额补贴是一个现实主张，但他们的确希望政府能够支持农业发展。[①] 同样的研究还发现，农民也不希望他们的农业贷款被注销，尽管历届政府都把这个问题列入他们的选举宣言。通过这种方式，选举竞争而不是真正的民众期望似乎会引起经济民粹主义。[②]

政府对管井灌溉的控制已经通过出售政府拥有的灌溉设备，并且允许免费进口这些设备而取消。这个政策受到一些观察家的批评，理由是它倾向于使得大农户凭借高价成为小农户的主要供水者，特别是因为这样的灌溉在管井指挥区就像是自然垄断（Khan 和 Hossain，1989：164）。然而，这个论点并没有得到太多的支持，因为随后的证据表明，这项政策增加了私人投资，从而刺激了粮食生产的管井灌溉（Ahmed，2001，第5章）。

几乎在农业补贴减少的同时，城乡地区口粮形式的公共食品分配也逐步取消。预算负担又是一个考虑因素，但也有一个广泛的观点得到了研究结果的支持，即最穷的家庭事实上无法获得口粮。即便如此，鉴于政治上直言不讳的城市中产阶级是其主要受益者，取消食物配给制度并非易事。在许多国家，取消这种口粮的企图遭到了暴力的政治抗议。孟加拉国的公共食品分配制度改革方案的成功，部分是由于其渐进主义和巧妙的设计。在粮食价格高企的年代，口粮价格没有引起多少不满（因为市场价格仍然较高）；但在市场价格较低的年代，口粮价格并没有降低（这也是可以接受的，因为口粮价格上涨是一个敏感问题）。因此，

---

① 结构调整参与式研究由世界银行与国际非政府组织和国家政府联盟共同发起，见 Mahmud（2002b，第1章）。

② 然而，民粹主义政策应与真正需要将人民的"声音"和人民参与经济决策过程相结合的需求区分开来，见 Mahmud（2002b，第1章）。

市场价格与口粮价格之间的差距在逐渐减小,其最终受益者获得这种口粮的动机不大(Rahman 和 Mahmud,1988)。另外,有一个强有力的理由支持继续甚至加强以穷人为对象的粮食分配方案,例如与以工换粮及为弱势妇女和儿童提供粮食相关的方案。

对外部门改革

孟加拉国的贸易自由化改革遵循一个合乎逻辑的顺序:20世纪80年代后期放宽和取消进口配额限制,以及统一汇率和使本币贬值;随后在20世纪90年代上半期大幅降低进口关税。此后,进口自由化进一步放缓。在考虑到所有具有保护作用的进口关税后,未加权平均进口关税从1991—1992年的73.6%下降到1995—1996年的32%,2006—2007年又进一步下降到24.3%(表8-3)。自20世纪90年代中期以来的下降速度较慢,部分原因是关税削减被其他保护性关税抵消(Mahmud,2004;World Bank,2005b),因此,孟加拉国经济仍然相对封闭。

20世纪80年代后期,塔卡*贬值(无论是名义上还是实际上),同时进口需求增长相对低迷,导致进口许可费溢价逐渐减少。因此,反对改革的进口许可证持有者没有强有力的游说团体。取消进口限制和灵活管理汇率最终导致了活期账户中的塔卡兑换,最近又导致了管理上的自由流通。这有助于鼓励出口,并吸引外来务工人员从国外汇款。

表8-3 平均关税税率和所有保护性进口关税[1](%)

	1991—1992年	1995—1996年	2003—2004年	2006—2007年[2]
平均关税(未加权)	70.6	28.7	18.8	14.9
全面保护率(未加权)[3]	73.6	32.0	29.1	24.3
平均征收率[4]	28.7(37.4)	23.7(31.8)	18.0(25.5)	—

资料来源:根据 World Bank(2005b:16,表3-1)估算。

1. 这里报告的平均关税税率是以八位数的6877税号为基础的,不包括关税减免或优惠,也不反映优惠关税。

2. 根据2004—2005财政年度的预算。

3. "全面保护"除征收关税外,还包括基础设施建设附加费、许可费、监管责任,以及实行补充税和增值税所带来的不对称保护等。当保护中立税只针对进口产品征收,而不对国内生产的产品征收和/或对进口产品实施比国内生产的替代品更高的税率时,将导致不对称的执行结果。

4. 平均征收率反映的是免税和逃税,包括所有进口项目的关税,但不包括对进口产品预征的所得税。括号内数字的计算依据不包括与出口有关的免税品。

---

* 孟加拉国货币。——译者注

第8章 经济改革、增长和治理：孟加拉国惊人发展的政治经济方面

关于贸易自由化的一个重要问题是关税削减可能对政府收入产生不利影响。到目前为止，关税税率降低的收入效应已经被进口增长所抵消（Mahmud，2004）。尽管增值税的引入降低了对这些税收的依赖，但税收总额的一半还是来自进口关税。事实上，收入问题而不是贸易保护主义似乎对加快进口自由化具有更强的威慑力。从进口关税减免的模式上可以明显看出：政府试图通过减少小项目的关税来保护收入，而不是通过那些进口额大的项目。[①]

国内产业游说没有强烈抵制关税改革的一个原因是保护性关税的最终用途歧视。与中间产品相比，资本品和初级商品的关税税率要低得多，而最高税率适用于成品消费品。这有助于保留后者货物的相对较高的保护率，即使在低得多的平均进口关税下也是如此。与此同时，由于进口投入品的税收减少，税制的反出口偏差在一定程度上有所降低。这样的关税升级制度适合保护主义游说团体的利益，因为国内进口可以替代工业成品消费品。[②] 但是，即使在这样一个关税升级的政策之下，收入问题仍然主导着保护主义，所以主要进口中间产品的关税仍然高于相对较小的中间产品（与这类进口品的未加权税率相比，进口品的加权平均税率较高）。

出口增长和多样化的前景可能为进口自由化提供进一步的杠杆作用。孟加拉国的大多数工业家现在都在出口导向型的服装业中占有一席之地。其他快速发展的如制药、陶瓷等行业从完全进口替代产业逐渐转变为得以进入出口市场。这可能会削弱对进一步减少现有关税结构中的反出口偏见的阻力。

进口自由化的程度和速度仍然是该国经济改革议程中一个有争议的问题。在没有预先宣布任何目标和时间表的情况下，孟加拉国的关税改革似乎是一个"边干边学"的过程（即使该国并未有意识地这样做）。这种方法的可信度取决于政府以分析方法进行贸易政策改革的意愿和能力。通过关税升级提供保护所带来的影响以及对出口促进的有选择性的干预措施在本质上肯定是有歧视性的，尽管这种歧视的空间可能随着进一步的自由化而逐渐减少。政府与企业界密切协商，开展贸易和税收政

---

① 因此，在20世纪90年代初关税快速下降的时期，平均进口关税税率进口的加权估计值（相对于总的进口关税和保护关税）比未加权估计值的下降幅度要小得多，见 Mahmud（2001：55）。

② 由此产生的激励制度违背了国内制造业结构的"深化"改革初衷，反而使其更加依赖进口。特别是有证据表明，税制改革阻碍了国内新兴工程和资本品行业的发展，见 Mahmud（2004）。

策,并对其需求保持敏感。然而,在缺乏足够的内部分析能力的情况下,为了回应商人的要求而消除税收结构中的一些异常现象则往往可能会导致其他异常现象。

财政政策与公共支出

如前所述,向民主过渡导致了财政管理和宏观经济制度的改善以及对税收收入的调动,并为当前支出增长带来了更大的限制。在外部援助减少的情况下,政府对预算赤字的管理更为审慎,并且不排斥私人部门的借贷。整体货币政策是为了保持低通货膨胀率,这不仅仅是由于国际货币基金组织的规定,更可能是出于孟加拉国政府对通货膨胀的政治敏感性。

20世纪90年代初税率与GDP比例的增加主要是由于增值税的引入(而且这被证明是一次性的)。即使按照发展中国家的标准,孟加拉国的收入与GDP的比例也很低,其原因主要在于大规模的逃税。为实现更好的税收合规性给政府带来了政治上的成本,政府在疏远富裕人群和商业社会方面付出了政治代价,而由于逃税而放弃的收入减少了政府的发展支出能力,这是预算支出的灵活部分。在这种权衡中,政府似乎选择了一个相对较低的税收努力。

公共发展支出模式发生了重大变化,反映出政府在经济改革发展中的作用正在发生变化(Mahmud,2002a;Ahmed,2005)。政府逐渐退出了直接生产部门,更多地集中在教育和健康、有形基础设施和农村发展等方面提供公共产品。从表8-4可以看出,在20世纪80年代初开始的改革阶段中,教育和医疗的预算分配比例不断上升。

表8-4 政府在卫生和教育方面的支出(%)

	1980/1981—1984/1985年	1985/1986—1989/1990年	1990/1991—1994/1995年	1995/1996—1999/2000年
占总预算支出的百分比				
教育	8.16	11.24	13.62	15.51
健康和人口计划	5.40	5.88	6.77	7.13
按市场价格占GDP的百分比				
教育	1.00	1.33	1.81	2.11
健康和人口计划	0.66	0.70	0.90	0.97

资料来源:根据《孟加拉国经济调查》(*Bangladesh Economic Survey*)中的官方预算修订表。

第8章 经济改革、增长和治理：孟加拉国惊人发展的政治经济方面

对利益关联的分析表明，家庭健康和教育公共支出收益的分配扶贫的作用较弱：在经济中，收入分配比总体收入分配更为平等，尽管它有利于相对富裕的人。只有母婴保健和小学教育的支出是强有力的扶贫，它使穷人比富人获得更多的绝对利益（World Bank，2003a）。在这些社会部门提供的公共服务中也发现了效率低下和浪费（Mahmud，2002a）。显然，要确保穷人获得足够数量和质量的教育和保健服务，则需要为这些部门分配更多的预算资源。而且，预算向更大的社会支出转移的结果是重新确定了政府的角色，因此是一次性的。未来对社会部门拨款的增加将需要进行更加艰难的改革，例如防止逃税或缩小政府规模。但是，必须承认，孟加拉国的公共支出政策在提高这些部门在总预算中的份额方面值得赞扬，并且在分配利益方面至少确立了一个扶弱的立场。

治理、政治激励以及政策制定

人们普遍认为，孟加拉国的经济改革与建设政治和经济治理制度的进展并不匹配（Mahmud，2001；Ahmed，2006）。对各种改革的抵制程度取决于当时流行的政治文化的性质。孟加拉国已经成功实施了许多通常被认为不受欢迎，肯定会失去选票的改革，例如取消影响大部分人口的农业和粮食补贴。在实施改革方面也取得了相当大的进展，这些改革可能会对抗有组织的好战组织，这些组织可以通过煽动而造成短期的混乱，例如抵制国有企业私有化的工会。然而，在一些改革领域，由于害怕选民或有组织的劳工反弹（例如调整能源价格，或港口和公用事业私有化），政府在采取强硬行动时毫不犹豫。

总的来说，即使政府改变了，孟加拉国也没有看到任何重大逆转性改革，这是由于该国两个主要政党——人民联盟（Awami League）和孟加拉国民族主义党（Bangladesh Nationalist Party，BNP）都广泛地承诺进行同样的经济改革议程。但是，对具体政策和干预措施的相对重视程度差异很大。因此，由农村居民和低收入群体组成的人民联盟在政策干预方面保持了更加民粹主义和左翼的立场，并体现在对农村支出和农业补贴方面的更大支持，以及相对不够积极地进行有关私有化和贸易自由化的改革上。另外，孟加拉国民族主义党在城市和商业利益方面则相对较为关注，因此对市场改革普遍更有热情。

到目前为止，政治上最具挑战性的改革是针对一系列与治理有关的问题：银行贷款故意违约、大规模逃税、电力窃取、公共采购腐败、公共行政质量恶化、治安不佳、司法制度不健全，以及大多数国家机构的

廉正受到侵蚀。这些问题在很大程度上与国家的政治性质所形成的核心治理体系有关。虽然两大政党的集中力量有助于形成一个大多数稳定的政府，但这也导致了选举胜利者占据了一切，失败者难以调和自己的损失。其结果是一个功能失调的议会和高度的对抗性政治。在主要政党内部，很少有人看到民主实践，这些政党是由自上而下的威权控制运作的。这反映了在孟加拉国整个社会中普遍存在的个性化和资助者-客户关系。

这里所描述的治理结构，通过行使大量的自由裁量权，而几乎没有监管，从而为腐败提供了理想的温床。战利品和特权被分配给不同的利益群体，并被当作政治管理的重要工具。此外，大部分官僚机构都被视为腐败无能，这进一步推动了治理不善的恶性循环。经济自由化无疑有助于缩小寻租的范围，例如进口许可证制度，但这已经越来越多地被其他裙带政治手段所取代。[①]总体的证据表明，如果政治体制中存在对非法收入和寻租的需求，经济改革本身则无法成为补救措施（Mahmud，2001）。

尽管治理环境不利，但有充分的证据表明，政府一直致力于发挥重大的发展作用。例如，反映在政府的预算拨款中，这与其发展目标大致相符。在广泛的政治意识环境中，满足公众期望和获得政治合法性的冲动似乎起到了作用。[②] 实际上，现在孟加拉国普遍接受了一些预算判断提案的优劣标准。例如，其中一个标准是，提案是否有足够的财政审慎来遏制通货膨胀，并确保经济稳定。提高收入、遏制行政支出的增长，以及为发展支出创造更多的国内资源被视为预算措施的概括性目标。在发展支出中，对穷人的好处越高越好。财政部部长似乎有必要展示出（如果需要，还要进行一些数据处理）教育拨款比国防预算的比例更高。

即使提供公共服务的政府面临严重的治理问题，政府也应表现出真正的承诺，要改善社会发展指标，如儿童死亡率、小学入学率，并采取现代生育控制措施。外部捐助者的支持显然有助于实现这些目标，但不能说增加预算拨款和其他公共措施以实现这些目标主要是由援助条件决

---

① 例如，虽然新的法律使公共采购制度更加透明且负责任，但是这个制度实际上很难奏效。此外，政治赞助下的金融敲诈（包括非法收取的通行费和保护金）已造成经营成本持续增加。

② 因此，任何偏离正轨的政治动机都要隐秘行事，只有在执行预算时才能实行，见Mahmud（2002a）。

第8章 经济改革、增长和治理：孟加拉国惊人发展的政治经济方面

定的。[①]政府似乎也真正致力于减贫，正如增加支出和扩大各种方案以实现这一目标所表明的那样。例如，政府不仅在发生严重洪水时有良好的灾害管理记录，而且在某些贫困地区也显示出对季节性贫困发生率的敏感性。[②]

其他解释可能会揭示为什么一些改革是可行的，而其他的则不然。从广义上说，在选择改革方面，历届政府都采取了最少对抗的道路，采取了更多的改革措施，而这些改革更多的是通过"一笔一划"来实现轻而易举的胜利。因此，宏观经济管理领域的许多改革可以没有太多政治阻力就得以实施。例如，1972年至1975年间，孟加拉国通货膨胀失控的不良经验为宏观调控的紧缩提供了政治支持。同样，在这一时期，国有化和控制的灾难性经历很容易解体，因为大多数人（除了一些工会之外）都认为废除一个受控制的经济存在种种好处，从而转向私营部门主导的发展战略。另外，对社会支出的支持被视为政治上的双赢，因为议会成员可以因扩大其选区的卫生和教育计划而得到称赞。这是他们获得选民的良好基础，这样的支出也为他们的客户提供了商机。

议员们通过控制公共服务的提供而建立专门选民基础的政治议程有明显的不利影响。议会成员不是关心立法和国家政策，而是成为为各自选区购买项目的游说者——这绝不是一个健康的发展项目的选择过程。在地方一级公共资源管理方面存在的大部分浪费，如所谓的农村工程资源流失，正是这里所描述的制度的结果。这也部分解释了在实施地方发展项目方面所存在的诸多弱点如何使当地社区受益。[③] 因此，公共利益和政治激励机制的融合至多是局部的。

银行业的政策改革就是一个例子，可用于说明反对强制赞助政治和健全的经济秩序是如何影响这种改革的演变的。银行业长期以来一直受到广泛的拖欠贷款文化的影响。贷款违约的原因有很多，如国有银行给

[①] 例如，多方支持的健康与人口部门项目（1998—2003年）规定，整个部门的公共支出中至少有60%必须用于基本卫生保健，包括生殖健康。但事实证明，政府以前的卫生支出模式已经达到了这个标准。同样地，在公共教育总支出中，小学教育的拨款比例高达40%以上，且没有任何捐助者的条件限制。关于这些问题的讨论，见 Mahmud（2002a）、Mahmud 和 Mahmud（2000）。

[②] 政府最近在西北部的一些弱势地区采取了一些措施来缓解当地人称为蒙加（monga）的季节性贫困。

[③] 例如，大量拨款被用于建造新的地方道路，而不是维护已有的道路。前者被认为是由当地议员提供的公共服务，后者只是有关政府机构的日常工作。

予的政治性贷款，私人银行向保荐机构提供的"内部人员"贷款，贷款追回的法律规定薄弱等。这种信用违纪的不利经济影响逐渐变得不可持续，造成了广泛的公众反感。反对贷款拖欠者的舆论反映在1996年颁布的一项法律中，该项法律规定禁止违约者参加全国大选。随后孟加拉国采取了大胆的银行业改革，防止银行向违约者提供更多的贷款，从私人银行的董事会中剔除无良的保荐人和董事，并使国有银行更加自律和规范，最终实现私有化。[①]

孟加拉国政治方面一个重要的发展是商业利益逐渐对政治产生影响。该国第一届议会的成员中只有非常少量的商界人士（传统上来讲，政治家一般是法律专业人士）；然而，最近一届议会（2001—2006年）以商人为主。这种政治转型对决策过程产生了重要影响。一个以商人为主的议会会试图制定或防止法律，从而保护他们的合法或非法收入来源。只是因为舆论的压力，该国立法机关才最终必须通过条例，以对付拖欠银行的贷款。许多例子说明从商人变身为政治家的人是如何通过行使政治影响力从而赚取非法收入，而后来又转移到合法企业的。这种新立法者兴起的一个潜在优势是他们可以为促进他们的合法利益创造更多的机会，比如提供更好的基础设施，包括电力供应和港口设施。但是，只有在立法和追求私人利益之间的利益冲突能够通过适当的法律保障来进行管理时，这种优势才会实现。

看来，公共经济职能既受到不利的政治激励，也受到有益的政治激励的影响。鉴于民主制度存在的缺陷，目前尚缺乏有效的监督机制来确保政府财政运作和其他经济职能的问责。然而，自1991年以来，在一个独特的无党派看守政府系统下举行的全国大选被视为公平且可信。一旦它们在治理不善和腐败方面跨越了一个模糊的界限，正如由人民联盟和孟加拉国民族主义党领导的历届政府所证明的那样，人民似乎就会表现出反对政权的意愿。这就形成了一个激励机制，让公众的代表们在试图回应真正的民众情绪，赢得连任的同时还在进行寻租活动。显然，确保公共问责制的非体制机制也在起作用，例如公民行动主义、活跃的媒体和在广大人民中广泛的政治意识。这或许可以解释为什么政府尽管在体制中嵌入了许多不正当的政治动机，但总体上发挥了有效的发展作用。

---

① 关于这些改革的详细情况，见 Mahmud（2005）。

第8章 经济改革、增长和治理：孟加拉国惊人发展的政治经济方面

解读"发展惊喜"

一方面，孟加拉国经济增长和社会发展的记录令人印象深刻；另一方面，其治理又显然很差。因此，该国在治理与经济增长相关的跨国比较中是一个异乎寻常的例子。[1]尽管最近的研究在善政定义、治理观念上的偏见、因果关系的方向，以及解释跨国差异时探究出的国家特有的制度和其他因素的影响等方面存在许多争议，但有越来越引人注目的证据说明，善政与增长息息相关。虽然很明显，孟加拉国的经济表现受到了一些不利的治理因素的负面影响，但更有趣的问题是：为什么尽管该国的治理遭到了广泛的失败，其经济表现仍能达到如此地步？

解构增长

要了解孟加拉国的发展难题，就需要解构其经济增长过程，关注加速增长背后的主要动力。正如本章前面所讨论的，自20世纪90年代初以来，孟加拉国经济增长的加速得到了强劲的出口增长的支撑，几乎完全由成衣服装出口的增长所拉动。孟加拉国服装业在该国的蓬勃发展，究其原因是受到一系列有利因素的影响：东亚国家（特别是韩国）的服装生产商和营销中间人早早地搬迁到孟加拉国，以躲避美国和欧洲市场的进口配额；服装行业特有的管理和生产技能易于传播；孟加拉国服装出口在西方主要市场享有优惠准入政策；孟加拉国拥有一个灵活的汇率政策，并且政府为支持这个行业采取了其他政策，特别是制定了一套飞地式的安排（例如保税仓和背靠背的信用证，以便免税进口织物）；该国还拥有丰富的低成本女性劳动力。[2] 一旦行业发展势头良好，成为主要的外汇收入来源，其效率就会提高，并且可以在政府制定有利于其发展的政策方面发挥更大的作用。

孟加拉国服装业的独特之处在于，即使政府向它们提供了慷慨的支持，其他潜在的出口业绩也不尽如人意。除了进口投入品的退税制度等

---

[1] World Bank（2007，第2卷，主报告，第7章，表7）。
[2] Easterly（2001，第8章）精心描述了韩国大宇公司是如何在某种历史的意外作用下和一个有影响力的孟加拉国官僚主义实业家努鲁·奎德（Noorul Quader）遇到一起，开始为建立出口导向型服装业而进行知识和技能转移的。

各种出口促进计划外,孟加拉国对某些出口项目提供了高达出口额30％的现金奖励,却没有产生明显的效果。诚然,即使是服装出口商也抱怨说,除了必须处理基础设施不足等其他制约因素之外,还必须行贿,以促进港口的出口形式主义。然而,该行业的早期立足点帮它承受住了这些限制。

强劲的出口增长直接或间接地拉动了经济增长,也刺激了其他经济部门的增长。出口增长加上进口自由化,有助于小规模和非正规部门活动的增长。后者的这些活动主要是生产非贸易品或进口品的替代品。塔卡的真正贬值可能会损害这些活动,因为它提高了进口投入的价格,并使国内贸易条件与其产品相比于可贸易产品相形见绌。但是,由于出口和汇款迅速增长,当大量的进口自由化和外部赤字显著下降时,塔卡的实际汇率基本保持稳定。[①]

除服装出口外,增长刺激还来自工人汇款和农业、小型工业和服务业的增长,这其中大部分都属于非正规部门。自20世纪80年代以来,孟加拉国政府一直奉行这一政策:通过与东道国谈判,以鼓励劳动力出口,吸引外汇,在以前的外汇管制制度下为工人汇款提供有利的汇率,并利用各种渠道方便其通过银行渠道汇款。正如前面提到的,农业投入市场的改革促进了农业的增长。而且,由于农业和非正规部门的活动大都不在政府监管职能的范围之内,与现代有组织的经济部门的活动相比,治理不善的可能性较小。[②]

城市中心(其中最主要的是达卡)的发展通过创造城市增长的互补性为经济增长做出了巨大的贡献。达卡拥有1 200万居民,自1970年以来人口增长了八倍,被认为是世界上增长最快的两个大城市之一。[③]尤其是由于出口导向的服装业快速增长、汇款流动和相关的住房建设热潮,城市化伴随着就业机会的强劲增长,足以在1996年至2003年期间为1 000多万名新员工提供就业机会。[④]研究结果表明,农民向城市迁移主要不是由所谓的推动因素驱动的,而是移民向上经济流动的一种手段

[①] 同一时期,包括印度、巴基斯坦在内的许多发展中国家的货币经历了大幅实际贬值,见Mahmud(2004;2007)。

[②] 但是,有证据表明,随着治安状况的恶化,小规模和非正规部门的经营活动比大规模经营企业更容易遭受非法勒索和收费,从而前者经营成本的增长比例要大于后者,见Mahmud(2006:42)。

[③] 另一个是尼日利亚的拉各斯。

[④] World Bank(2007,第2卷,主报告,第5章);另见Acharya(2006),他对比了达卡的商业和建筑热潮与加尔各答和孟买在这些方面的欠缺。

(Khundker，等，1994)。然而，治理不善的问题在这里以缺乏规划的城市化形式表现出来，这给未来造成了巨大的潜在问题。

在农村，特别是随着农村城镇化的发展，非农部门更加多元化，更具生产性和活力。这些农村城镇周围的聚集区有助于促进那些能够满足城市和收入弹性的消费需求的非农业活动。这些活动在农村非农部门表现出了更大的活力，提高了技术水平和劳动生产率（Mahmud，2006）。自20世纪90年代初以来，小额信贷的迅速扩张也可能在这一过程中发挥了重要作用。

增长包容性和减贫

随着人均收入增长的加快，孟加拉国在减贫方面取得了相当大的进展。在20世纪90年代，全国贫困发生率从近60%下降到50%左右，而且在接下来的五年里发生了更为迅速的下降，全国贫困发生率下降到40%左右。①

20世纪90年代，农村和城市地区的收入分配状况没有恶化，反贫困的进展更大。近期许多发展中国家（包括南亚国家）的增长加速伴随着收入不平等的加剧（Devarajan 和 Nabi，2006；Mahmud 和 Chowdhury，2008）。然而，孟加拉国的增长不平等的本质似乎是不同的。孟加拉国的经济增长模式似乎相当有利于穷人，主要刺激经济增长的是劳动密集型服装出口、制造业和服务业中的微型企业和小型企业，以及来自农民工的汇款。所有这些部门通常为穷人提供经济上行的空间。即使这样，不平等也往往会增加，因为经济中更有活力的部分恰好是收入相对不平等的部分——比如城市/有组织部门与农村/非正规部门的对比，或者农村非农部门的动态部分与农业的对比——这也是因为增长虽然是就业密集型的，但在庞大的农业和非正规集约化市场中还不足以拉动工资（Osmani，等，2003；Mahmud，2006）。

然而，最近一段从2000年到2005年的估计表明，增加收入不平等的过程已经放缓甚至是被扭转了。因此，这一时期收入增长对减贫的影响比20世纪90年代（表8-5）要明显得多。农业和建筑业的实际工资——非正规密集市场占主导地位的部门——在很长一段时期内呈现出强劲的上升趋势后，从20世纪90年代后期以来一直处于停滞状态。②

---

① 官方的贫困估计参照了"上层"和"下层"贫困线。根据"下层"贫困线，国家贫困发生率从1991—1992年的43%下降到2000年的34%和2005年的26%。

② World Bank（2007：43）。

因此，似乎孟加拉国已经超过了收入不平等联系中的库兹涅茨曲线的转折点。①

表8-5 农村和城市的贫困状况和收入分配趋势

年份	低于贫困线人口（%）			消费支出的基尼系数		城乡人均支出比
	农村	城市	全国	农村	城市	
1991/1992	61.2	44.9	58.8	0.24	0.31	1.65
2000	53.0	36.6	49.8	0.27	0.37	1.87
2005	44.5	28.8	40.6	0.28	0.35	1.67

资料来源：2003年6月，孟加拉国统计局公布的住户支出调查报告。

注：贫困估计数是孟加拉国统计局有关"高贫困线"的估计数，是按满足基本需要成本法进行计算的。基尼系数是在按照空间价格变动来调整人均收入的基础上进行估计的。城乡人均支出比与名义人均消费支出相关。

孟加拉国最近对贫困动态的分析表明，与其他许多发展中国家相比，孟加拉国的经济上行流动受到阶级、种族或其他社会经济障碍的制约。进入具有广泛的农村运输网络的市场，增加妇女在家庭外工作的机会，以及小额信贷的迅速传播，都有助于扩大穷人的经济机会。因此，即使是最穷的人，每个人也都有机会摆脱贫困。② 这种包容性可能有助于增强社会凝聚力，提高对经济机会的认识，这也许可以解释为什么连贫困家庭也越来越多地送子女去上学。然而，这也可能会提高人们的期望，降低其对治理失败的容忍度。

社会发展：最令人震惊的发展惊喜

孟加拉国最惊人的发展在于其在人类发展指标方面迅速而显著的提高，尤其是自20世纪90年代初以来（表8-6）。从落后的角度来看，孟加拉国目前在女性入学率、儿童死亡率和避孕采纳率等指标上均优于大多数印度国家和整个南亚地区。斯里兰卡和印度喀拉拉邦在这方面的成就是众所周知的，但孟加拉国成功背后的因素需要仔细研究。

尽管孟加拉国的贫困仍然普遍存在，且公共社会支出增加相对仍然较低，服务提供体系管理不善，那么这些成就是如何取得的呢？人类发展指标的改善反映了在更广泛层面上的社会转型过程，并且这可以追溯到之前几十年（Mahmud，2008a）。这些进展大部分是由于采用了低成

---

① 尽管最近的跨国经验（Anand和Kanbur，1993）并没有证实库兹涅茨进程的总体有效性，但这并不意味着它不适用于某一具体国家的情况。

② 这并不是低估孟加拉国长期的贫困问题。关于经验证据，可以参见Sen（2003）、Rahman和Hossain（1995，第7章）关于穷人的经济流动性的研究。

第8章 经济改革、增长和治理：孟加拉国惊人发展的政治经济方面

本的解决方案，例如使用口服盐水进行腹泻治疗，从而导致儿童死亡率的下降。通过有效的社会动员运动，例如儿童免疫接种、避孕或女童入学，提高了民众的认识，从而取得了更多的进展。通过新观念的传播，扩大计划在孟加拉国得到了强有力的非政府组织的支持，同时定居点较为密集且并不偏远也是有利因素。[1] 许多创新干预措施的公众支持也对结果有所帮助。

表8-6　孟加拉国和南亚地区在一些人类发展指标上的进步

指标	国家和地区	1990年	2002—2004年
总小学入学率（%）	孟加拉国	80	109
	南亚地区	95	103
中小学女生与男生的比例	孟加拉国	77	107
	南亚地区	71	89
五岁以下儿童死亡率（‰）	孟加拉国	144	69
	南亚地区	130	86
可以获得卫生设施的人口比例（%）	孟加拉国	23	48
	南亚地区	20	37

资料来源：可以获得卫生设施的人口比例的估算来自联合国开发计划署《2005年人类发展报告》（Human Development Report 2005），所有其他估计数据均来自世界银行的世界发展指标，见 World Bank（2006a；2006b）。

到目前为止，孟加拉国还没有沿着通往人类发展的典型路径，如韩国的收入增长中介路径或斯里兰卡的公共开支驱动之路走下去。[2] 事实证明，与印度等一些社会进步国家相比，孟加拉国的人均收入和人均公共社会支出在绝对水平上都远远落后于这些国家（Mahmud，2008a）。这也意味着，要实现进一步的发展，就需要遵循上述两种途径之一，因为要从低成本简易解决方案中获得收益，公共支出、服务质量和与收入贫困的协同作用就都变得重要。尽管如此，孟加拉国的经验表明，通过提高公众意识和使用低成本、可负担得起的解决方案，社会发展方面也能够取得迅速的初步进展。而且，社会态度和行为规范可以在比制度经济学文献中通常假设的更短的时间内发生改变，见 North（1997）。

分拆治理

治理-增长关系需要在个别国家的背景下加以理解。在这种背景下，

---

[1] 值得注意的是，根据世界银行的2005年世界发展指标，孟加拉国通过口服盐水治疗腹泻儿童的比例估计为61%，而印度为27%。

[2] 例如，Sen（1999，第2章）对"以收入为媒介"和"以支持为主导"的人类发展进行了区分。

制度、历史和文化背景以及发展阶段都是重要的。大多数国际比较显示孟加拉国在治理方面的表现相对较差。例如，世界银行研究院（World Bank Institute）于 2005 年发布的最新治理数据显示，孟加拉国在 210 个经济体中位于最低的第 7 个百分点至第 32 个百分点之间：政治稳定为 6.6，监管质量为 14.9，法律为 19.8，控制腐败为 7.9，政府效力为 21.1，公众发声和问责为 31.4。在大多数指标方面，孟加拉国的立场比南亚邻国要严重得多，只有在发言权和问责制方面，它领先于尼泊尔和巴基斯坦。世界银行集团（World Bank Group）开展的投资环境与营商环境调查（Investment Climate and Doing Business）的信息对孟加拉国来说也并不令人鼓舞。① 更令人沮丧的是，孟加拉国在由世界经济论坛编制的经济竞争力指数排名中非常差。②

然而，在某些方面，孟加拉国做得还算不错。例如，2006 年世界银行的商业调查显示，孟加拉国在经营便利性方面排名在前 50%，在投资者保护方面的排名高于许多发展中国家。③感知指标也可能忽略许多实际情况。虽然孟加拉国在合同执行方面的得分很低，但非正式的观察表明，在这样的环境中，当地商人并不认为这是什么重大的障碍，因为在这种环境中，执法可能有利于他们，同时在这种环境中，基于商业习惯、习俗和声誉的非正式方法起着重要作用。孟加拉国的公司税制较为宽松，正规部门企业的利润相当高。④

如前所述，孟加拉国在一些关键领域取得了治理方面的成就。各种旨在维护宏观经济稳定、保持低财政赤字的政策改革为国内私营部门的蓬勃发展创造了空间，以免挤出对私营部门的银行贷款，并通过进口自由化提供进口投入，通过减少进入壁垒来增加竞争力，并改善中央银行在商业银行方面的监督职能。连续的民主选举政府都能够做出相当谨慎的公共开支选择。多年来，政府的灾害管理能力也大大提高。国家创造了空间，并与非政府组织和私营部门建立了伙伴关系，帮助提供社会服务，尽管政府更新换代，但政策仍然保持着一定程度的连续性。总的来说，政府在该国发展过程中发挥了重要的作用。

---

① World Bank（2007，第 2 卷，主报告，第 7 章）。
② 根据世界经济论坛发布的全球竞争力指数，孟加拉国在 102 个经济体的商业竞争力中排名第 98 位。
③ 在投资者保护指数方面，孟加拉国得分为 6.7，而经济合作与发展组织成员的平均得分为 6.0，南亚国家的平均得分为 5.0。
④ 世界银行的调查中并没有考虑商业盈利能力。

第 8 章 经济改革、增长和治理：孟加拉国惊人发展的政治经济方面

结束语：未来的挑战

孟加拉国迄今为止成功地将经济稳定和改革的成果转化为持续的加速增长。为巩固这一进程，应对滑坡风险，必须在多个方面解决新出现的挑战。体制上的弱点可能已经达到了临界点，超过这个临界点，它们就成为具有约束力的增长制约因素。虽然治理环境到目前为止还不足以应对经济停滞和极端的贫困，但是已经日益成为阻碍经济稳步走上现代化、全球一体化，以及减贫的障碍。孟加拉国的问题不仅是要快速增长，而且要保持增长，并在可能的情况下加快其速度。

政府治理的相关议题十分庞杂，涉及大量的机构，且会威胁强大的既得利益者。制定一种战略性的、有序的办法，依靠在几个关键领域取得成功，从而在其他领域产生势头和改革需求将是至关重要的。与第一代改革相比，当前需要进行更深更复杂的政策创新，以应对新出现的强有力的增长约束，如低效率且负担过重的港口、电力和基础设施不足、城市拥堵和管理不善、严重的技能短缺、在吸引外资方面成效有限等。

未来的增长将会越来越多地来自城市有组织的经济部门，这将需要一个运作良好的监管框架和完善的基础设施。加强农业增长还需要实现基础设施的现代化。几十年来，农业的增长几乎全部来自稻米和小麦产量的增加。除了实现大米自给自足之外，还有可能通过作物多样化来加速农业增长（Mahmud，Rahman 和 Zohir，2000）。水果和蔬菜等高附加值作物可以为国内消费和出口生产获利，但从大米转向这类作物需要技术传播，与加工和销售更好地结合，以及提供其他支持性服务。这些产品进入出口市场将需要更复杂的基础设施。

强劲的出口增长是实现孟加拉国经济增长的关键。孟加拉国已经从主要依靠黄麻出口转变为依靠服装出口。这种转变是由国家资源禀赋决定的，其特点是土地极度匮乏，人口密度很高，经济增长依赖于劳动密集型制成品的出口。然而，孟加拉国这样的最不发达国家并不易于专门从事制成品出口。低工资成本难以弥补其在营销技能和基础设施（包括运输、港口、产品标准和认证设施）方面的相对劣势。因此，孟加拉国的出口基数仍然很低，因为成衣出口的骄人成绩尚未在其他行业得到复制。事实上，孟加拉国在服装业方面的经验表明，它仿照飞地式安排，在某一特定活动中促进了出口增长，同时推迟了为改善总体投资环境而

进行的体制改革，见 Mahmud（2007）。

孟加拉国的劳动力由于人口年龄结构的快速变化而迅速增长，这是由于人口结构的过渡以及女性劳动力参与率的迅速提高。这是该国一个潜在的经济方面的优势，但需要通过创造足够的就业机会才能从中获取经济收益。劳动力市场的松动将使工资上涨，并可能导致政治不满。服装业已经面临劳动力激增及要求提高工资的问题。孟加拉国需要更多的技能型且训练有素的工人来提高生产力，并提高全球竞争力；还要通过提高教育系统的治理水平、提升教育质量、巩固小学入学率来实现长期增长。

孟加拉国需要通过外商直接投资来促进技术转让和弥补资源缺口。当地的企业家可能已经习惯于处理许多方面的治理问题，但未来的外国投资者并不习惯这种方式。除了出口型服装外，外商直接投资主要来自发电、天然气勘探开发等领域，涉及以"操纵"价格与政府签订购销合同。由于孟加拉国是投资的高风险国家，潜在的外国投资者在其盈利能力计算中会包含很高的溢价，因此谈判条件对于孟加拉国而言可能不如其他情况下那样有利。

没有一些政治上的鼓励，体制改革的尝试就不太可能取得成功。正如前面所提到的，尽管政府已经认识到了这种改革对于维持良好的经济秩序的重要性，但是银行业改革仍然可以取得更大进展。然而，在其他一些关键部门，这种激励措施并没有奏效。在发电方面，潜在的私人投资者在招标和谈判过程中受到了既得利益者的干扰。其结果是严重的电力短缺，这不仅对经济增长是一种阻碍，而且是使以前由孟加拉国民族主义党领导的政府显得非常尴尬的原因。历届政府还忽视了吉大港的管理，该港口在海关程序中表现腐败，后勤能力不足，且存在高度政治化的工会的干预。因此，孟加拉国唯一的主要港口跻身世界上效率最低的集装箱港口之列。

孟加拉国的经济增长前景最终将取决于其核心政治治理体系的可行性。政治治理是否会通过公民积极性的提高而得到改善，公众对弱政府的宽容度是否会有所下降？该系统的内部动态是否会导致 North（1997）所假定的"路径依赖"的制度恶化？孟加拉国最近的政治事态发展表现出两种倾向。一方面，没有证据表明这个国家是最腐败和治理最不善的国家之一。另一方面，孟加拉国的惠及政治和赢家通吃制度似乎导致了越来越多的寻租行为，并且作为一种重要的政治管理手段增加了既得利益者赢得选举的概率，但同时使该制度越来越难以为继。孟加

第 8 章 经济改革、增长和治理：孟加拉国惊人发展的政治经济方面

拉国的政治和经济前途的形态将在很大程度上取决于这些对立势力中的哪一个将占上风。

参考文献

Acharya, Shankar. 2006. "A Tale of Three Cities." Unpublished paper, Indian Council for Research on International Economic Relations. New Delhi.

Ahluwalia, Isher J., and W. Mahmud. 2004. "Economic Transformation and Social Development in Bangladesh." *Economic and Political Weekly* 39 (36), September 4: 4009 - 4011.

Ahmed, Raisuddin. 2001. *Retrospects and Prospects of the Rice Economy of Bangladesh*. Dhaka: University Press.

Ahmed, Sadiq. 2002. "The Political Economy of Poverty Reduction in South Asia: Role of Good Governance." South Asia Discussion Paper Series No. 183. World Bank, Washington, DC.

——. 2005. "Development Performance and Policy Reforms since Independence." In Sadiq Ahmed, *Transforming Bangladesh into a Middle Income Economy*. Delhi: Macmillan India for the World Bank.

——. 2006. "The Political Economy of Development Experience in Bangladesh". In Sadiq Ahmed and W. Mahmud, eds., *Growth and Poverty: The Development Experience in Bangladesh*. Dhaka: University Press for the World Bank.

Anand, S., and R. Kanbur. 1993. "The Kuznets Process and the Inequality-Development Relationship." *Journal of Development Economics* 40: 25 - 52.

Bangladesh Bureau of Statistics. 2003. *Report of the Household Income and Expenditure Survey 2000*. Dhaka: Ministry of Planning, government of Bangladesh.

——. 2006. *Preliminary Report of Household Income and Expenditure Survey 2005*. Dhaka: Ministry of Planning, government of Bangladesh.

Devarajan, Shantayanan. 2005. "South Asian Surprises." *Economic and Political Weekly* 40 (37), September 10: 4013 - 4015.

Devarajan, S, and I. Nabi. 2006. "Economic Growth in South Asia: Promising, Unequalising, Sustainable?" *Economic and Political Weekly* 41, August 19: 3573 - 3578.

Easterly, W. 2001. *The Elusive Quest for Growth: Economists' Adventures and Misadventures in the Tropics*. Cambridge, MA: MIT Press.

Faaland, J., and J. Parkinson. 1976. *Bangladesh: The Test Case of Development*. London: C. Hurst.

Government of Bangladesh. 2005. *Unlocking the Potential: National Strategy for Accelerated Poverty Reduction*. Dhaka: Planning Commission, General Economics Division.

Khan, A. R., and Mahabub Hossain. 1989. *The Strategy of Development in Bangladesh*. Basingstoke, UK: Macmillan in association with OECD Development Centre.

Khundker, N., W. Mahmud, B. Sen, and M. U. Ahmed. 1994. "Urban Poverty Bangladesh: Trends, Determinants and Policy Issues." *Asian Development Review* 12 (1): 1–31.

Mahmud, W. 2001. "Bangladesh: Structural Adjustment and Beyond." In W. Mahmud, ed., *Adjustment and Beyond: The Reform Experience in South Asia*. Basingstoke, U. K: Palgrave-Macmillan in association with International Economic Association.

——. 2002a. "National Budgets, Social Spending and Public Choice: The Case of Bangladesh." IDS Working Paper 162. Institute of Development Studies, University of Sussex, Brighton, U. K.

——. 2002b. *Popular Economics: Unpopular Essays*. Dhaka: University Press.

——. 2004. "Macroeconomic Management: From Stabilization to Growth?" *Economic and Political Weekly* 39 (36), September 4: 4023–4032.

——. 2005. "Ethics in Banking." Fifth Nurul Matin Memorial Lecture, Dhaka, Bangladesh Institute of Bank Management.

——. 2006. "Employment, Incomes and Poverty: Prospects of Pro-Poor Growth in Bangladesh." In Sadiq Ahmed and W. Mahmud, eds., *Growth and Poverty: The Development Experience in Bangladesh*. Dhaka: University Press for the World Bank.

——. 2007. "Bangladesh: Development Outcomes in the Context of Globalization." In Ernesto Zedillo, ed., *The Future of Globalization Explorations in Light of Recent Turbulence*. London: Routledge.

——. 2008a. "Pathways of Social Development in Bangladesh: Surprises and Challenges." *Indian Journal of Human Development* 2 (1): 79–92.

——. 2008b. Chapter on Bangladesh. In Anis Chowdhury and W. Mahmud, eds., *Handbook on the South Asian Economies*. Cheltenham, U. K. : Edward Elgar.

Mahmud, W., and Anis Chowdhury. 2008. "Introduction: South Asian Economic Development: Impressive Achievements but Continuing Challenges." In Anis Chowdhury and W. Mahmud, eds., *Handbook on the South Asian Economies*. Cheltenham, U. K. Edward Elgar Publishing.

Mahmud, W., and Simeen Mahmud. 2000. Chapter on Bangladesh. In S. Forman and R. Ghosh, eds., *Promoting Reproductive Health: Investing in Health for Development*. Boulder, CO: Lynne Reimer.

Mahmud, W., S. H. Rahman, and S. Zohir. 2000. "Agricultural Diversification: A Strategic Factor for Growth." In R. Ahmed, S. Haggblade, and T. Chowdhury,

第8章 经济改革、增长和治理：孟加拉国惊人发展的政治经济方面

eds., *Out of the Shadow of Famine: Evolving Food Markets and Food Policy in Bangladesh*. Baltimore, MD: Johns Hopkins University Press.

North, Douglass C. 1997. "The Contribution of the New Institutional Economics to an Understanding of the Transitional Problem." Annual Lecture 1, United Nations World Institute for Development Economics Research (UN-WIDER), Helsinki.

Osmani, S. R., W. Mahmud, B. Sen, H. Dagdeviren, and A. Seth. 2003. *The Macroeconomics of Poverty Reduction: The Case of Bangladesh*. Dhaka and Kathmandu: UNDP Asia-Pacific Regional Program of Macroeconomics of Poverty Reduction.

Rahman, Akhlaqur, and W. Mahmud. 1988. Chapter on Bangladesh. In *Evaluating Rice Market Intervention Policies*. Manila: Asian Development Bank.

Rahman, Hossain Zillur, and Mahabub Hossain. 1995. *Rethinking Rural Poverty: Bangladesh as a Case Study*. Dhaka: University Press.

Sen, Amartya. 1999. *Development as Freedom*. Oxford: Oxford University Press.

Sen, Binayak. 2003. "Drivers of Escape and Descent: Changing Household Fortunes in Rural Bangladesh." *World Development* 31 (3): 513–534.

Task Forces. 1991. "Macroeconomic Policies." In *Report of the Task Forces on the Bangladesh Development Strategies for the 1990s*. Dhaka: University Press.

United Nations Development Program (UNDP). 2003. *Human Development Report* 2003. New York: Oxford University Press for the United Nations Development Program.

——. 2005. *Human Development Report 2005*. New York: Oxford University Press for the United Nations Development Program.

World Bank. 2003a. *Bangladesh Public Expenditure Review*. Washington, DC: World Bank; and Manila: Asian Development Bank.

——. 2003b. "Bangladesh Development Policy Review." Report No. 26154-BD. World Bank, Washington, DC.

——. 2005a. *Attaining the Millennium Goals in Bangladesh*. Washington, DC: World Bank (South Asia Region).

——2005b. "Bangladesh: Growth and Export Competitiveness." Report No. 31394-BD. World Bank, Washington DC.

——. 2006a. *World Development Report 2006: Equity and Development*. Washington, DC: World Bank; and New York: Oxford University Press.

——. 2006b. *2004 World Development Indicators*. Washington, DC: World Bank.

——. 2007. "Bangladesh: Strategy for Sustained Growth." Bangladesh Development Series Paper No. 18. World Bank Office, Dhaka.

Leadership and Growth

Copyright © 2010 by International Bank for Reconstruction and Development / The World Bank

This work was originally published by The World Bank in English as Leadership and Growth in 2010. This Chinese translation was arranged by China Renmin University Press Co., Ltd. China Renmin University Press Co., Ltd. is responsible for the quality of the translation. In case of any discrepancies, the original language will govern.

The findings, interpretations, and conclusions expressed in this work do not necessarily reflect the views of The World Bank, its Board of Executive Directors, or the governments they represent.

The World Bank does not guarantee the accuracy of the data included in this work. The boundaries, colors, denominations, and other information shown on any map in this work do not imply anyjudgement on the part of The World Bank concerning the legal status of any territory or the endorsement or acceptance of such boundaries.

领袖与经济增长

© 2010 年，版权所有

国际复兴开发银行/世界银行

本书原版由世界银行于 2010 年以英文出版，书名为 Leadership and Growth。中文版由中国人民大学出版社有限公司安排翻译并对译文的质量负责。中文版与英文版在内容上如有任何差异，以英文版为准。

本书所阐述的任何研究成果、诠释和结论未必反映世界银行、其执行董事会及其所代表的政府的观点。

世界银行不保证本书所包含的数据的准确性。本书所附地图的疆界、颜色、名称及其他信息，并不表示世界银行对任何领土的法律地位的判断，也不意味着对这些疆界的认可或接受。

图书在版编目（CIP）数据

领袖与经济增长/（　）戴维·布雷迪，（美）迈克尔·斯彭斯编；毛艾琳译. -- 北京：中国人民大学出版社，2020.8
（诺贝尔经济学奖获得者丛书）
ISBN 978-7-300-27855-1

Ⅰ.①领… Ⅱ.①戴… ②迈… ③毛… Ⅲ.①经济增长-研究 Ⅳ.①F061.2

中国版本图书馆 CIP 数据核字（2020）第 131397 号

"十三五"国家重点出版物出版规划项目
诺贝尔经济学奖获得者丛书
领袖与经济增长
戴维·布雷迪
迈克尔·斯彭斯　编
毛艾琳　译
Lingxiu yu Jingji Zengzhang

出版发行	中国人民大学出版社		
社　　址	北京中关村大街 31 号	邮政编码	100080
电　　话	010-62511242（总编室）		010-62511770（质管部）
	010-82501766（邮购部）		010-62514148（门市部）
	010-62515195（发行公司）		010-62515275（盗版举报）
网　　址	http://www.crup.com.cn		
经　　销	新华书店		
印　　刷	涿州市星河印刷有限公司		
规　　格	160 mm×235 mm　16 开本	版　次	2020 年 8 月第 1 版
印　　张	18 插页 2	印　次	2020 年 8 月第 1 次印刷
字　　数	293 000	定　价	68.00 元

版权所有　侵权必究　印装差错　负责调换